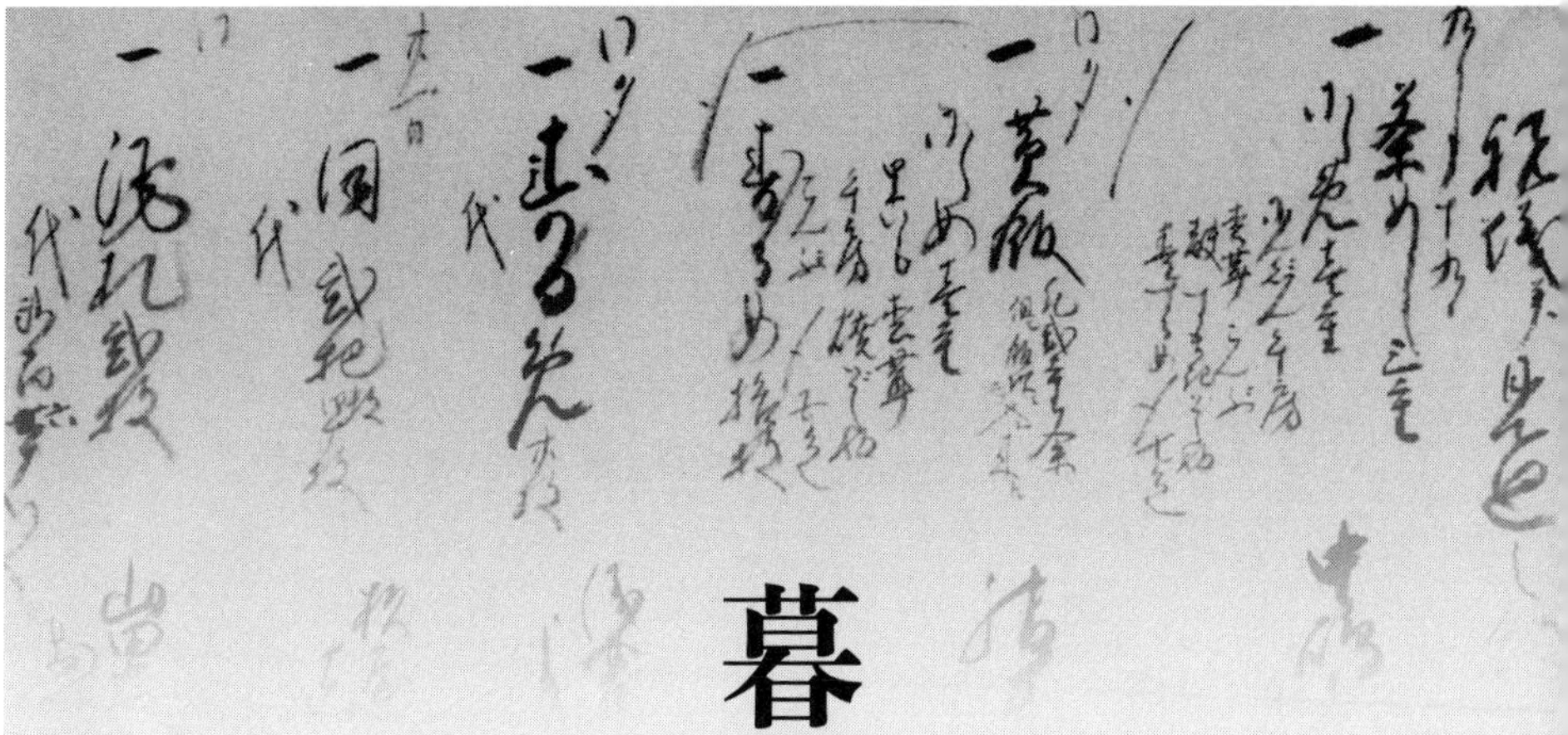

# 暮らしの中の古文書

新装版

浅井潤子［編］

吉川弘文館

# 序

歴史を学ぶには史料の収集や考察が基本になる。そのために古文書学も発達してきたが、利用されるのは多く公文書であるし、私文書も公的の性質を含んだものが採用されることが多い。しかし近年は研究が細部に進み、私生活や民俗・芸能など多方面にわたって、文書や記録が取り上げられるようになった。私生活に関するものでは日記などが最も適当なものであるが、それとて人の一生を通じて諸行事を明細に記しているものは殆どなく、また多くの場合、一地域のことに限られて普遍性を欠くことが多い。

この本は、人の一生で出会うであろう、さまざまな出来事を古文書を使って解明しようという珍しい試みに挑戦したものである。そのために、東国の城下町で、藩士の家に生まれた人物を想定した。藩士の家といっても、母はその召使であって、生まれて間もなく近村の鍛冶屋の養子となり、成人後は江戸へ出て武家奉公をしたりするが、また村へ帰って結婚もし、やがてそこで六十数歳の生涯を終るという想定である。

その間に、農村での寺子屋でどのような学習が行われていたかを説明し、全国的に行われていた若者仲間の組織や仲間入りの作法も示されている。寺子屋の例としては、明治の篤農家の代表者である船津《ふなつ》伝次平《でんじべい》の父の九十九庵が挙げられている。若者仲間に入ることは一人前として認められるのであって、村内の共同作業や祭事にも一人前として扱われた。また村落内の規律維持や「村の制裁」などの徴罰も若者仲間によって行われた。かつて大日本青年団で、諸方の若者仲間の規約を集めて刊行したことがあるが、本書では伊豆の道部《みちぶ》村の条目が採用されている。なお今の「成人の日」は、多くは小正月の日に行われた若者仲間入りを念頭において制定されたものである。

都市でも農村でも悪弊とされていた博奕《ばくち》で処罰された例は多いが、ここでは江戸近郊の角筈《つのはず》村、今の東京都庁のあるあたりで八人の百姓が賽《さい》博奕を行って、遠島《おんとう》・闕所《けつしょ》などに処せられた例である。処罰したのは、人足寄場《にんそくよせば》の創案者である長谷川平蔵であることも面白い。

地方から江戸へ出て来れば、男女を問わず、武家や商家への奉公が主になる。上総男とか相模女あるいは鏡磨《と》ぎは加賀出身、番太郎は越前者、三助の「越後」や大食漢の「信濃」は川柳にもしばしば登場する。ここでは、年貢が納められず、武家奉公をして一年の給金四両を前借りして年貢を納めた上総の男が登場している。そのように江戸に出て来て、長年の間町方奉公をしていた者が、天明七年（一七八七）の米屋の打ちこわしに、面白半分に参加して処罰された例もある。江戸はまた火事の本場で、絶えず大火があった。そのために防火施設もでき、火災防止の触書も時々出されていた。ここには文政十三年（一八三〇）の、防火の掟書が収録されている。

その江戸で書画会などが開かれて、文人などが絵や書を売る催しも行われるようになったのは、十九世紀に入ってのことで、文化が広く庶民層にも及んできたことを示していた。狂歌や川柳の作家には、武士も町人もいるが、書画会や展覧会も広く文芸の愛好者が出てきたことの現われであった。好事家《こうずか》たちが奇物珍物を集めて、互いに見せあい、あるいは交換する会から、動植物の標本などを持ちよる物産会なども、後の博物学や博覧会のもとをなすものであった。この本には、そうした書画会の案内状が収められている。

江戸時代の金融機関は質屋が主であったが、無尽《むじん》や頼母子《たのもし》講もその一つであった。頼母子講や無尽は庶民間の金融が主流であるが、中には小大名が発起して、領内の村に村高に応じた口数を割りあて、最初の懸け金を取得すると、その後の懸け金を出さなくなって、無尽が成立しなくなることもあった。いわゆる取除無尽に相当した。無尽は明治以後も会社組織として存続したが、昭和二十六年（一九五一）に相互銀行法が制定されて、無尽会社は相互銀行になり、その後、普通銀行に転換または合併して、平成三年（一九九一）には姿を消した。ここには相模の矢畑村の頼母子講の仕法帳が収められているが、講金を受取るためには質地証文、すなわち抵当が必要であることを示している。

この想定人は村へ帰って結婚をし、やがてそこで生を終るが、それに関連して、村役人の選出方法や結婚・離婚の実例が示されている。

人の一生が史料を通して示されているから、江戸時代、それも後期の社会の仕組とその中に生きた人の姿を推測することはできよう。もう少し生活に余裕があれば伊勢参宮か湯治にも出かけたであろうが、一般庶民とすれば、こんなものであろう。一項目ごとに解説があるから、それと合せ読むことによって、当時の人の暮らしを味わうことができる。

この本は浅井さんの還暦記念ということで、浅井さんの関係者、というよりは浅井さんに教えを受けたり、時には迷惑をかけたりした人たちによって企画もされ、執筆もされて出来上ったものである。そう言えば私も浅井さんとは長いお付合いがある。徳川林政史研究所に兼務されていた時からか、昭和二十四年に文部省の科学研究費で綜合研究「近世庶民史料調査研究」が始まってからであるか、そこは少し記憶があやふやである。二十五年に旧三井文庫を文部省が譲り受けて、翌二十六年から史料館として活動を始めたが、それからは度々史料館に出かけて史料を見せて頂いた。その時は所三男さんのような前世紀生れの人の手を煩わすこともなく、大抵は浅井さんにお願いをした。古い書庫の中へ一緒に入って史料を探したこともあった。

それから間もなく、史料館の補助的な仕事をするために「近世村落研究会」を作り、各地の史料の所在調査をすることになった。その委員は所三男・宝月圭吾・石井良助・入交好脩・北島正元・高村象平・豊田武・古島敏雄・中井信彦、その他の豪華メンバーであった。史料を写真にとり、そのうちの幾つかは「近世村落自治史料集」として刊行もした。

この調査は六回に及んだが、浅井さんは、いつも写真撮影や印刷の校正やら、面倒なことを快く引き受けてくれた。長野県や岐阜県を手始めに、高知・富山・熊本・島根・紀州など思い出が多い調査旅行であった。それから後にも、私が関係した品川区史を手伝って下さり、引き続いて、品川区文化財保護審議会の委員や品川歴史館の専門委員として協力して頂いている。言ってみれば、私も御迷惑をかけた一人である。

先年、日本歴史学会の『概説古文書学』の近世編を出した時にも、編集担当者として貴重な意見を出し、また執筆して下さった。浅井さんと古文書とは切り離せない関係にある。この本は浅井さんに最もふさわしい記念品であろうと思い、喜びにたえないので、一言蕪辞を書き加える次第である。

平成四年二月　　児玉幸多

# 目次

# 図版（史料）目次

# 古文書の魅力

日曜日の午後のひととき、買物をしながら何とはなしにふと商店の看板をながめていると、いろいろな字体が目についた。その看板の字は多くが左書きであるが、未だ右書きもある。また常用漢字・旧漢字・片仮名・平仮名に横文字と、さまざまである。その中には変体仮名やいわゆる異字といわれる字も意外に多く使用されているのにもびっくりした。そして道行く人々は、これらの看板の文字に対して何の抵抗もなく、内容も理解しているようである。「きそ(楚)ば(者)」「御茶雺(處)」「津佃煮《つくた》煑(煮)」といった具合である。書かれている字は江戸時代の使用字であり、まさに古文書《こもんじょ》の字である。

最近はマスコミでも「古文書」という語をやっと「こぶんしょ」から「こもんじょ」と読まれるようになり、「こもんじょ」という言葉が大分一般に親近感を持たれるようになった。そして知識を求めようとする老若男女の人々が熱心に古文書を読むサークルに参加して努力されている姿を見かける。しかし一部の人の中には未だ古文書とは、普通の人は全く手が届かない、見る事も困難で、そのうえ読むこともむずかしいと考えられている。

もっとも戦前には、博物館などでガラス越しに眺める天皇の宸筆とか、政治家を含む有名人の筆跡をはじめとする武将・文人・高僧の筆跡など、いわゆる拝見する筆跡が、一般に「古文書」と考えられていた。実際筆者自身戦後の教育をうけた者であるが、最初の古文書講義のとき先生が、「古文書は見せていただくものであるから服紗《ふくさ》を常時持参すること」「素手で古文書を相手から受けとってはいけない」と注意され、それがどういう意味か解釈しかねた。なるほど宸筆・名筆といわれるものは服紗で受けて拝見しなければならない。茶道で茶碗を拝見するごとく、古文書も服紗で頂いて拝見しなければならなかった訳である。戦前の歴史史料としての古文書はこのように支配する人々の筆跡の古文書が中心であったが、戦後は支配される庶民の歴史史料が急速に発掘され、とくに江戸時代の一般領民の古文書がアピールされた。したがって歴史学の研究も一八〇度の転換をしたわけである。

ある短大生がつぎのような一文を新聞によせて、古文書による歴史学の魅力を語っていた。

自分は歴史というものは非常に面倒くさい暗記の学問である。年号を覚えたり、教科書をまる覚えにしなくてはならなくて非常にいやな学科だといままで思っていた。ところが先生の影響かとも思いますが、ある機会にいまの歴史というか、短大に入ってから教養課程として習得した歴史は、古文書によって説明され、いままでの考え方と全く違った、いわゆる暗記の学問でないということがわかり、非常に面白く、また将来の自分の生活にもプラスになって、歴史を学ぶことは非常に喜ばしく、楽しく感じている。（原文のまま）

この投稿された一文のように、あらゆる歴史というものは、その時点で書かれた古文書を読むことによって、真実の歴史が判明するものである。

古文書とは特別に書かれたものではなく、むしろ先祖の人々が日常生活の中で、毎日自然に筆をとることによって行われる行為、たとえば金品の授受、貸借または出入、申請や届書、書状など内容は千差万別である。研究者は、これを下達・上申・互通文書と称しているが、ともかく文字を書くという事によって生み出されたものをいう。現代の人々が無意識に書いて残したものでも、実は何年か経ってみると、立派な古文書で、当時の世相を物語る、また将来の歴史を裏づける資料となりうる。要するに古文書とは私たちの先祖の人々が日常生活の中で何らかの目的をもって、相手に自分の意志を伝えるために書き残したもので、決して有名人や特殊の人々の書いた筆跡のみをいうものではない。

史料を専門に扱う人々は、古文書とは、歴史事実と時を同じくして、あるいはそれと近い時期に書かれたものをい

う と規定している。

そしてその中を①文書類　②記録類　③著書または編著の三つに分別している。

①文書類とは、Ⓐから Ⓑに向けて何らかの意志を伝達するために書かれたもの。第一人者から第二人者へある事柄を伝えるため、かならず差出人と受取人が明記されなければならないし、また受理されるもの。すなわち差出人と相手の受取人（宛所）・事柄（内容）・日付によって構成されているものをいう。

②記録類とは、受け手を予定することなく個人の備忘のため、後日の心覚えのために書きしるしたもの。例えば日記・帳簿・書留類である。

③は、不特定多数の人々に対象を向けて書きあらわしたもの。また一定の目的のもとに述作された書物・編著書など

このうち①は主として一紙物《いっしもの》・書付類であり、②と③は冊子または薄冊類が多い。

こうした古文書学上の区別を前提にしながら、近世の古文書とは①と②を含めて、江戸時代につくられたものを総称している。いずれも過去・現在・未来とうけつがれてゆく大きな歴史現象の流れの中で記録されたもの。すなわち古文書とは、その時代に生きた人が、ある事柄を伝達もしくは確定するために、生活の必要上作成したものをいう。それ故に古文書というと特別に作られたものというよりは、庶民の生活行為の中で作られた、いわば私たちが容易に探しもとめることができる普通の家庭にも残っているものをいう。この庶民の手になる古文書は、一般には余り気がつかないことが多い。家屋の改築、引越、大掃除などで仏壇や箪笥の引き出しに入っていることがある。たとえば香典帳・出産見舞帳、婚礼の祝儀帳など冠婚葬祭に関する帳簿類が、普通の古い家庭には気がつかないまま保存されている。これらの冠婚葬祭関係の帳簿類によって、当時の家の交際範囲や通婚圏、また嫁入り道具の種類や婚礼の献立・結納の仕方、祝儀品の銘柄、お布施の額など、当時の生活様式がうかがえる立派な歴史資料となる。また一通の

領収書や、一冊の金銭出入帳・小遣帳・大福帳なども、その時代の経済事情や物価の変動を如実に察知しうる貴重な資料となる。古文書とはこのようにそれぞれの家庭に残された身近な文書・記録類をも含む事になる。このような資料をどこかで発見したときの悦びは、その出逢いを体験した人のみが味わいうるものであるが、幸い古文書を手にしたところで読めなくてはどうにもならない。古文書はどうしたら読めるようになるか。まずその疑問が先に立つ。

古文書を読むということは、活字文化、それも常用漢字と新仮名づかいのなかで生活してきた若い人たちには、毛筆で書いた草字や変体仮名の連綿体、漢文調のかえり点訓みなどは親しみにくいというよりは、むしろ嫌悪感が先に立つのは当然である。古文書を読むことは外国語を覚えるよりむずかしいと頭から考えがちになる。しかし古文書とは前述のごとく江戸時代の人々が、生活の必要上書いた文字であり用語であり、受け取った相手方は書状にしろ読んで内容を理解していた日本語である。故に外国語習得よりは、はるかに容易なはずである。むしろ読めない方が不思議と考えたい。

従来古文書を読むには「習うより慣れろ」が鉄則といわれるごとく、覚えるよりは一にも二にも馴れることが先決ではあるが、このなじみ難いという考え方の関門をくぐりぬけることが一番大切なことは言を俟たない。ただ同じ漢字でも使用する時代によって慣用字が異なっている。古文書の作られた時代の使用字を正確に把握し覚えることも大切である。かつて太田晶二郎氏は、「古文書の読み方」と題して稿を創され（『郷土研究講座7』角川書店）、その序文に「異体字知らずんばあるべからず」と書かれ、その理由に、

浅陋《せんろう》ナル講説ヨリハ、異体字一隅ノカタ、寧《むし》ロ多少トモ実益アランカト思ヒナリテ、専ラソレニ紙幅ヲ充ツルコトトセリ

と説明され、「異体字一隅」と題して異体字を列挙された。

これに対し、ややこれに反論を含めて発表されたのが中世の古文書の大御所荻野三七彦氏の論考である。すなわち

「古文書の異体字」(『異体字研究資料集成』月報二号、雄山閣)の中で、

近頃は古文書の写真集の刊行が流行して、それらがよく売れるそうである。そうした古文書写真集には活字による解説が付録になって、独学の便宜が考察してある。しかしそのような付録解説のその大半はすこぶる勉学者には不親切である。一番問題なのは異体字についての説明であろう。……(中略)学生は活字のものしか読めない。その上に当用漢字のみを学んで来る。そこで私の努力は加重に耐え切れない。ここに一例として古文書の一節を示すと「仍つて執達くだんのごとし」とある。それは「仍執達如件」と古文書に書いてある。「執」を「犱」と書くのであるが、古文書写真集解説の偉い先生は途中を省略して、いきなり執と説くから、初心者は「犱」の草書がどうしてそうなるのかさっぱりわからなくなるのである。「相違」という言葉も古文書には多く出て来るが、「違」は「逺」と書く。まさに異体字であるが、先述のように矢張り教える先生方は「逺」を省略して教えるのである。誠に困ったことである。

と述べられている。古文書を永年手がけ、多少なりとも読解法と異体字に関心をもつ一人として、この指摘は声を大にして同感と叫びたい一文である。

「異体字」という語彙は、漢字のふるさとの中国でも、書体の違いを指すのみで、一般的に使用しなかった用語であり、まして日本においては江戸時代が初見である。異体字とは要するに同一文字にして、その本字と形態を異にするものを一般に「異体字」と呼称し、その時代の常用字・正字であり、今日から見れば異なっている字体ではあるが、江戸時代の人が日常生活で使用していた字であって、少しの奇異感をもたず書いていた字のことである。『同文通考』の著者新井白石も「魏ノ江式ガコトバニ世易《カハ》リ、風移リ、文字改リ変ル」と使用字も時代の推移によって字が変化することを示している。

このように同じ漢字でも時代時代によって元字は変化するため、近世の古文書を読むには、江戸時代の使用字の元

字を確認する努力を忘れてはならない。前述の「違」の充字が「逵」であるように今日の常用字と異なる。

今一つ例を示せば「渋」と「遅」は今日の常用漢字、ところが江戸時代もこの字が常用字であるが、しかし明治・大正・昭和の中頃（いわゆる戦前）までは「澁」「遲」が常用字である。この二字はファッションと同様に今日の常用字として戻ってきたわけである。この元字を探求することを第一に考え、その元字を筆順通りに続けて書いてゆけば、草字体となり古文書に書かれている字となる。

古文書はこの異字と同様に慣用句の差異も加味される。金銭の授受も、現在では初行を領収書と書き、「一金〇〇円右確かに受け取りました」と書く。この書式は誰にも教わることなく、世間の習慣として各人が自然に身についている、いわゆる慣習となっている。これが江戸時代には、初行は、「受取申金子之事」と書かれる。この慣用語句の違いが古文書を読む第二のネックとなる。この江戸時代の慣用字・語・句の習得も必須である。

さらに世間では、近世の古文書を読むにはまず「お家流」をマスターしなければならないという言葉を耳にする。この「お家流」とは、江戸幕府の祐筆《ゆうひつ》（書記）の一人である建部《たけべ》伝内の書流が、江戸幕府の公的文書の主流として採用されたため、この幕府文書の書体がお手本となって全国津々浦々まで普及したためである。しかし一般庶民の間では「お家流」を正式に習得できた人はごく一部で、大方は見よう見真似で覚えた人や、また識字教育の普及が万全であったわけでなく、耳から入る同音・同訓の宛字《あてじ》で書いている場合が多い。たとえば書状類に用いられる「一寸」は大半が「鳥渡」と書いたりする事はしばしばである。この宛字の流布も古文書読解を困難にさせる一因ともなる。

しかし古文書を読む事によって判明してくる知識の収穫も大きい。現在何の疑問も持たずに常用している用語、しかも各人が本当の意味も理解せずに今日の使用語として闊歩させている用語が、実は江戸時代の慣用語であったり、日常生活に浸透している慣習であったりする。ちなみに月末・年末に用いる晦日《みそか》・大晦日《おおみそか》という言葉。晦日とは「クワイジツ」と訓み、「暗い日」の意味である。江戸時代は旧暦であったため、月末にはかならず月は欠けて暗くなる。

ところが日本では明治になって西洋文明の導入とともに西暦が採用され、暦も当然新暦になったのである（明治五年十二月三日をもって明治六年一月一日にした）。そこで晦日なる用語は全く通用しない現象となった。にもかかわらず未だにこの用語は使われ、月末になっても月は皓々と照る奇妙な晦日になってしまう。

また文化財報告書などに、書画・美術品などの価値について「折紙つき」という言葉で表現されている例をみる。この「折紙」とは、古文書の様式を示す用語で、江戸時代に書画・刀剣・器物などの極書《きわめ》（鑑定書）が、奉書・鳥の子・檀紙《だんし》の折書（竪紙《たてがみ》を横に二つ折に折った形状。折目を下にして書く）を用いて書いたため、「折紙」の名称で鑑定書のことを表示した。現在でも鑑定書の代名詞として江戸時代の用語をそのまま使用しているという事である。

近頃では意味が大分理解されてきている還暦、喜の字の祝い（江戸時代喜の字の草書体「㐂」が七十七に読まれた）、米寿（昔は米の字は「八木」と書かれ八十八歳）など江戸時代の使用字から生まれた用語が、意味も余り知られないまま慣用している例である。

このように古文書を探索し、読むことによって、新しい眼で思わぬ新知識や発見をするのもまた楽しみの一つである。また新発見によって今までの定説を訂正することも可能となる。在住地の歴史や、先祖のことなど、自分の眼で、その時代に書かれた古文書を読み、江戸時代の慣習や様子を知り、新しい知識を得ることができる。その意味で古文書を読むということは、大いに胸を弾ませることができる魅力の学問である。

何事も一日一歩という格言通り、毎日欠かさず少しでも手がけるという事は、古文書習得の近道である。忙中閑ありという語を、しっかりと胸に秘めて、一日一行でもよいから古文書を原稿用紙に写すという心掛けですれば、かならず読めるようになる。読めるようになった時のよろこびは、また一段と美味である。

# Ⅰ　町に育つ

# 万太郎の一生

某年某月のある蒸し暑い日、静かな城下町の敷坪にして百五十坪（四九五平方メートル）ほどの小さな武家の家で、男の児が誕生した。

母親の名は初《はつ》、十九歳。父親は当家の隠居で秋野甚平。何年か前に還暦の祝いも済ませていたから当時はもう六十代も半ばを過ぎていた。父母の年齢の差からもうかがえるように、二人は正式な夫婦ではなかった。近郷の百姓の三女だった母は、町の肝煎《きもいり》婆の口入《くちいれ》で、前の年から給金二両二分、取替金《とりかえ》（前金）一両、それに年二度の仕着せという、この辺ではかなりいい条件で奉公に来ていたのだ。父の甚平は妻を亡くして十年、そのうえ領主の勘定方《かんじょうかた》に勤める惣領《そうりょう》の忠四郎が、おととし自分が十七歳の新妻を娶《めと》ったことで、父はいっそう身の回りの寂しさを感じているに違いないと心配して、初を世話したのだから、母の方でも、こういう関係になることはあらかじめ言い含められていたのかもしれない。

ともあれこの日、七時《ななつどき》（午後四時）過ぎに母が産気付くと、さっそく近所の子取婆が、腰抱女をつれてやってきた。それから数時間後……、俺は元気に呱呱《ここ》の声を挙げた。

俺の誕辰《バースデー》は、閏《うるう》某月二十一日。三日後の二十四日は、父のもとに藩の子弟が何人か来て四書五経等の講義を受ける「講会《こうえ》」の定例日だったが、出産の血忌《ちいみ》といって延期となった。

二十七日がお七夜の日。本来なら秋野家の親類一同から守袋や犬張子、襁褓（おむつ）といった祝いの品々が届けられ、家では赤飯を炊いて祝いの席を設けるのだろうが、俺の場合は違った。父の甚平が、俺を〝下腹《げばら》〟つまり女奉公人に孕《はら》ませた子だからと、秋野の家に置かずに七夜を待たずに外に出すことにしたからである。父としては、老年の子ということで気恥ずかしさもあったらしい。そのうえ母の方も、近いうちに宿下りして百姓家に嫁ぐということが内々決まっていたらしい。

俺が生後六日目で貰われていった先は、秋野の家から程近い鍛冶屋の左五兵衛の家だった。左五兵衛の女房は、ちょうど俺が生まれた日に男の子を出産したが、その赤子は一日も経たないうちにあの世に逝ってしまった。悲しみで女房の気が変になりかけていたところに、俺の話を子取婆から聞いた左五兵衛が、即座に承知した。

それはともかく、俺は、曲がりなりにも武士の家から、正真正銘職人の家に貰われていった。といってもただではない。父甚平は、産着《うぶぎ》と守袋に古小袖二つと木綿の小蒲団一つ、それに掻巻《かいまき》一つと小豆入りの枕を添え、郡内縞《ぐんないじま》の着物表でこしらえた風呂敷に俺を包んで新しい父母に渡した。さらに、普通の養子縁組なら左五兵衛の方から金品を差し出すのだろうが、俺の場合、どちらかというと貰ってもらうという事情もあって、父の方から、養育料の足《たし》にでもしてくれと金二両が新しい父に渡されたという。両家の間では、証人が入って養子の証文が作成され、それぞれの印が捺された。こうして俺は、正式に鍛冶屋の子となったのである。

（→一二三ページ）

# 1　出　生

「人は潮の満る時に生まれ、潮のひく時に死を迎える」という俗諺は、人間の誕生を悠久の自然の営みの中にとらえようとするものであるが、人の誕生は、また、大きな社会的営みでもあった。江戸時代、間引《まび》き、堕胎、あるいは捨子が広く行なわれ、人の誕生は、必ずしも喜ばれるものではなかったといわれる。しかし、一方では、〝子育ての書〟が数多く出版され、当時女性向きの実用書として一般にもっとも流布したといわれる「女重宝記」は、妊娠から出産に一巻を割き、その過程や心得を述べている。また、幕府や諸大名も、捨子や間引きの禁止をたびたび触れ出し、その意図は別として、〝出産〟に対し深い関心をはらっていたのである。

妊娠から出産への過程には、多くの〝行事〟が行なわれ、新たなる生命は、この世へ生まれ出づる前より、人々のつながりの中にはぐくまれるものであるが、この妊娠が、広く〝公表〟されるのは、五ヵ月目に行なわれる「帯祝ひ」からである。これは、胎児を安定させ、難産をさけるために腹帯《はらおび》を締めることで、お産の軽い犬にあやかって、多くは戌《いぬ》の日を選んで行なわれる。岩田帯ともいわれる腹帯は、「婦人の里方より紅白の岩田帯に酒肴《しゅこう》等相添遣し、祝の節は里方はじめ近親を請し祝ひ中候」（「陸奥国白川領風俗問状答」『日本庶民生活資料集成』第九巻所収）ともあるように、女性の実家から贈られることが多く、その祝宴は、地域社会に対し、その仲間が一人増えることを広く告知するものであった。

出産は、多くの場合、村の共有の「産屋《うぶや》」で行なわれるが、都市部では、居室の畳を上げて、臨時の産室にしたりした。また、出産には取り上げ婆といわれる産婆が介助したが、自宅での出産は、「九ツ半（午後一時）頃一旦生れそふに虫になり候よし。大騒ぎその支度に懸り、出来上り落付て仕廻ひ夫《それ》より折々こわり候得共、一向ゆるやかにて生れそふもなし。（中略）暮合よりだん〴〵強く虫こわり出し、六ツ半（午後七時）前無レ滞《とどこおりなく》出産男子出生致し候。生れかゝり両度扣《ひか》へ三度目出る。わづか煙草五六服呑む間づゝ扣ひ候得共、その間お菊と婆の骨折を聞て居り、如何に相成可レ申哉と、心も転動致し中に居り候様也」（「桑名日記・柏崎日記」弘化四年正月十九日『日本庶民生活資料集成』第十五巻所収）と誕生を待つ夫の日記にもあるように、その経験は広く家族とも共有しうるものであった。

**史料1**、**2**は、美濃国多芸郡島田村高田（現、岐阜県養老郡養老町）の富農千秋《ちあき》（服部）家に残る〝出産〟にかかわる文書類である。

**【史料1】**

天保十三壬寅年九月十八日夜清天

丑上刻過出生
金性ツリガネノかね

於愛出産諸色帳

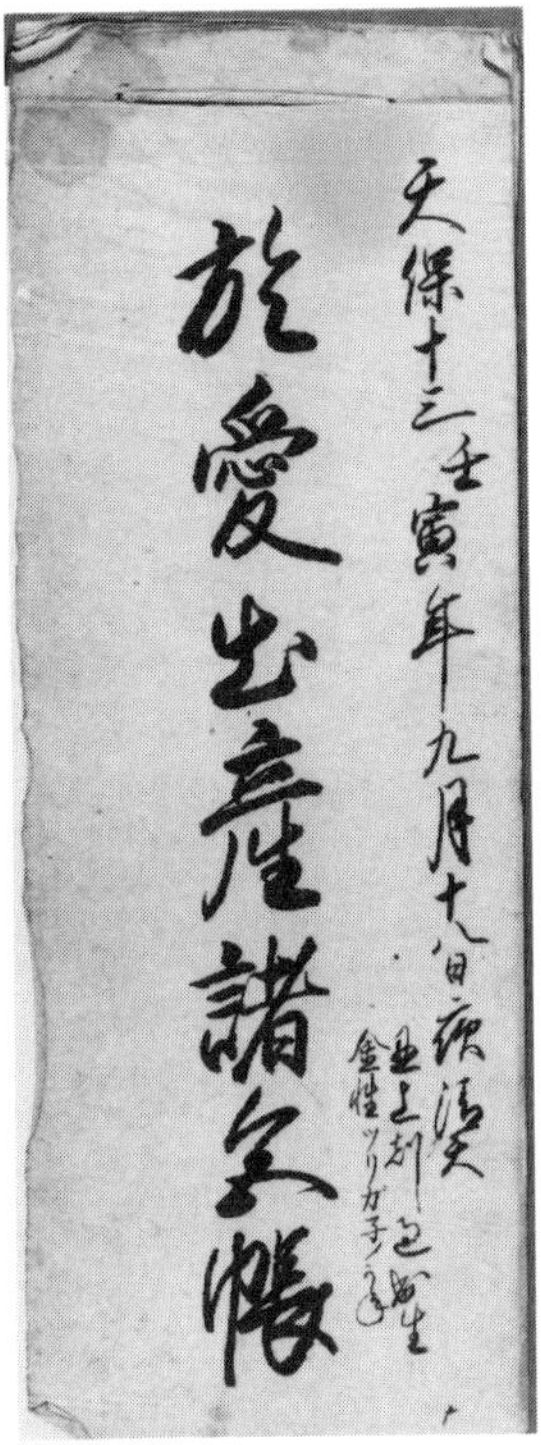

**史料1**　あい出産諸色帳①

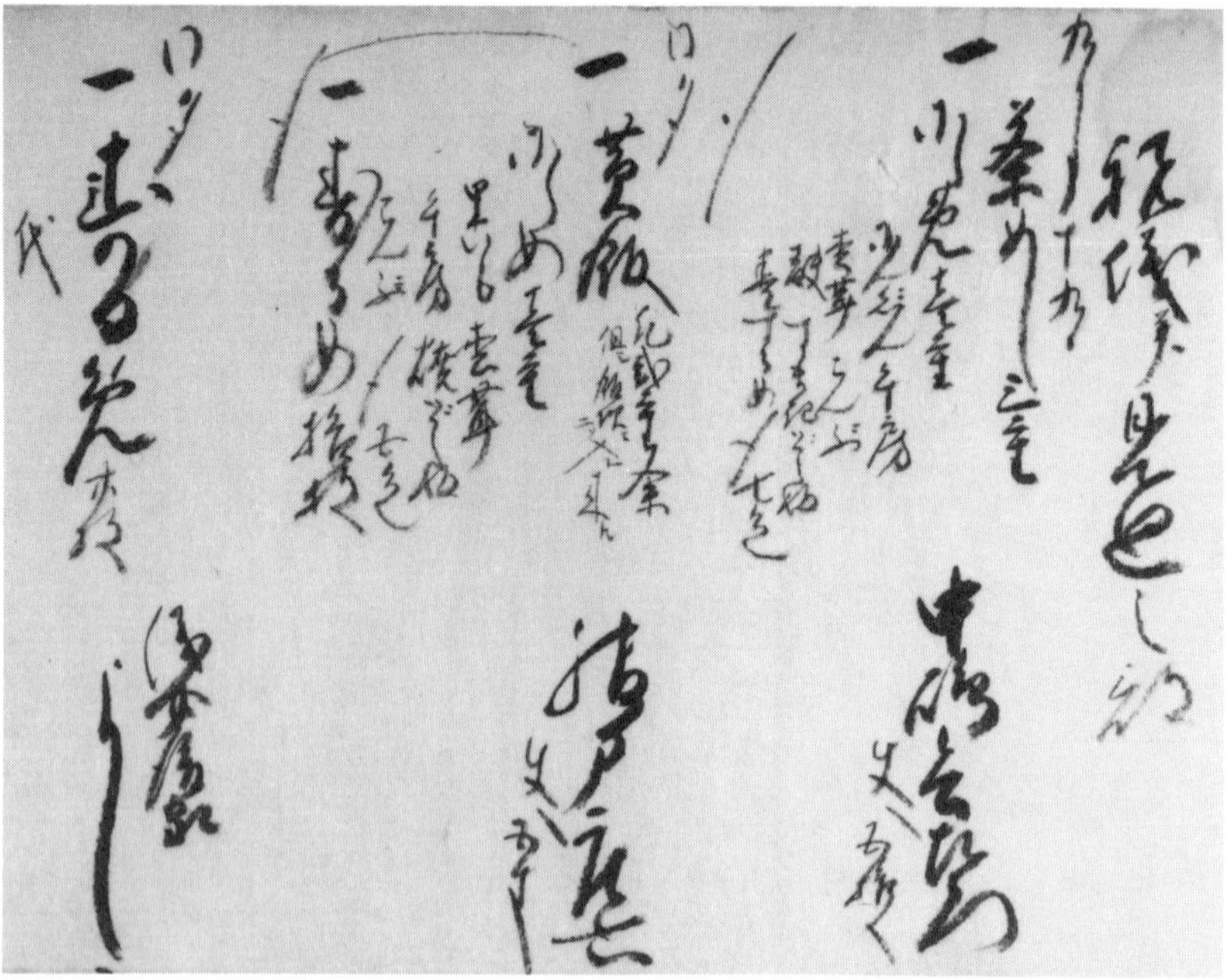

（史料１―①）

祝儀幷見廻之部

九月十九日

一　茶めし　三重　　　中嶋兵左衛門
　　　　　　　　　　　　使へ五拾文

　　にしめ　壱重

　　　　にんじん　牛房
　　　　(松)杢茸　こんぶ
　　　　麸　すまきどうふ
　　　　巻するめ　〆七色

〆

同夕

一　黄飯　凡弐重余　　　服部　庄六
　　　　但シ飯次ニ二ツ入レ来ル　　使へ五十文

　　にしめ　壱重

　　　　里いも　(松)杢茸
　　　　牛房　焼どうふ
　　　　こんぶ　〆五色

一　するめ　拾枚

〆

同夕

一　するめ　廿枚　　　儀介後家
　　　代　　　　　　　よ　し

廿一日

（史料１―②）

同

一　同　弐把　数四十枚
代
杉屋　喜蔵

廿二日

一　酒札　弐枚
代弐百六十八文
山田右兵衛内儀　おすみ持参

同日

一　しぼり　四尺九寸
代凡壱匁八九分斗リ
清七　おせい持参

一　茶巾饅頭　五十
凡三文計リツ、か
お庄　川藤　使へ三拾文

（中略）

同（廿四日）

一　金米糖　壱袋
代百文
袋や　佐吉

廿四日夕

一　柚香糖　壱箱
代弐匁
堀屋　七兵衛　使へ廿文

廿五日

一　とうふ札　五枚
押こし　太蔵

断

廿六日

一　酒札　弐枚
代弐百五十文
古　扇子　箱弐本入
中村　久次郎　使へ廿文

〆

同

一　もみ　七尺五寸
代凡九匁七分五厘

押こし
渋谷安左衛門
使へ百文
是過分なれ共
少々□有つて遣ス

同

一　川和嶋　八尺
壱丈弐尺代拾八匁六分
代拾弐匁四分

中嶋兵左衛門
おすへ持参

晦《ツゴモ》日

一　紅木綿　五尺
色よし地よし
代凡三匁五六分

土屋　権太夫
使へ五十文

同日

一　いな　七尾
代弐匁壱分

柏渕藤左衛門
使へ廿文

同日

一　同断
代同断

山口玄寿
使へ元結五把

廿一日
北国

一　新米

押越
介　次　郎

十月朔日

一　大国おこし　壱対
代百文

押越藤蔵後家
ち　せ持参

三日

一　同断

同所兵吉女房
せ　ん持参

五日

一 肴札 弐枚 代弐匁　　柏渕 友次 使へ元結五把 代十八文

七日

一 しぼり 八尺弐寸 菊ニさがりふじノもよふ 代七匁三分六厘 壱尺ニ付九分弐厘切　　柴山 周蔵 御持参

八日

一 まんぢふ札 七枚　　なべや 吉兵衛 使へ三十文

あづき餅 壱重 数三十六

十日

一 焼ぶな 廿三枚 代凡百六拾文ぐらいか　　嶋田 善吉 使へ

十日

一 金二百疋　　早野七太夫 御持参

肴札 壱枚 代三匁

十三日

一 しぼり 壱丈弐寸 封じぶみ四季ノ□ハ書也 代九匁弐分 壱尺ニ付九分弐厘切　　藤田一太夫 御持参

酒札 弐枚 代弐百五十文 播州札也

肴札 壱枚 代札弐匁か 大垣札也

〆

何日

一 飯団餅 壱重　　下男 直介

（後略）

誕生に伴う祝儀の記録は「産着貰帳《うぶぎもらいちょう》」等とも呼ばれるが、千秋家の場合、「於《お》愛《あい》出産諸色帳《しょしきちょう》」と題する横帳に、天保十三年九月十八日丑《うし》上刻（午前二時すぎ）、当主庄六郎とその妻うめの間に生まれた〝あい〟に関する誕生の諸行事が書き留められている。冒頭の「悦びニ来ル人之扣」の一行は、あいの誕生への感情を素直に表現しており、翌朝早々から届けられた祝儀は延三十九人からにものぼっている。その内容は史料1にみられるように多岐にわたっているが、現金は少なく、酒札・肴《さかな》札・とうふ札といった現在のギフト・カードのようなものもみられる。また、品物についてはその値段が推定も含めて書き留められており、しぼり等の布地については、模様が記録され、「色よし地よし」といったコメントの付けられているものもある。さらに、千秋家側の出費として、祝いの品を届けに来た使いの者へ渡された祝儀の額もきちんと書き残されている。

三日目には、「三ツ目」といわれる行事が行なわれる。これは、「湯初とて、赤子に初て湯あみさするなり。（中略）但此時より初て産神《うぶがみ》様の御膳をいふを奉るなり」（「三河国吉田領風俗問状答」『日本庶民生活資料集成』第九巻所収）とあるように、初めて正式の沐浴をし、産神へ誕生の報告をするのである。また、この時、始めて手の通る産着《うぶぎ》を着せ、人間の仲間入りをしたことを認知したともいわれる。

七日目に行なわれる行事は、「お七夜《しちや》」と呼ばれ、産髪をそり、名付けが行なわれることが多い。これには、「ヒトウブヤ」「ヒトマクラ」「マクラビキ」等いろいろな呼び方が残っているが、あいの場合には「枕下げ祝ひ」と題した記録が残っている。〝枕下げ〟とは出産の時使用した藁枕《わらまくら》を毎日一束ずつ下げていき、七日目には平臥できるようにしたことからきた言葉と思われる。あいの場合、名付けについてはふれられておらず不明だが、祝宴の献立とその出席者の記録が残っている（**史料2**参照）。それをみると、一汁三菜の他に、数皿の料理が出され、出席者十七人のうち男性は身内の三名を含めて四人にすぎず、出産をめぐる行事が女性中心であることをうかがわせている。このうち中心となるのは、取上げ婆と〝ちつけ〟と呼ばれる女性である。〝乳付け〟とは、産後最初に子供に乳を飲ませる

〝儀式〟において乳を提供した女性のことで、乳のよく出る、子供の多い人が選ばれ、その後も、〝ちつけ親〟と呼ばれ、特別の交際をする地域もあった。

**【史料2】**

九月廿四日

　枕下ゲ祝ひ

献立

鱠皿　たこ　　　　汁《白赤まぜ》

　はすいも

　酢あへ

平《ヒラ》皿　杢《（松）》茸　　赤飯

　すまきどうふ

　里いも　　焼物　ふな

　青こんぶ

　するめ

猪口　きやうれん

酒

鉢物　たこノ

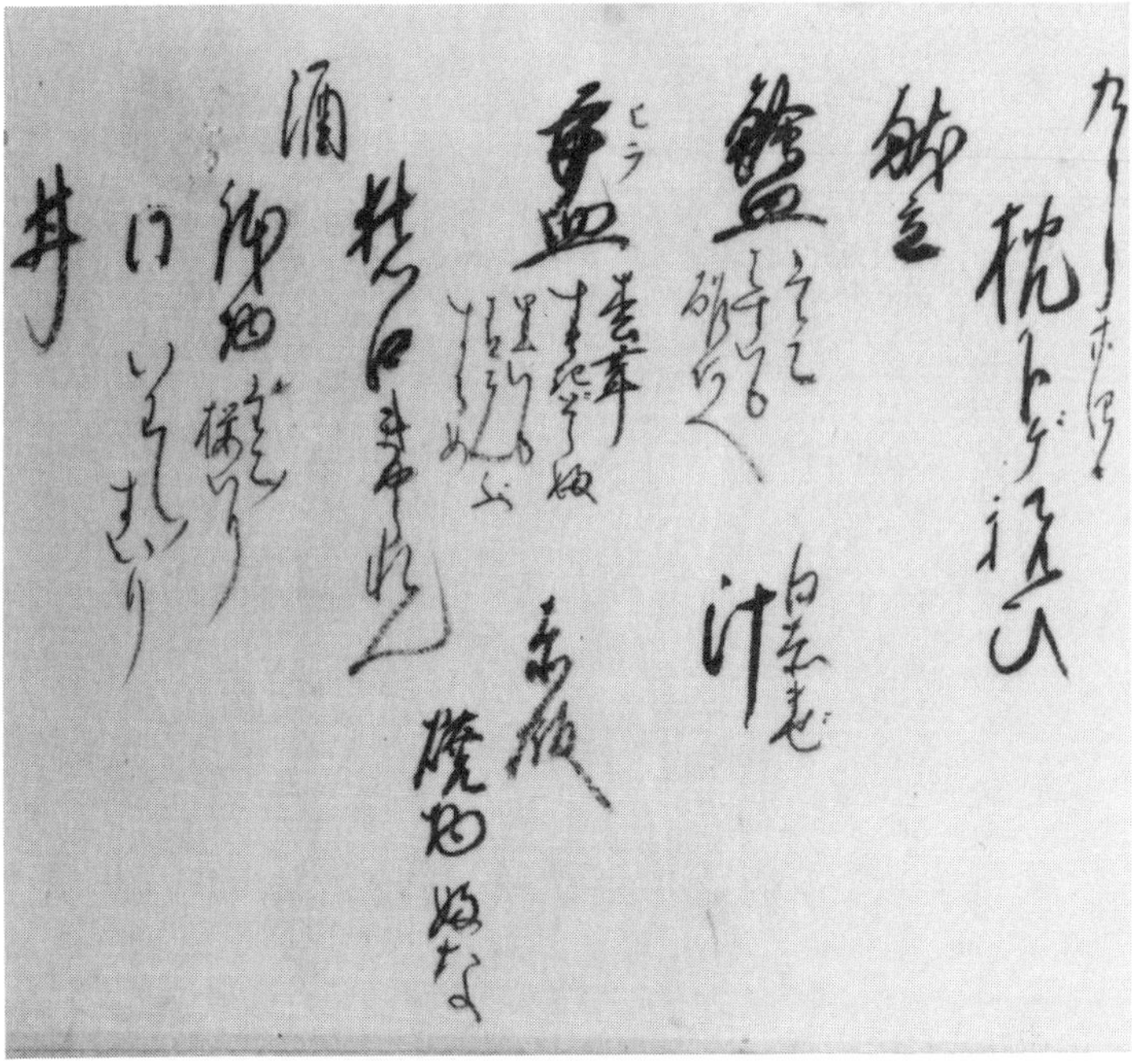

史料2　枕下げ祝い記録①

桜いり
同　いわしノ
すいり
丼
硯ぶた　玉子　紅しやうが　からし漬ノ
なすび　ゆず　はへ

〆

呼人数

産神
取上ばゞ事　おりき　ちつけ事　おかる　とき
おすへ　おりと　小娘　きやう
丼　もり
商売ノ手間取
喜蔵
家内八人　元次郎
直次郎　直介在所下笠村
おみち　きく在所橋爪村
おしう　とめ在所押越村
さき在所岐阜

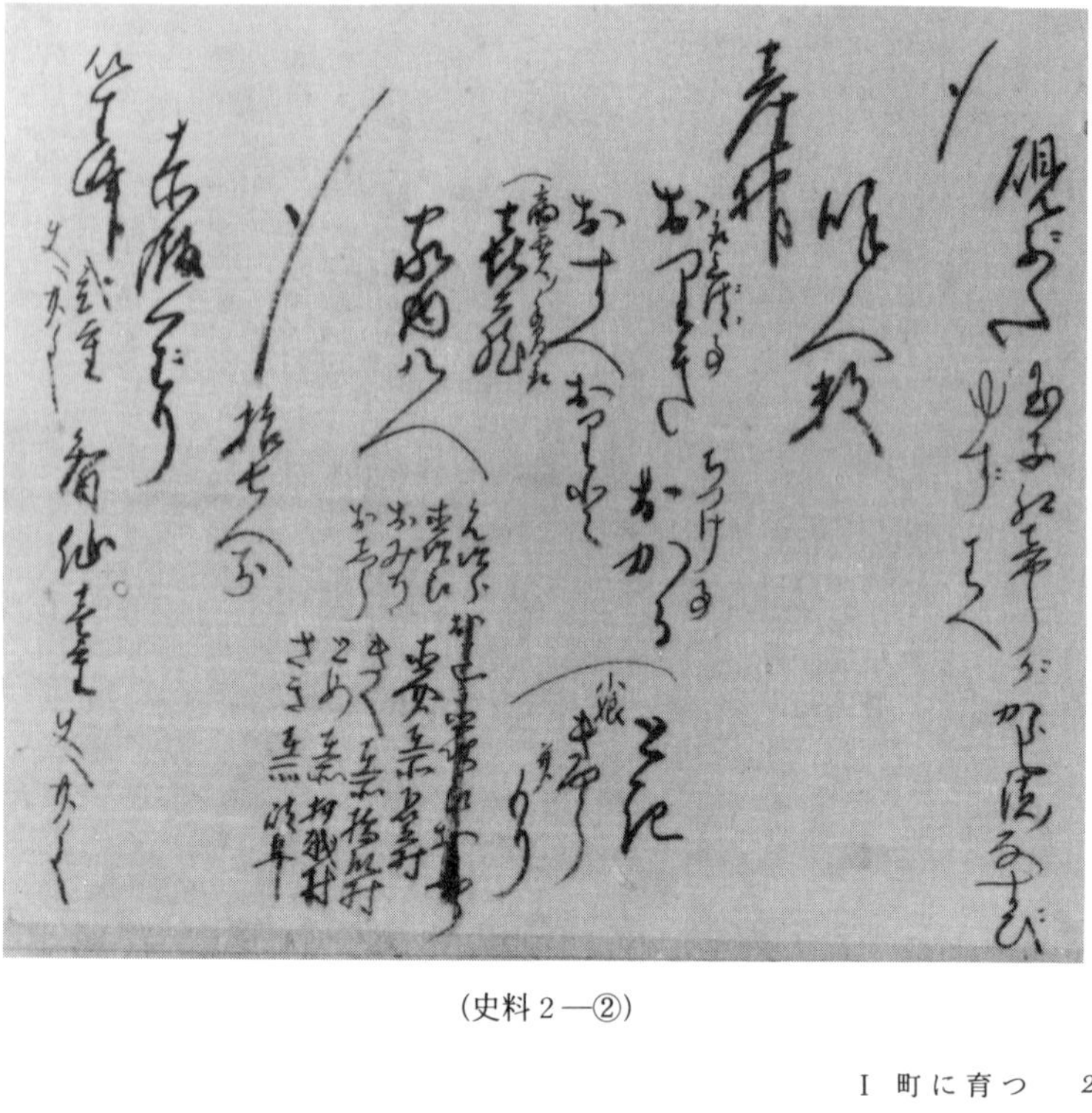

(史料２—②)

〆拾七人前
赤飯くばり
笙峰　弐重　　智仙　壱重　使へ廿文
使へ廿文

その後、生後三十三日目のお宮参り、百日目のお食初《くいぞ》め行事は続くが、あいの場合、お宮参りは事情で五十四日目に当る十一月十二日に行なわれ、お食初めについては記録にない。さらに、宮参りに先立って、十一月六日には、内祝いの〝赤飯配り〟が行なわれている。折からの新米の餅米・新小豆を使って蒸された赤飯は、三十二軒に配られ、さらに家族ほか十二人にふるまわれたと記録にはある。

このように多くの人々の慈しみ中に生まれた子供も、その二割ないし二割五分が最初の宗門改《しゅうもんあらため》を待たずに死亡しているといわれる。その乳幼児にとって高い死亡率をもたらす病に疱瘡があった。疱瘡は、子供が広く罹る病気としておそれられていたが、逆に一度罹ると二度と罹らないことから〝子供の厄〟とも考えられていた病気であった。

多くの困難が待ち受けていた子育てだけに子供の無事な成長を願う節句を祝う気持にも格別のものがあったであろう。三月三日の雛祭は、その身の災《わざわい》を人形《かたしろ》に移して祓う上巳《じょうし》の行事に由来するが、江戸時代に入ると「ひいな遊び」とまじりあい、人形を並べて成長を祝うようになった。上層階級に始まったものであるが、幕末になると、地方の下級武士の間でも「右大臣左大臣の人形と燭台一対とにて七匁にて求」（「小梅日記」安政六年二月二十五日、『東洋文庫』所収）めたり、「ひな床の前に飾られず、押込の棚を半分かたづけ、ごちやごちやと飾る。よなべに白酒をひく」（「桑名日記・柏崎日記」天保十二年三月二日）等して、雛祭が行なわれるようになる。

**史料3**は、同じ千秋家の文化十五年（一八一八）、あきの初節句に際しての雛人形の飾り方を図示したものである。現在の段飾りとは異なり、人形の種類も少ないが、四段飾りの毛氈《もうせん》まで用いた立派なものである。

**史料3**　三月節句雛人形飾り方図

文政十一年戊子三月表座敷ニかざる

同十二年己丑三月　同断

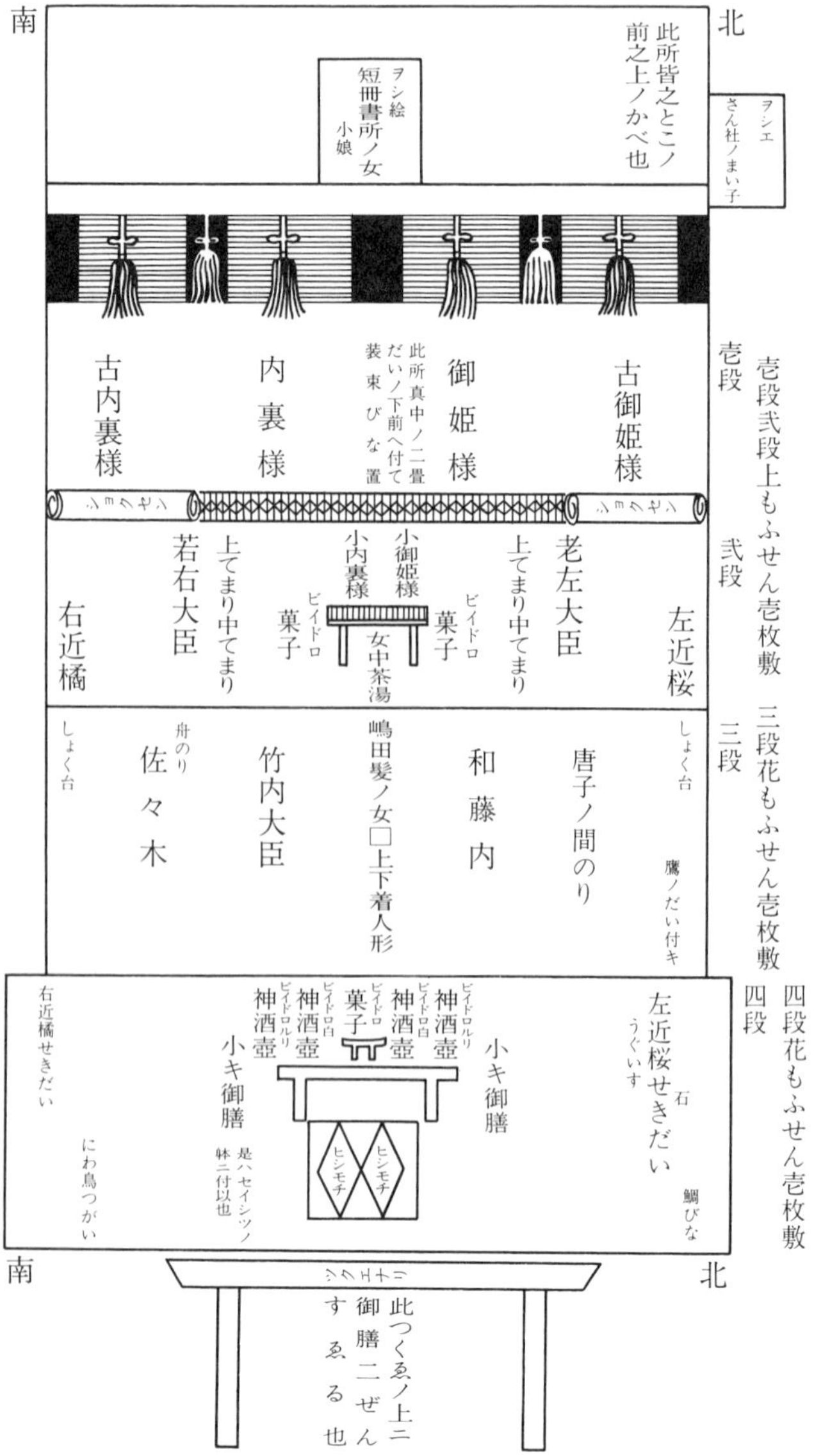

新しい父母の家で無事お七夜の祝いも済み、万太郎と命名された。新しい母は二十七歳で、まだ十分に若々しい乳汁を提供してくれたし、実の母の初も、秋野家を暇乞いして嫁ぐまでの数か月間、豊かに溢れ出る乳を持て余したのか、ちょくちょく鍛冶屋にやってきて俺に乳を含ませてくれた。

おかげで腹はいつも一杯だったが、それでも人並みに病にかかることはあった。あれは確か三歳（もちろん数え年で）のとき、江戸で始まった麻疹（はしか）の流行が、この城下にも及んで、大人子供を問わずバタバタと病に倒れ、多くの犠牲者が出た。新しい母（以後は「お母《つか》ァ」と呼ぶことにしよう）は俺のことが心配で、城下ではちょっと名の知れた医者に予防薬をもらいにいったが、「そんなものがあったら世話はない」と冷たくあしらわれてしまった。

そこで今度は麻疹除けの呪《まじな》いがうまいという修験《しゅげん》のもとを訪れ、とっておきの呪いを伝授されてきた。ところがその呪いには、なぜか馬の足を洗う桶が必要だという。鍛冶屋稼業ではそんなものは手に入らないので、お母ァは秋野の父に頼んでようやく調達し、いわれた通りの呪いをやってみたという。その効験かどうか定かでないが、とりあえずこの年、俺は麻疹で生死の境をさまようようなことにはならないで済んだ。

世間では「疱瘡《ほうそう》の見目《みめ》（器量）定め、麻疹の命定め」といって、どっちかといえば疱瘡よりも麻疹のほうを恐れるというが、恐ろしい点には変わりはない。

麻疹流行の翌年、つまり四歳の十月末頃、お母ァの乳房の谷間で目が覚めると、なんだか身体の調子がおかしい。その頃よく手遊《てあそび》（おもちゃ）がわりにしていたお母ァの鏡をのぞきこむと、顔にいくつも赤い粒々が出来ている。早速例の医者のところに連れていかれ、見てもらうと、「痘瘡《もがさ》（疱瘡）に紛れなし」とのこと。そういえば、ここんとこ食欲もなく熱っぽい上に吐き気もあった。まだ十分言葉で表現ができない俺は夜泣きを繰り返して苦しさを訴えていたのだが、十一月に鍛冶屋仲間で催す鞴《ふいご》祭りの世話役に当たっていたお父《と》ゥもお母ァも、忙しさにかまけて細やかな注意を俺にそそいでくれなかったのだ。

麻疹よりは恐くないといっても、疱瘡で死んだ子は、この近所だけでも何人もいる。それに、たとえ治ったとしても、痘痕《あばた》がたくさん残ったら、それこそ「器量定め」。

顔や手足の発疹はやがて水疱となり濃疱となり、そして痂《かさぶた》に変わっていった。医者がくれた薬は欠かさずのんだけれど、高熱が続き、苦しい。それに痂が出来てからは、とにかく痒《かゆ》くてしかたがない。医者が「順痘だ」（軽症だから心配ない）、と太鼓判を押したので、お父ゥもお母ァもホッとしたらしいが、そんなこととはお構いなしに、とにかく痒いのだ。俺はたまらず顔や手足をかきむしった。そのたびにお母ァは、かき壊した箇所に蕎麦粉を塗りながら、かいてはいけないという。

医者の診断通り、俺の疱瘡はそれでも軽いほうで、発疹が出て十日余りで無事酒湯《ささゆ》が行なわれた。つまり米のとぎ汁に酒を少し加えたものに柔らかい赤手ぬぐいを浸し、それを顔や手足の痂の部分に当ててくれる方法で、これは治療法の一つでもあったが、場所によってはその湯に浴するが、それは疱瘡の危機を無事乗り越えたことを祝う儀式でもあるという。

俺が疱瘡を病んでいたときは、職人仲間や親類縁者から、落雁《らくがん》や手遊などたくさんの見舞いの品が届けられた。さて「ささ湯」が済んだとなると、今度はお父ゥの方から「ささ湯」祝儀を配る番だ。何を配ったのか、もちろん当時の俺は知るべくもないが（どうせ赤飯かなんかだろう）、とにかくかなりの物入りだったということだ。お母ァの気苦労も大変なものだったと思う。

（→三二ページ）

## 2　子　供

子供とは何歳から何歳までを言うのであろうか。近世の各種の史料によれば、十五歳が若者組に加入する年齢であり、若者組に入れば一人前として扱われた。したがって、それ以前が子供の時代であった。このことは近世の法令類にも登場している。寛保二年（一七四二）に編集された有名な『公事方御定書《くじがたおさだめがき》』（『棠蔭秘鑑』徳川禁令考別巻所収）は、刑罰を詳細に規定しているが、その第七十九に「拾五歳以下之者御仕置之事」という項を設け、たとえば「盗いたし候ものは「大人之御仕置より一等軽可₂申付₁」と指示している。十五歳以下が子供であるが、それ以前はすべて同じというわけではない。各地の民俗として言われることに「七つ前は神のうち」とか「七つまでは神の子」という表現があり、七歳以前は子供ではなかった。七歳で氏子入りという儀礼を行なって初めて地域の子供となった。そして、さまざまな年中行事に一定の役割をもって参加するようになる。正月の鳥追い、どんど焼き、あるいは盆行事の重要な担い手であった。したがって、近世の日本では子供は七歳から十五歳までの者を言ったのである。

今日の子供たちもそうであるが、いつの時代でも子供自らが自分たちの生活を文字に書き記して後世に残すということは少なかった。現代の学校教育は、子供たちに作文を教え、生活を記述することを訓練し、また日記を書くことを奨励したりする。しかし、それでも子供たちのありのままの日常生活が文字になるという機会は少ない。まして、近世の子供たちが自分たちの生活を自ら筆をとって書き記すということはなかった。子供たちの多くは寺子屋に通い、簡単な読み書きは習っていた。しかし、子供が日記を付けたり、手紙を出したり、あるいは作文をしたりすることはなかった。手習いの教本、多くはいわゆる往来物、によって必要な文字と言葉を習っていたに過ぎなかったものと思われる。子供自らが作成して現代に残してくれた文字史料を発見することは最初から断念したほうがよいと言わねばならない。

子供に接し、子供を観察した人物が書き記した日記や書簡あるいは紀行文のなかに子供の生活は描かれている。それは子供自らの書いた記録ではないので、子供自身の意識、感覚、感情を十全には把握していないことはもちろん、子供自身の行為そのものも部分的にしか把握していないのが普通である。あくまでも大人の眼でとらえた子供であり、大人の価値観によって評価された子供である。したがって大きな限界があるのが普通である。そのような史料のなかで出色のものとして近年盛んに利用されるのが『桑名日記・柏崎日記』(『日本庶民生活史料集成』第十五巻に抄録、別に沢下春男・沢下能親氏による全文翻刻がある)である。これは伊勢桑名藩の下級家臣が、幼い子供を養父に預けて、領地である越後柏崎に赴任したので、その預かった孫の養育の報告を兼ねて、祖父が日々の生活を日記に記して柏崎に送った『桑名日記』と、それに対応して柏崎の生活を日記にして養父のもとに送った『柏崎日記』とからなる。『桑名日記』の筆者は渡部平太夫、『柏崎日記』の筆者はその養子の渡部勝之助であり、天保十年(一八三九)からほぼ十年間書き続けられ交換された。『桑名日記』には預かった孫の鐐之助の日常生活と成長振りが詳細に書かれ、子供の成長が四歳から十三歳まで記されていることになり、非常に珍しく貴重な記録となっている。

『桑名日記』を繙いてみよう(沢下春男・沢下能親翻刻『桑名日記』四)。たとえば鐐之助が十歳になった弘化四年(一八四七)正月五日の記事に次のようなものがある。

　仙左衛門多度参詣ニ行迚《とて》寄。鐐之助も行かぬかと申候得共、御祖父さか行ならんから行かぬと言故、仙左衛門壱人して行。鐐鉄右衛門ニ凧揚て貰ひ西龍寺へ持て来て揚置候処、子供十五六人駈集り糸を持とハ其先を持、又其先を持、暫揚置候処少し風弱くなり候付おろす。(下略)

また同七日の記事には、

夜前雪二三寸（七〜八センチメートルほど）吹懸候付早く起不レ残はく。銀太、勝助、右近其外わや〳〵と門松貫ひニ歩行。鐐さ〳〵と呼立候付走ッて行。所々より門松貫ひ集内へ運ふ。子とも大勢ニて羽つき候由。そう〳〵し。

正月の凧揚げや門松集めの記事によって、当時の武士の子供たちも集団的に遊んでいたことが分かるし、その遊びの具体相も教えてくれる。日記にはこのように、毎日の遊び、年中行事との関わり、読み書き手習い、あるいは祖父母としてもっとも心配なさまざまな病気、そしてそれらを通して示される子供の成長ぶりが実に具体的に記録されている。近世後期の子供の置かれた状況をこの日記を通して描き出すことが可能である。

しかし、このような豊かな内容をもった史料はそう簡単に発見できるものではない。近世史料の調査の過程で見ることができる子供に関する史料はもっと形式的なものである。いわゆる冠婚葬祭の記録のなかに子供の行事が登場し、どのような品が贈答されたのかが示される程度である。次の文書は美濃国山県郡高富村（現、岐阜県山県郡高富町）の丹羽家に残る弘化三年（一八四六）の「疱瘡見舞《ほうそうみまい》請留帳《とめちょう》」の最初の部分である。この帳面は丹羽家の八歳になる光三郎が五月十二日に疱瘡（天然痘）で発熱し、閏五月六日に無事に疱瘡神送りをするまでの諸儀礼とその贈答を記録したものである。

**【史料4】**

（表紙）「弘化三丙午五月十二日ゟ発熱
御医師東栗野村山田玄仲殿
疱 瘡 見 舞 請 留 牒
丹羽光三郎
行歳八歳」

覚

五月十五日
一 せんへい　　百拾枚　　小西郷 小島与市
　右は鉄蔵一件ニ付郷宿え参り居合候ニ付見舞貰也
五月十六日
一 七福神遊絵本　　壱冊　　杉山重介
　せんへい　　五拾七枚
五月十七日
一 百人一首絵本　　壱冊　　丹羽卯八
　せんへい　　拾五枚　　隠居おミか

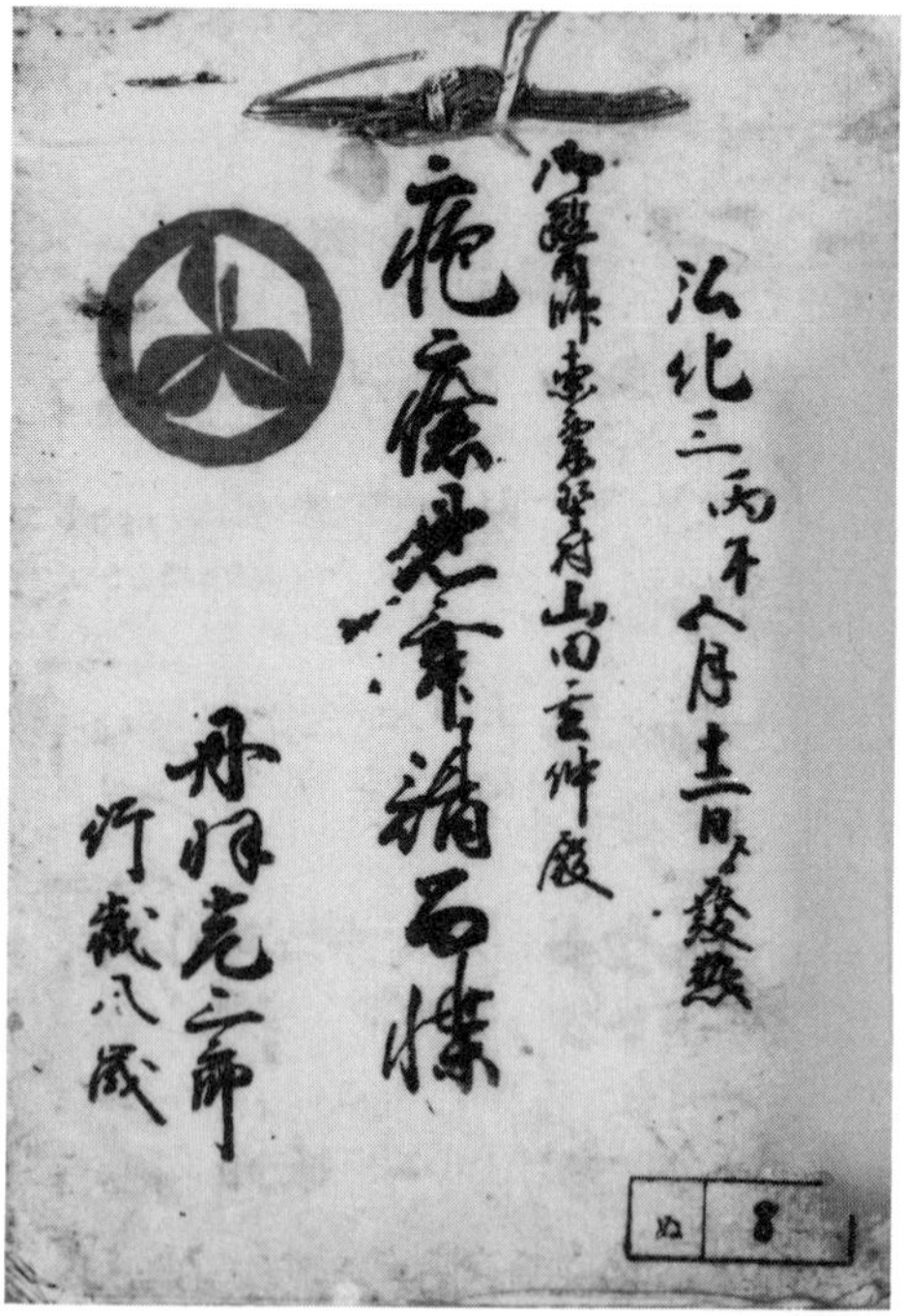

史料4　疱瘡見舞請留帳

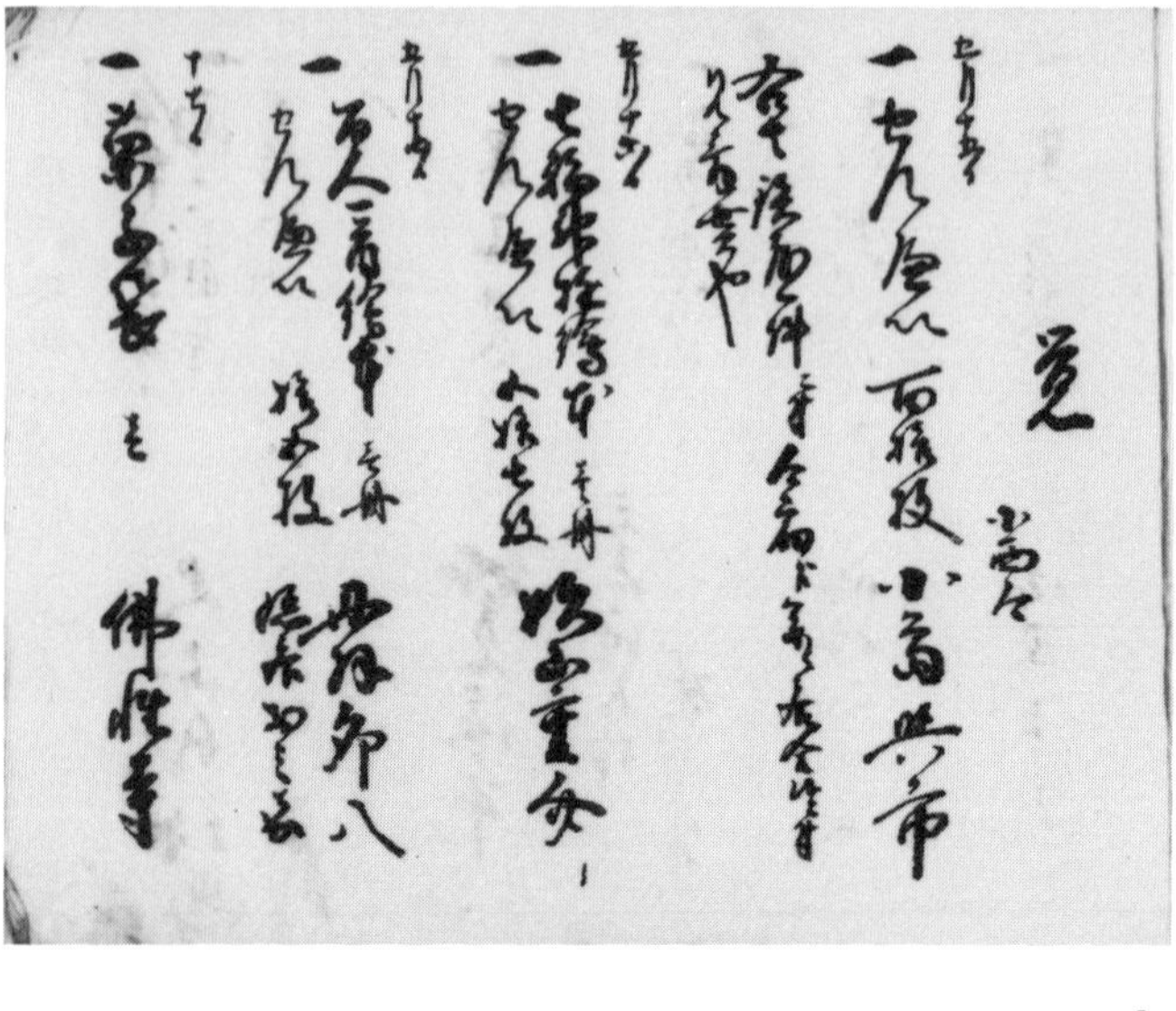

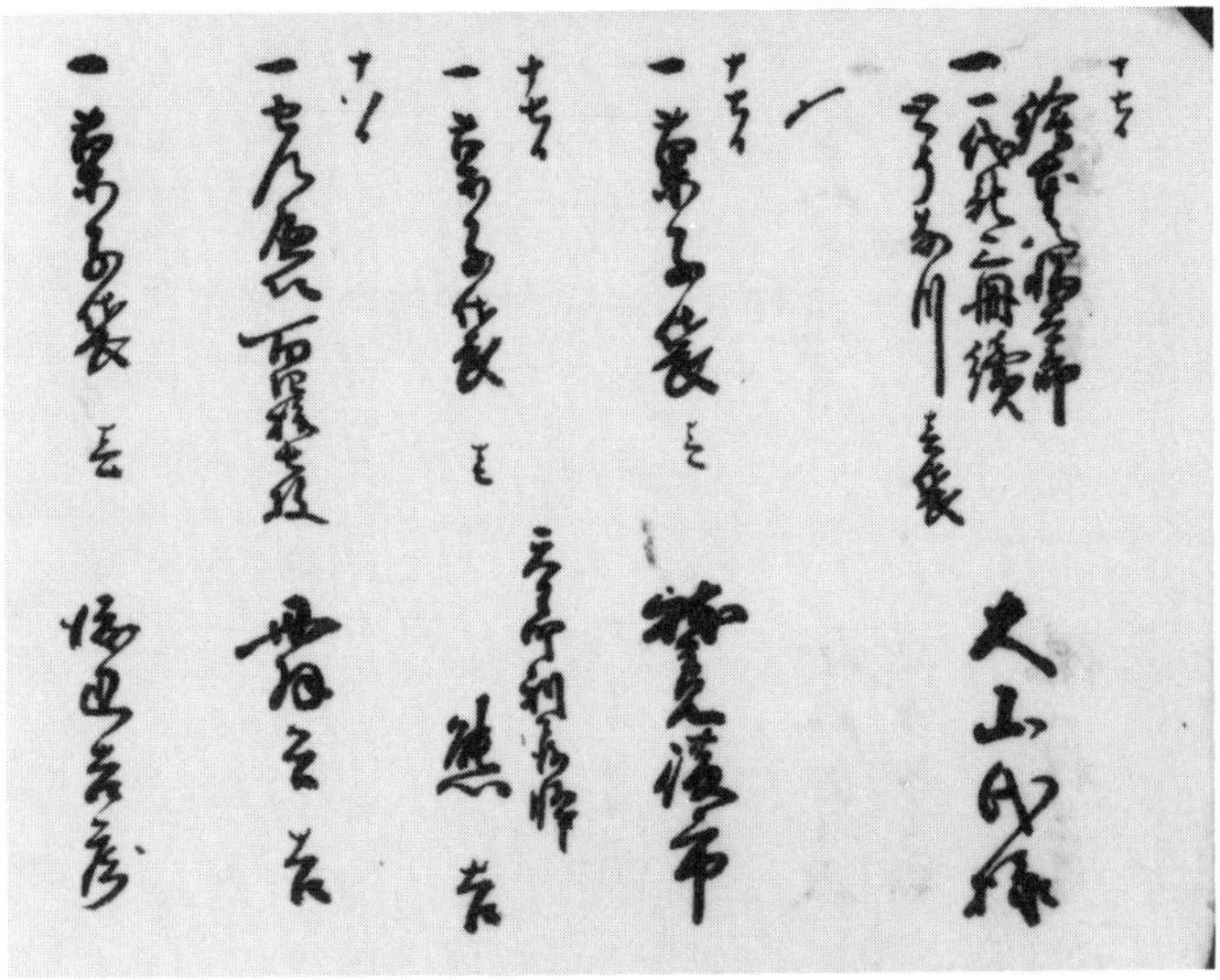

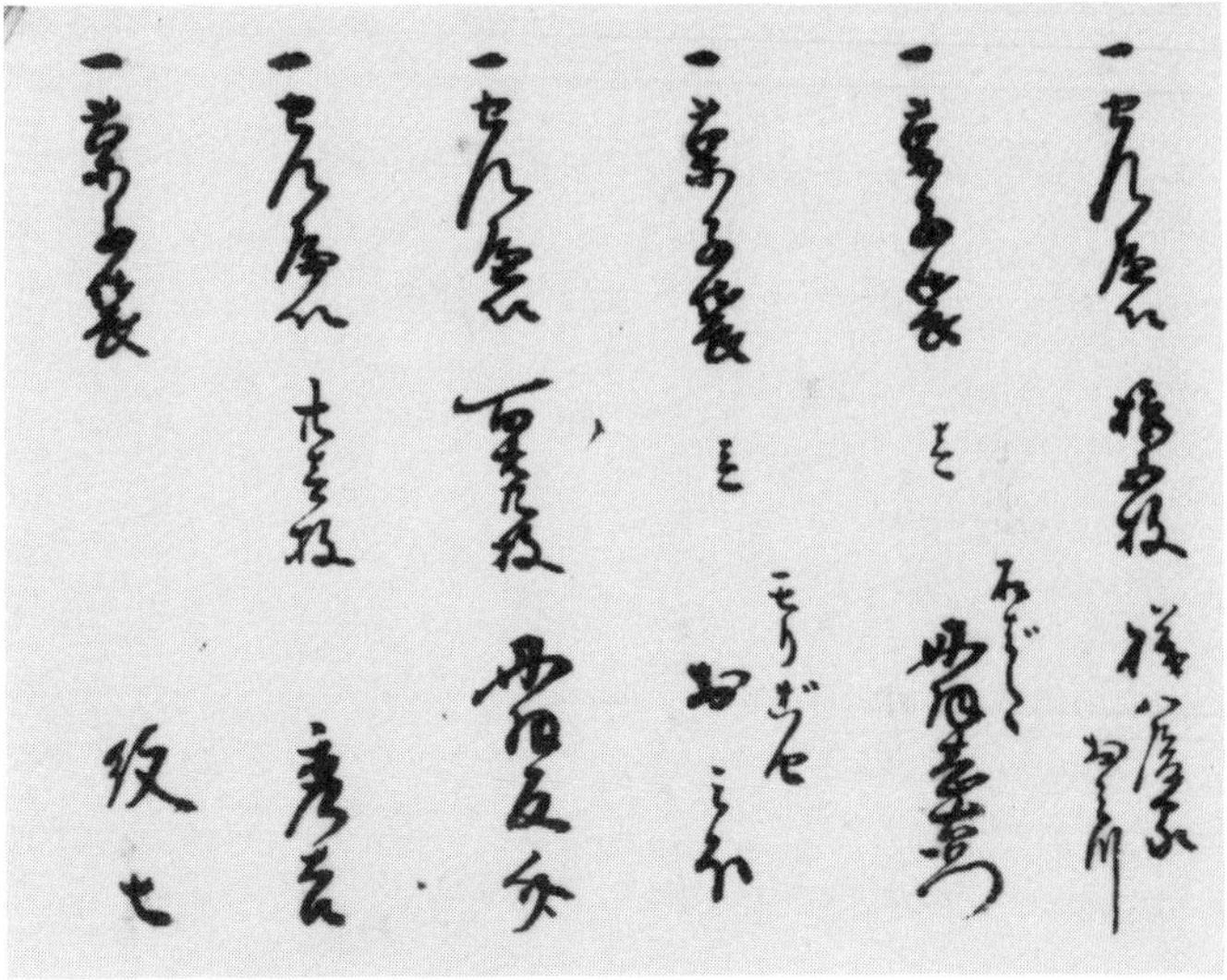

十七日
一　菓子袋　壱　　仏性寺

十七日
一　絵本八幡太郎
　　一代記三冊続　　大山氏様
　　とうなつ壱袋
〆

十七日
一　菓子袋　壱　　鷲見復市

十七日
一　菓子袋　壱　　天王町利兵衛倅　熊吉

十八日
一　せんへい百四拾七枚　　丹羽兵吉

一　菓子袋　壱　　渡辺吉蔵

一　せんへい　拾五枚　　磯八後家　おミつ

一　菓子袋　壱　　石ばた　丹羽甚右衛門

一　菓子袋　壱　　もりごせ　おミほ

一　せんへい　百廿九枚　　丹羽友介

一　せんへい　廿壱枚　　秀吉

一　菓子袋　　紋七

このように親類の者をはじめ丹羽家と付き合いのある家々から見舞いの品が贈られた。子供の疱瘡に対する見舞いであるから、煎餅や菓子類が多く、それに加えて絵本類が届けられている。絵本では、上の二冊以外に、「絵本八幡太郎一代記」「狐嫁入」「天神記」「義経島廻り」「狸のきん玉」等の書名が記録されている。これにより、当時流布していた子供向けの絵本類の種類がわかるが、子供自身が喜んで読んだ種類の本かどうかは不明である。大人が見舞いの品としてふさわしいと思った本にすぎない。

ところで、光三郎は五月二十六日に酒湯《ささゆ》かけ(疱瘡に罹って十四、五日めに酒を入れた米のとぎ汁の湯を浴びさせる療法で、これによって痂が早く落ちるとされ、また疱瘡が無事に終った祝いの意味もあった)をし、その際の祝いの膳の献立も詳細に記されており、当時のハレ(晴)の食事の様相も教えてくれる。しかし、「見舞請留帳」は子供の疱瘡に際しての贈答を記録して、後々の付き合いの参考にするためのものであり、疱瘡そのものの症状や子供の様相、あるいは母親や家族の対応については何も記していない。大人にとって必要な限りでの子供の記録なのである。そのような間接的な史料のなかから子供の実像を浮かびあがらせるのが、子供史研究の現状と言えよう。

あれは七歳の春だったろうか。そろそろ字も覚えたほうがいいというので、俺は近所の寺子屋に通うことになった。寺子屋では習字に算盤《そろばん》、それに年長組には論語の素読《そどく》ぐらいまでなら手ほどきしてくれるという。先生は、数年前、俳人だといって町一番の米問屋にやってきてそのまま居すわってしまった三十五、六の男である。俳諧には一見識あると自負している米問屋の主人の話では、詠み捨てる発句の斬新さは、一茶をはるかに凌ぐのだそうだ。しかし、なにせ当時の俺にとっては想像を絶する北の果て、津軽弘前の城下よりさらにずっと北辺の出身者とあって、言葉が良く通じない。

さて、通ってみると、俺は言葉の壁にぶち当たって面食らうことがしばしばだった。習字や算盤のほうは方言が少々分からなくても何とかなったが、先生、俺たちの出来が悪くて感情が激してくると、まるで何を言っているのか分からなくなってしまう。

こうして一年が経ち、また一年……、俺は健やかに成長していった。ところで方言と言えば、米問屋の台所で働くお妙《たえ》という二十五、六の娘も、上方から親類を頼ってやってきたばかりで、土地柄に似合わぬ京言葉を話していた。俺は母親似で子柄《こがら》が良く、しかも当時は十三歳、少年の生地《きじ》の上にどこか男っぽさも加わって、二、三年先にはきっと役者のような男前になるだろうと町の小娘の憧れの的になっていた。そんな俺を見る度に、お妙は「ほんに可愛ゆらしいお子やなァ」と溜め息をつくのだった。

その年の夏の午下《ひる》がり、俺が米問屋の土蔵の脇を通り抜けようとすると、二階から「万太郎はん」と呼ぶ声がする。見上げるとお妙が土蔵から顔をのぞかせていた。重たくて持ち上がらないものがあるので「手伝ってや」というのだ。薄暗い土蔵の梯子を上っていったとき、まったく予感がなかったと言ったら嘘になる。はたして二階に上った俺は、後ろから抱きしめられ、こう囁かれた。「あんた、まだ極楽参り、したことないやろ」……。

俺の子供時代は、この一夏の体験で終わった。

（↓四〇ページ）

## 3　手　習　塾

仲間をつくり、群れをなして村の遊び世界に浸っていた子供に一つの画期が訪れる。海、山、川の自然に埋没し、全身をもって動植物と対話し、生物の一部として成育を遂げていた子供に抽象の世界に遊ぶ頭脳の働きや訓練の作業が与えられる。読み書き算用の学習である。子供は仲間や群れから切り離されて一定時間、一定空間で手習師匠と向い合う。まさに異次元の世界の登場であったろう。

男子七歳を過ぎると手習塾で読み書き算用を学ぶ機会をもつものも少なくなかった。（女子は稀）。天保八、九年頃上野国勢多郡原之郷村（現、群馬県勢多郡富士見村）に開塾した手習塾九十九庵《つくもあん》は、百姓船津伝次平《ふなつでんじべい》が創始したものであった。ここには師匠が筆子《ふでこ》の学習課程を記録した「弟子記」（正・続）が残されていた。師匠が安政四年（一八五七）に病没するまで六十四名を数えた。筆子の階層は村平均を保有田畑、馬所持、家族員数において上回るが、とりたててそれらが就学のきめ手となるものではなかった。

筆子の一人船津伊八は、田畑一町四反、馬一頭を所有する師匠の兄の二男である。

**【史料5】**

船津伊八

名頭字

村名

国尽

年中行事
借用証文
御関処手形
田地売券
東海道往来
五人組之ヶ条
妙義
手紙
商売往来　十二才ノ春
百姓往来　未ノ正月
世話千字文　申ノ秋

五人組改寺社人別帳から推計されて来る下山年齢十四歳から判断して入門は七歳、約八ヵ年間の履習と考えられる。十四科の学習は筆子中最高である。二男にしてこのような多彩な学習は、将来変動する村落社会を生きぬけるようにとの親の配慮があったと思われる。

女子の場合をなほについてみてみよう。

申正月廿八日　　なほ
源平
村尽

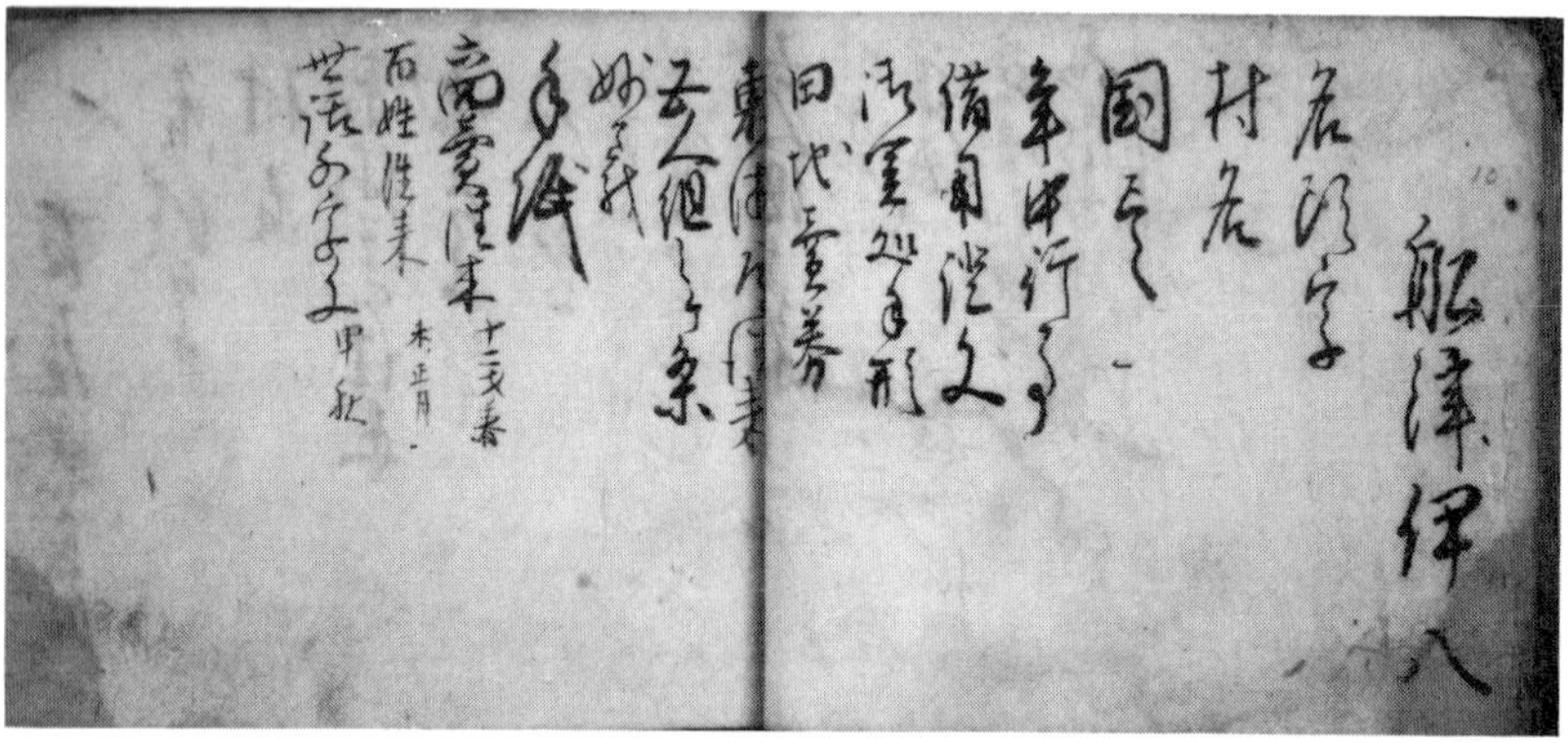

**史料5**　弟子記①

国　尽
年中行事　酉七月
女今川
嘉永六丑ノ十一月
二十五日下山

下山の年嘉永六丑年（一八五三）から逆算して嘉永元申年（一八四八）の登山、人別帳から九歳と判明する。一町七反余、馬一頭を所有する百姓八左衛門の長女である。六ヵ年の履習で五科である（なお、登山は手習塾に修業のため入門すること。下山は修業が終了して家に帰る行為）。

隣村川端村の金子桂兵衛もみておこう。

申三月廿一日　　金子桂兵衛
源　平
村　尽
国　尽
年中行事
五人組
商売往来
手　紙
世話千字文

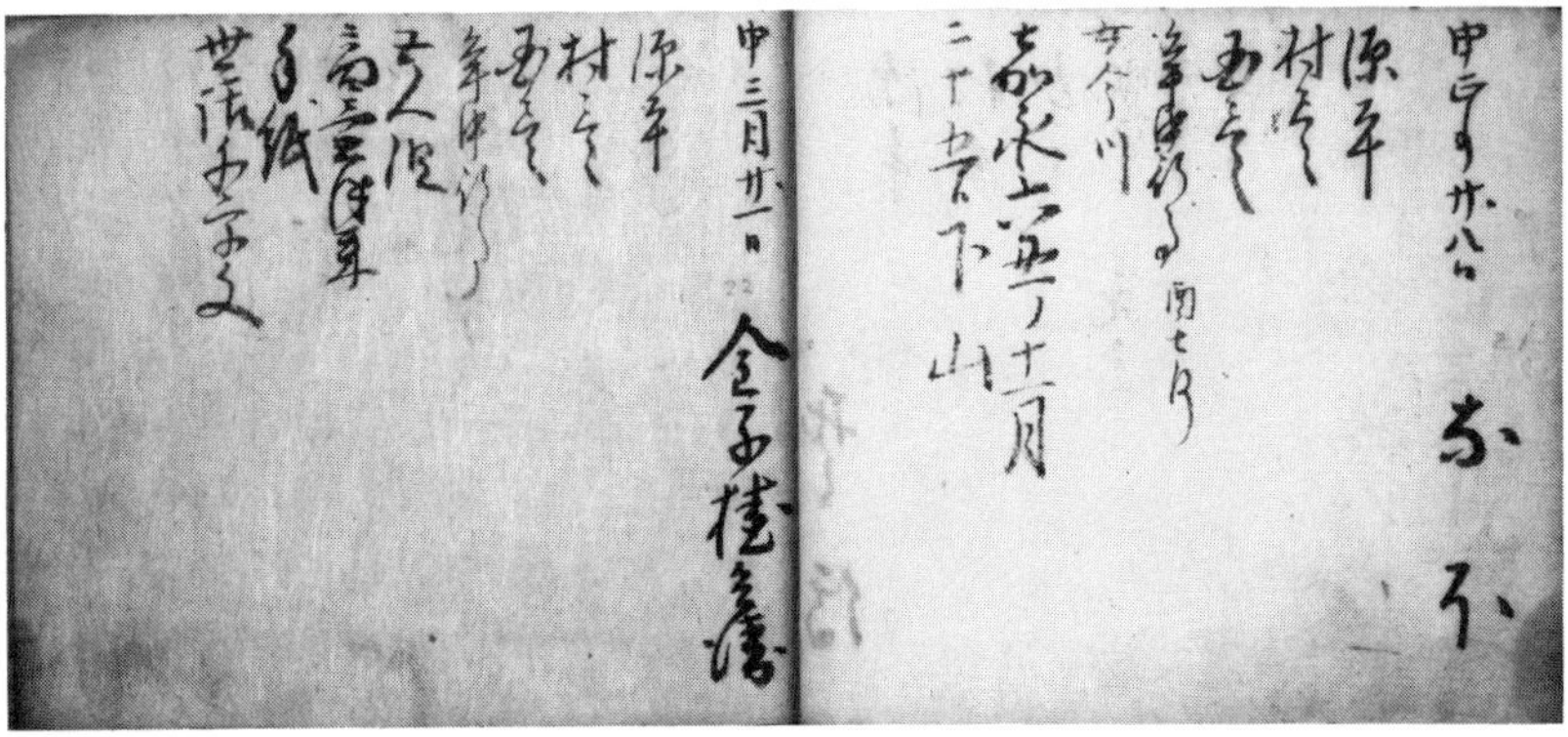
申三月廿八日
源平
村尽
国尽
年中行事　酉七月
女今川
嘉永六丑ノ十一月
二十五日下山
申三月廿一日
金子桂兵衛
源平
村尽
国尽
年中行事
五人組
商売往来
手紙
世話千字文

（史料5—②）

充実した八科の学習である。家族、農家経営については不明である。

「弟子記」記載の教本類を集計・分類をしてみたところ、往時の筆子の学習課程の大体の実態が浮かび上ってくる。誰もが学んだもの（基礎課程）は源平・村尽《むらづくし》・国尽《くにづくし》であった。

源平とは「源平藤橘惣善孫彦丹吉又半新勘甚内」で始まる別称「名頭字《ながしら》」、「名頭字尽」である。いわば姓名の学習である。

つづいて村尽（別称村名、村名尽）を学習する。自らの生活する村から周辺部へ波及させていく地理郷土教育の意味もあろう。九十九庵では支配前橋藩の領域の一つ「中通」の三十六ヵ村の村名の学習である。

そして国尽に至る。

大日本国六拾余州

五畿内五箇国

山城　大和　河内　和泉　摂津

東海道拾五箇国

伊賀　伊勢　志摩　尾張　参河　遠江　駿河　甲斐

伊豆　相模　武蔵　安房　上総　下総　常陸

東山道八箇国

近江　美濃　飛騨　信濃　上野（以下略）

畿内五ヵ国に始まり西海道十一ヵ国に終わる六十八ヵ国の日本国尽である。もちろん当該村は東山道の上野国に属する。

（史料5—③）

これに加えて郡尽、上野国の十四郡の郡名を学ぶものも少なくない。当該郡は勢多郡である。また、十干十二支を同時に履習する事例も多い。暦や方角を知るうえに不可欠であった。

まず人名を読み書くことができ、周辺の村名を覚え、広く日本国の国名を諳《そら》んじられることが求められていたのであろう。ここからは五人組帳前書、商売往来、世話千字文といったより高度な実学の履習が用意されていた。

注目すべきは、同一の課程を履習した筆子は皆無であるということである。近代公教育の先進性ともいうべき国定の同一科目、同一水準の教科書を前提としたいっせい授業方式とは異質であると考えてよい。これを遅れとみるのか、いずれにせよ、村の手習塾にあっては師匠は個々の筆子の置かれた状況（家庭、能力等）に応じた学習課程を選択していたということでもある。換言するなら、学ぶ側の筆子はどの師匠が自分に適しているかで選択できたということでもあった。

手習塾で学んだ子供、筆子は、退塾したあとも、文字文化習得の体験を共有したという仲間を結成した。これが筆子中である。成人の暁には、文字文化を駆使して村政に重きをなすようになってくる。いっぽうで筆子中は子供仲間の群れの背後にある若者組と微妙な関係をつくるようにもなっていったであろう。年中行事等のさまざまな儀礼を主宰する年齢集団の動きと拮抗しながら、筆子中は村内に浸透していく。そして師匠の没後、文字習得の証として筆子塚を建立して師の徳を賛えた。

大日本国六拾余州
五畿内五ケ国
山城　大和　河内
和泉　摂津
東海道拾五ケ国
伊賀　伊勢　志摩
尾張　参河　遠江
駿河　甲斐　伊豆
相模　武蔵　安房
上総　下総　常陸
東山道八ケ国
近江　美濃　飛騨
信濃　上野

（史料5―④）

# Ⅱ 青春時代

「男」になって間もない俺に、人生の不幸が相次いで襲いかかった。

初めは十四の年、秋野の父が宿願の伊勢参りに出かけ、帰ると同時に床につき、そのまま三月たらずで他界してしまったのである。持病の癪《しゃく》と痔を長旅の馴れない生活ですっかりこじらせてしまったらしい。

秋野の父がなくなってから数か月後に訪れた二番目の不幸の方が、しかし俺にとっては遥かに重たいものだった。勤勉実直なだけが取柄《とりえ》のはずのお父ゥが、三十も半ばを過ぎて、何を血迷ったのか若い這込《はいこみ》（この地方では遊女のことをこう呼んでいる）にうつつを抜かしてしまったのだ。そのうえ遊ぶ金欲しさに仲間の積立金（毎年、籤《くじ》に当たった三名が上州伊香保に湯治に出掛ける、そのための積立金だったという）に手を付けたり、金貸しから途方もない借金をしたり……。とうとう城下にいたたまれなくなって、あまりのことで何が何だか分からないお母ァの手をとって、夜逃げしてしまったのである。一人残された俺は、お母ァの里の伯父さんに、今後の身のふり方を相談に行った。

「まあ俺に任せておけ」と言って伯父さんが世話してくれたのは、隣村の百姓の養子の口だった。町育ちの俺としては、百姓暮らしと聞いて気が滅入らないでもなかったが、まあ仕方ない。ということで、俺は城下から四里ほど北に行った、どういう特徴もない村の、中よりは少しましな百姓の家の息子となったのである。

町から養子に来て間もない俺だったが、十五歳になると、村の若者頭から、若イ者連中に加わるようにという話があった。村に幼馴染みもなく他所から養子入りした俺は、仲間から白い眼で見られたりいじめられたりすることがあるかもしれない。だからいっそ早いとこ村の若イ者に溶け込んだほうがいいと言うのだ。若者頭の話を聞いて、以前自分も若者頭を勤めたことのある養父は、二つ返事で、俺を連中に仲間入りさせることにした。

若者の集団と言っても、村には二種類あった。一つは俺が正式に入会を要請された、熊蔵を若者頭とする仲間で、熊蔵の親父が名主を勤めていることもあって、これは村の主だった衆からも認定されている望ましき青少年集団である。

もう一つの方は、水呑百姓の倅《せがれ》富五郎が牛耳っている仲間で、こちらはと言うと、何かにつけて村役人衆と折合いが悪い。日頃の所業も宿場の這込にうつつを抜かしたり賭場《とば》に出入りしたり……。だが、それだけに喧嘩をすれば強いし、祭りのときなんかも威勢がいい。宿場や城下の悪少年、博徒連中とも顔見知りが多く、その関係で、村芝居などの興行を企画すると結構いい役者を引っ張ってくることができたし、周辺の村々から「樽代」と言って祝儀の金をせしめてくるのもお手の物だった。なんたって富五郎の仲間が勧進元になって歌舞伎や操《あやつ》り芝居を興行する際には、お上の法度など物ともせず、色刷りの引札《ひきふだ》や番付が配られ、初日の二、三日前から、仲間の若者が、周辺の村々や宿場を触れ太鼓を叩いて巡り歩くのである。

というわけで、富五郎の仲間は、村役人はもちろん、お上も彼らを危険視していて、藩の役人は、数年来繰り返し仲間の解散を勧告していた。町で育った俺としては、村のひなた臭い若イ者連中よりは、ちょっとあぶないけれど俠気《おとこぎ》を漂わせた富五郎の仲間に魅力を感じていたのだが、養子の境遇で、そうも言ってはいられなかった。

さて若イ者連中に仲間入りの当日、俺は熊蔵から連中の面々（三、四十人もいただろうか）に紹介され、その上で連中の〝条目〟を読み聞かされた。一、お上の御触れをしっかり守ること、一、先輩の言うことを良く聞くこと、一、親に孝行を尽くし、勤勉に働くこと、一、博奕《ばくち》に手を出さないこと、……いちいちもっともな条目で、俺はこれを厳守する旨、連中が居並ぶ前で誓いを立てさせられた。

若者組に入ってから、俺は熊蔵の弟で同年輩の吉兵衛と親友になり、お互いに何かと助け合う間柄になった。

（→四七ページ）

## 1 若者入り

江戸時代、村には年齢階梯による集団が形成されていた。子供、若者、大人、年寄などの年齢によって組、仲間がつくられ、それぞれが特徴を活かしながら、相互に協力して村を成り立たせていた。村に生れ、村で育った子供は十五歳前後になると若者組に入った。

若者組は一般には若衆組、若居衆、若者連中といい、若中（近畿）、若者契約（東北）、若手（九州）、二才組（鹿児島・宮崎）などとも称された。一般に村内の十五歳前後から三十歳までの青年で組織されたが、遅ければ十七歳で加入、三十四歳で仲間を脱ける例も見られた。若者組は年齢や経験を基礎として使番から小若衆、中老、宿老とか、若組、兄組、中老、大老といった階級制度をもち、若者頭が統制した。

若者組は村の道普請や堤防工事などの労役を分担し、海辺の村では海難救助の主な担い手であった。なかでも重要な役割は祭礼や年中行事の運営に関与することで、氏神の神輿《みこし》をかつぐのは若者組の特権で、村祭りの際の芝居や草相撲の興行にもその主体となった。また、村の婚姻に関与することも重要なことであった。若者組は夕飯後は家長の拘束を離れて、宿とか寝宿と称する集会所に集まり、藁仕事や網繕《つくろ》いなどの夜なべをしながら村の生活に必要な職業指導や生活訓練をした。そこでは結婚相手の相談がなされるだけでなく、子づくり、子育てなどの性教育も先輩からなされた。若者組は婚姻開始の便宜を供し、仲人役をつとめたり、結婚式に代表が出席して立会いをつとめることもあった。

村に育った子供が若者組に加入することが若者入りである。その儀礼は厳重に行なわれるのが通例で、古老や先輩、父兄に伴われ、酒肴《しゅこう》を持参して挨拶した。若者入りの式は若者宿、社寺、若者頭の家などで行なわれた。村内の戸ごとに挨拶回りして披露することもあった。

若者入りは村の重要行事で、欠かすことのできない義理事と認識されていた。したがって、村方困窮に際しては冠婚葬祭とともに倹約の対象となった。文政八年（一八二五）正月、駿河国有渡《うど》郡船越村（現、静岡県清水市）の若者組は、若者入りに際して酒は一升、肴《さかな》は有合せ物を見合せることに定めている。また翌年には「村方困窮故先例とハ違い、新若者名前披露も名付親新若を連て村方を廻る積り、又村方ゟ見舞酒も入ぬ様致しもらい度」と村役人に申し入れ、その趣旨で「元服相済」している。若者入りは元服であり、先例にならえば村から祝いの酒が見舞酒として給され、にぎやかな祝宴が催されたはずであるが、倹約際中のため、肴は有り合せで間に合わせ、名付親（後見人）を伴っての披露となったのである。若者入りは、倹約の対象となりながらも村の欠くことのできない重要行事で、義理事であったのである。

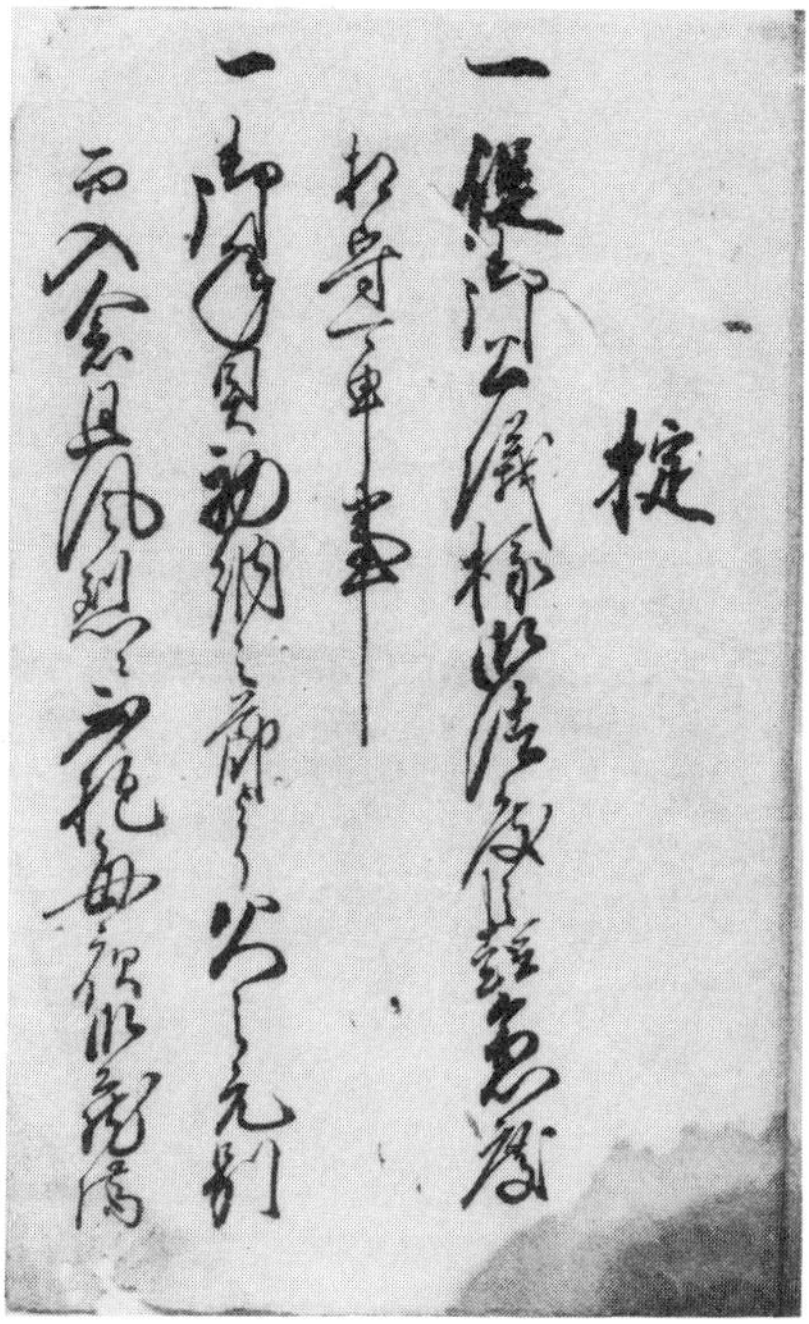

史料6　若者条目①

若者入りはまた「一人前」に成長したことを村に披露することでもあり、村の重要事であった。一人前の資格は、一般的には結婚であり、若者離れと称したが、それよりもむしろ働く力があることが重要であった。たとえば、一日に一反の田を打起こすとか、米俵一俵を人の手を借りずに肩にかつぐことができるとかが重んじられた。神社の境内の力石《ちからいし》やさし石は若者入りする者がそれを抱えて運んだり、差し上げたり

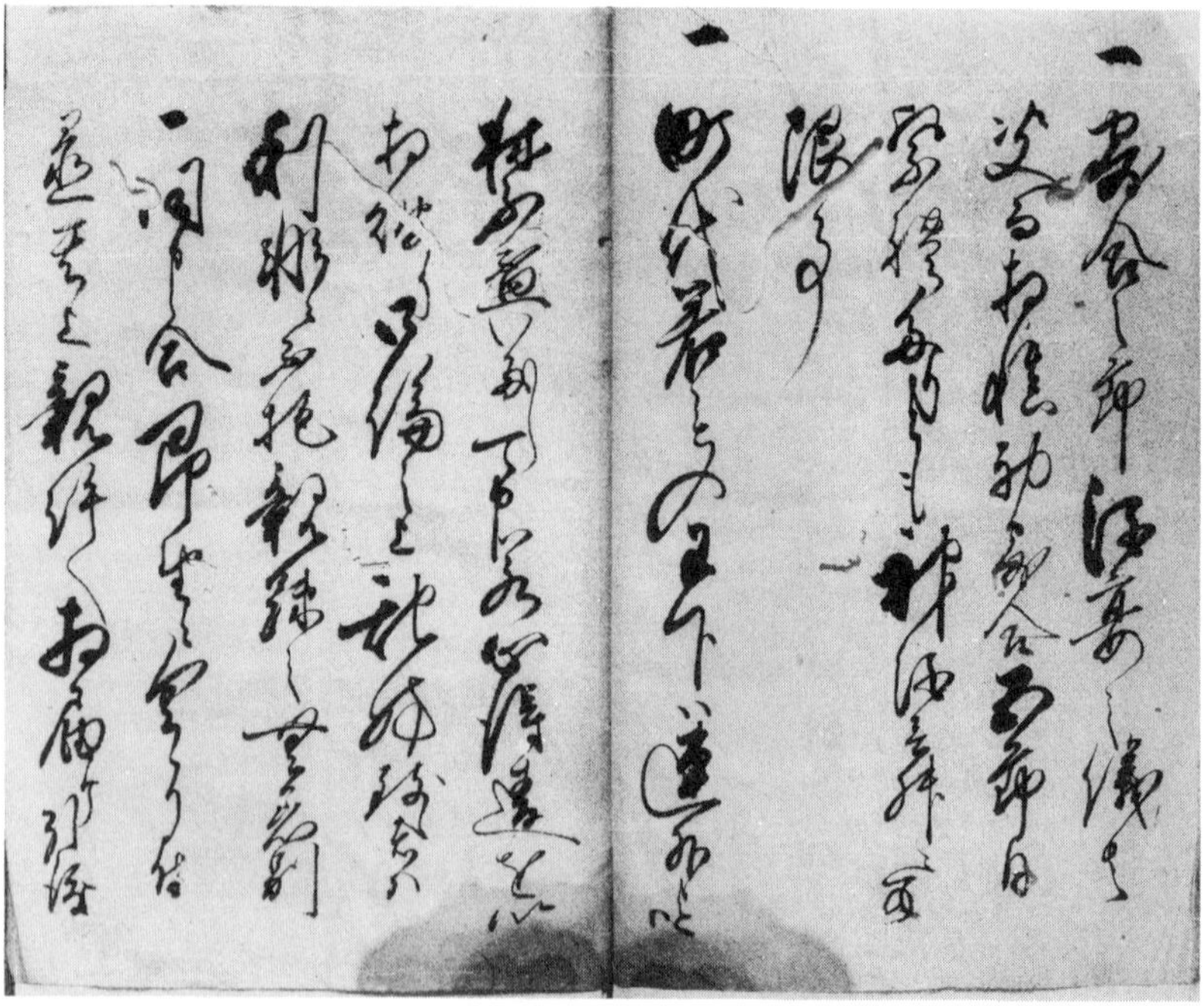

（史料6—②）

する力をためす象徴的なものである。一人前の働く力を備えることは村の相互扶助、労働力の交換（ユイなど）を円滑に運営していく上で欠くことのできないことであったのである。

　若者入りに際してはもちろん、毎年の初寄合や寄合の度ごと、あるいは集会所に掲示して、読み聞かせ、遵守を義務づけたものが若者条目であった。伊豆国賀茂郡道部《みちぶ》村（現、静岡県賀茂郡松崎町）の若者条目（**史料6**参照）は全文二十条からなるもので、一般的よりも長文に属すものであるが、公儀法度の遵守、火の用心、夜警、防火、遵守すべき礼儀や徳目、喧嘩口論の禁止、仲間入りおよび仲間離れの年齢、急病人、死人の処置等々を詳細に定めている。長上に対して不作法、特に懐手《ふところで》を禁じ、徒弟奉公先での師の命令への服従、出稼ぎ先での彫物の禁止、肩手拭、用談中のあくびの禁止なども定められており、興味深い。この若者条目はほぼ同文のものが岩科《いわしな》村峯組に残されており、若者条目は作法

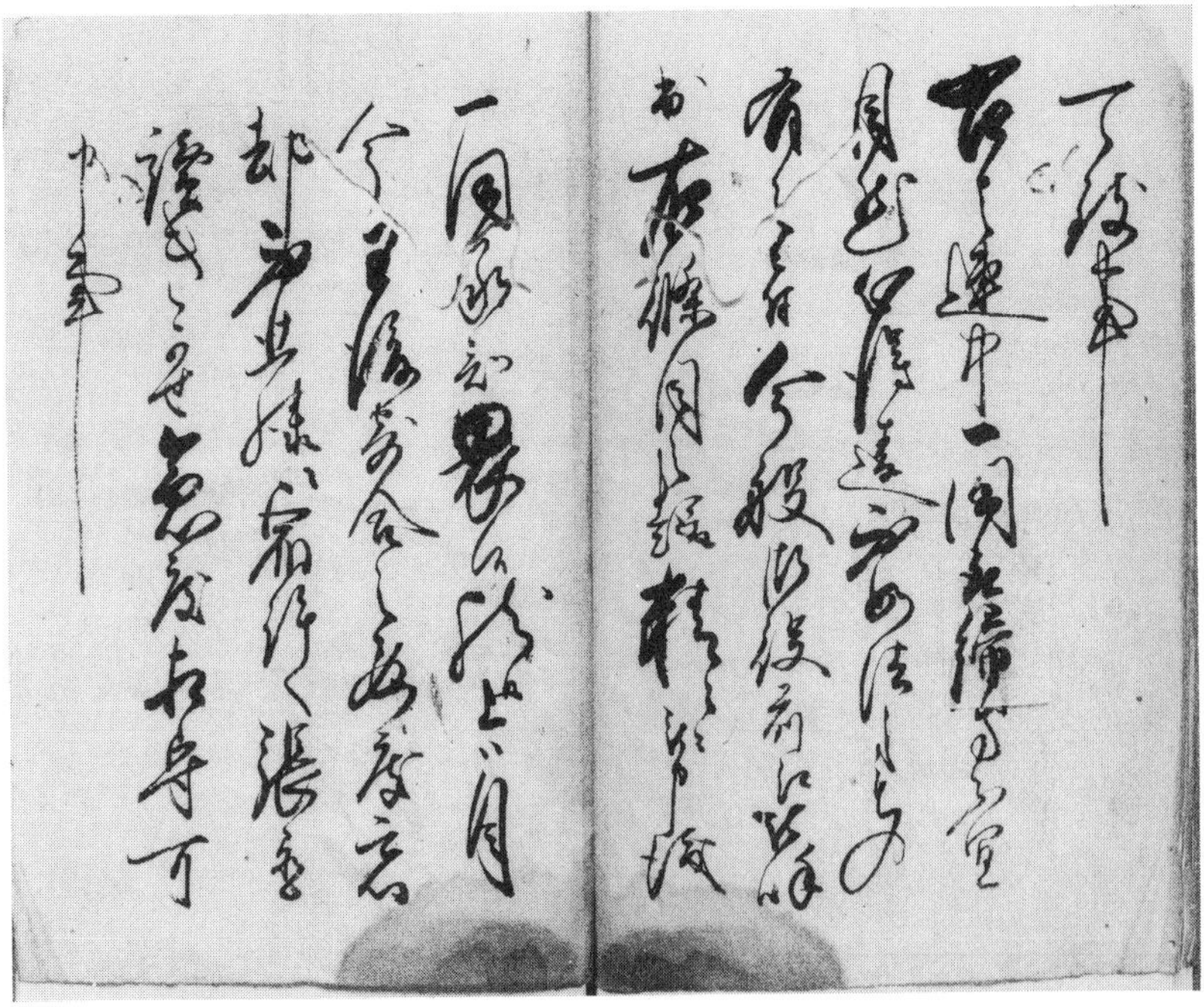

（史料6—③）

定、誓詞、規約などの形式で各地に残されている。それらには前掲の条目以外に、女性との関係について、史料の文言では「女狂等一切仕間敷候」とか、「色事密通之儀は一家之大事、及二破滅一」あるいは「村之内男女猥ヶ間敷密通事、堅不レ致様常に可二相慎一儀肝要也」と結婚前の若者の異性との交際、関心に厳しい規制項目が加えられているのが通例であった。

**【史料6】**

掟

一 従二御公儀様一御法度之趣、急度相守可レ申事

一 御年貢初納之節より火之元別而入念、且風烈ニ不レ抱毎夜御蔵備

（中略）

一 寄合之節、酒宴之儀者決而相慎、初寄合、五節句、祭礼たりとも神酒壱升ニ可レ限事

一 町代若もの已下ハ連外迄ハ禁盃いたし

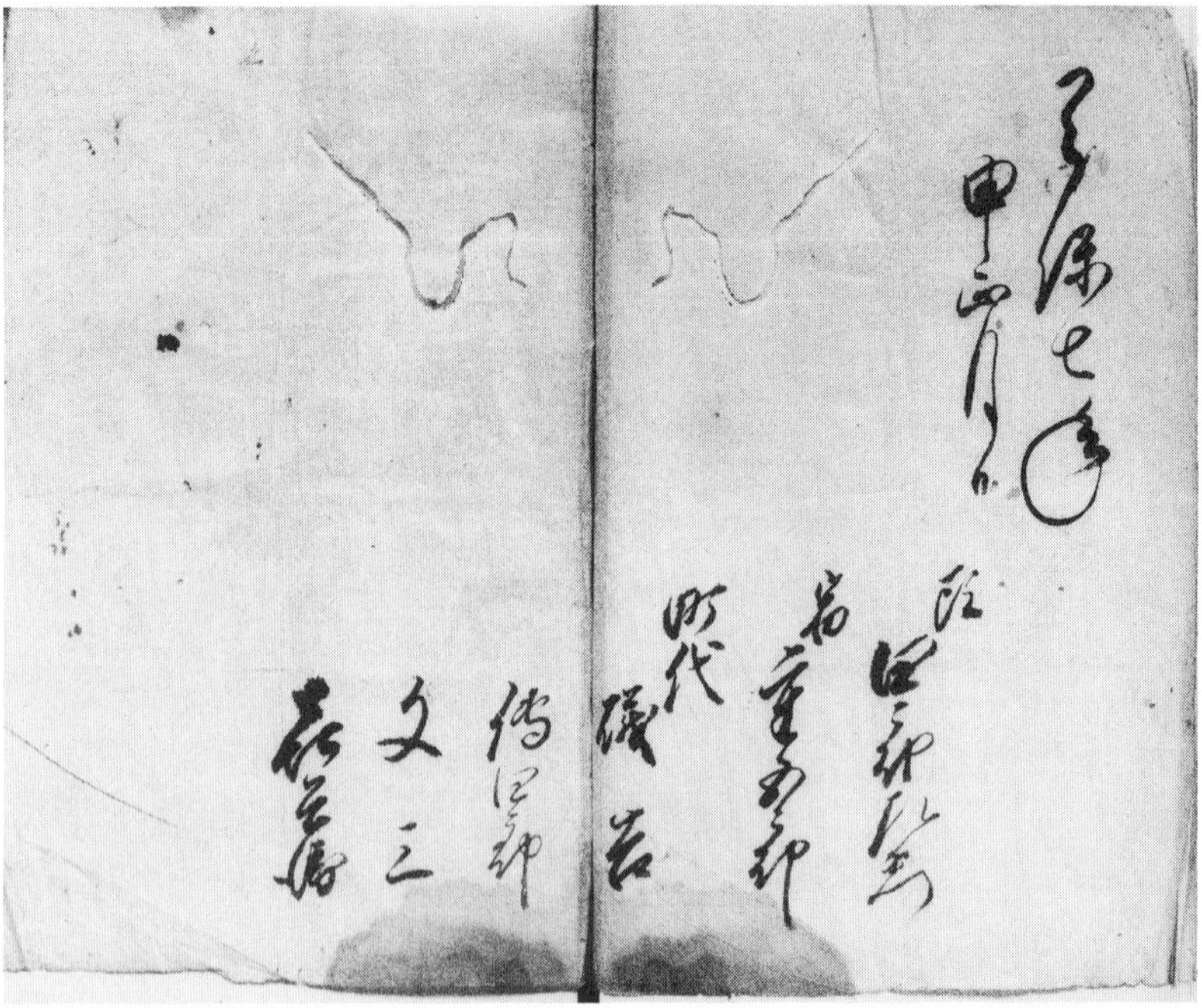

（史料6—④）

可レ申、若心得違を以相破り、口論之上乱妨致候者ハ利非(理)ニ不レ抱親疎之無二差別一一同申合、即座ニくゝり付置、其上親許へ相届ケ引渡（可レ申、）

（中略）

右者連中一同取締方不レ宜、自然心得違不如法之もの有レ之ニ付、今般御役前江被二呼出一、右条目之趣精ミニ被二申渡一、一同承知畏候、然ル上ハ自今已後寄合之毎度忘却不レ仕様ニ宿許へ張置、読きかせ、急度相守可レ申事

天保七年
申正月日

頭 四郎左衛門
宿 重五郎
町代 礒吉
伝四郎
文三
喜兵衛

当時、宿場には豊三郎という親分がいた。ある日、若イ者連中の一人から、親友の吉兵衛が豊三郎の賭場《とば》にはまって大変な事になりそうだ、と急報された。豊三郎は、一方で八州廻りの道案内役として十手を振りかざしながら、他方で堂々と賭場を経営していたのだが、その賭場に、吉兵衛がズルズルはまり込んで金をしぼり取られているという。このまま放って置いたら親父の名主まで強請《ゆす》られ、ひいては村の治安がだいなしになってしまうかもしれない。俺は大胆にも単身で賭場に踏み込んで吉兵衛を救い出そうと決心した。

賭場には豊三郎の大勢の子分連中がたむろしていた。そんな中で吉兵衛は、博奕《ばくち》の札に目を凝らしている。熱くなっていて俺が客のふりをして来たことに気がつかない。博奕はメクリ札を使ったメクリ賭博だったが、吉兵衛は二度三度と立て続けに負け、手元のコマ（一札で実に銭五貫文に相当するそうだ！）はすっかりなくなってしまった。俺は博奕についてまったく素人だったが、これはクサイと感じた。メクリ札を扱う者が茄子《なす》の漬物を醬油に浸して口に放り込みながらメクリ札を並べていく様子が、なんとなく不自然だ。ひょっとしてこれは、町にいた頃、博奕で身を持ち崩したという老人が話しをしてくれた〝おかる〟じゃないだろうか、と感じたのである。つまり皿の醬油を鏡がわりにして、とっさの間に札を読み取るイカサマの手だ。ここで飛び出していかなくちゃ友達甲斐がないというもの。俺は素早く駆け寄って彼の腕をつかみ、「吉兵衛、目を覚ませよ！」……。

それから先のことはまったく記憶にない。四方八方から拳打《こぶし》ちや足蹴りをかまされ、どうやら失神してしまったようだ。気がつくと口の中がネバネバし鼻の中は血の匂いで充満《いっぱい》。豊三郎が俺の顔をのぞきこんで、こう言った。「よくも賭場を荒らしてくれたな。今晩のうちに簀巻きにして川に流してやるから、そう思え。」

冗談や脅しで言ってるんじゃないらしい。とにかく一刻も早くここから逃げださなきゃ。

（→一六八ページ）

## 2　博　奕

近世後期における貨幣経済の発展は、社会の貧富の差を拡大するとともに、人々の射幸心を大きくあおることになった。ここでは、寛政五年（一七九三）に江戸近郊農村（武蔵国豊島郡角筈《つのはず》村（現、東京都新宿区））でおこった「博奕《ばくち》一件」を素材として、事件の処理の経過をみていくことにしたい。なお、使用する史料は、すべて角筈村名主渡辺家文書（慶応義塾大学古文書室所蔵・新宿区立新宿歴史博物館複写本所蔵、『武蔵国豊島郡角筈村名主渡辺家文書目録』〈新宿区教育委員会発行〉参照）である。

**【史料7】**

乍レ恐以二書付一御訴奉二申上一候

一豊島郡角筈村名主・年寄申上候、私共幷外六人、今廿九日太田運八郎様御役所江被二召出一候処、其村ニ而当正月中被二召捕一候入牢人共、此度長谷川平蔵様江御引渡相成り候間、右御役所江可二相廻一旨被二仰渡一候ニ付罷出候所、右壱件当御役所御懸りニ相成候旨被二仰渡一候、依レ之右之段御届ケ奉二申上一候、以上

角筈村
寛政五丑年三月廿九日　名主　伝右衛門
年寄　長右衛門

大貫次右衛門様
御役所

〈読み下し文〉

恐れ乍ら書付を以て御訴え申し上げ奉り候

一豊島郡角筈村名主・年寄申し上げ候、私共ならびに外六人、今廿九日太田運八郎様御役所へ召し出され候処、其村にて当正月中召し捕えられ候入牢人共このたび長谷川平蔵様へ御引き渡し相成り候間、右御役所へ相廻すべき旨仰せ渡され候に付き、罷り出候所、右一件当御役所御懸りに相成り候旨仰せ渡され候、これに依り、右之段御届け申し上げ奉り候、以上

この一件は、寛政五年正月、角筈村淀橋町の百姓留五郎宅において、留五郎（当時二十二歳）が胴元となり、賭の賽博奕《さいばくち》を二度にわたって行なったことからはじまる（同年五月「過料銭取集帳」、同年五月「過料銭被仰渡ニ付御請証文」）。

博奕に参加したのは、留五郎のほか、角筈村の熊次郎（三十七歳）、清五郎（三十五歳）、茂兵衛（四十三歳）、岩次郎（二十六歳）の四人と、神田上水を隔てて西北に位置する多摩郡中野村（現、東京都中野区）の十五郎、権三郎、文蔵の三人（いずれも年齢は不明）の計八名であった。このうち、角筈村の熊次郎は留五郎店《だな》の店借り《たながり》、同じく角筈村の茂兵衛、岩次郎も、それぞれ村内勘右衛門店、平三郎店の店借りであった（寛政五年四月二日「組合預ケニ付訴状」）。

史料7および右の四月二日付の訴状によれば、彼らは寛政五年正月中に、角筈村村内で御先鉄砲頭太田運八郎（資《すけ》同《あつ》）に捕えられた。

**史料7**は、角筈村の名主と組頭が支配代官大貫次右衛門に宛てて出したものであるが、これによれば、名主ら八名は、寛政五年三月二十九日に太田運八郎の役所において、留五郎ら入牢人がこのたび火付盗賊改役の長谷川平蔵（宣以《のぶため》）の役所に回されることを申し渡された。このため長谷川の役所へも罷り出たところ、この一件は同役所の担当となったと伝えられ、これを支配代官に報告しているのである。

なお、同じく三名の逮捕者を出した中野村の当時の支配代官は伊奈友之助であった（『武蔵国多摩郡中野村名主堀江家文書目録・改訂増補版』東京都立大学付属図書館）。おそらく、同村においても、同様の伊奈宛の史料が作成されたものと思われる。

その後、四月二日、角筈村の村役人は長谷川平蔵役所から呼び出しをうけ、留五郎ら角筈村の逮捕者五名を、「組合之者共江御預ケニ相成」と、村内の組合（おそらく五人組であろう）預けとすることが指示され、身柄を引き受け

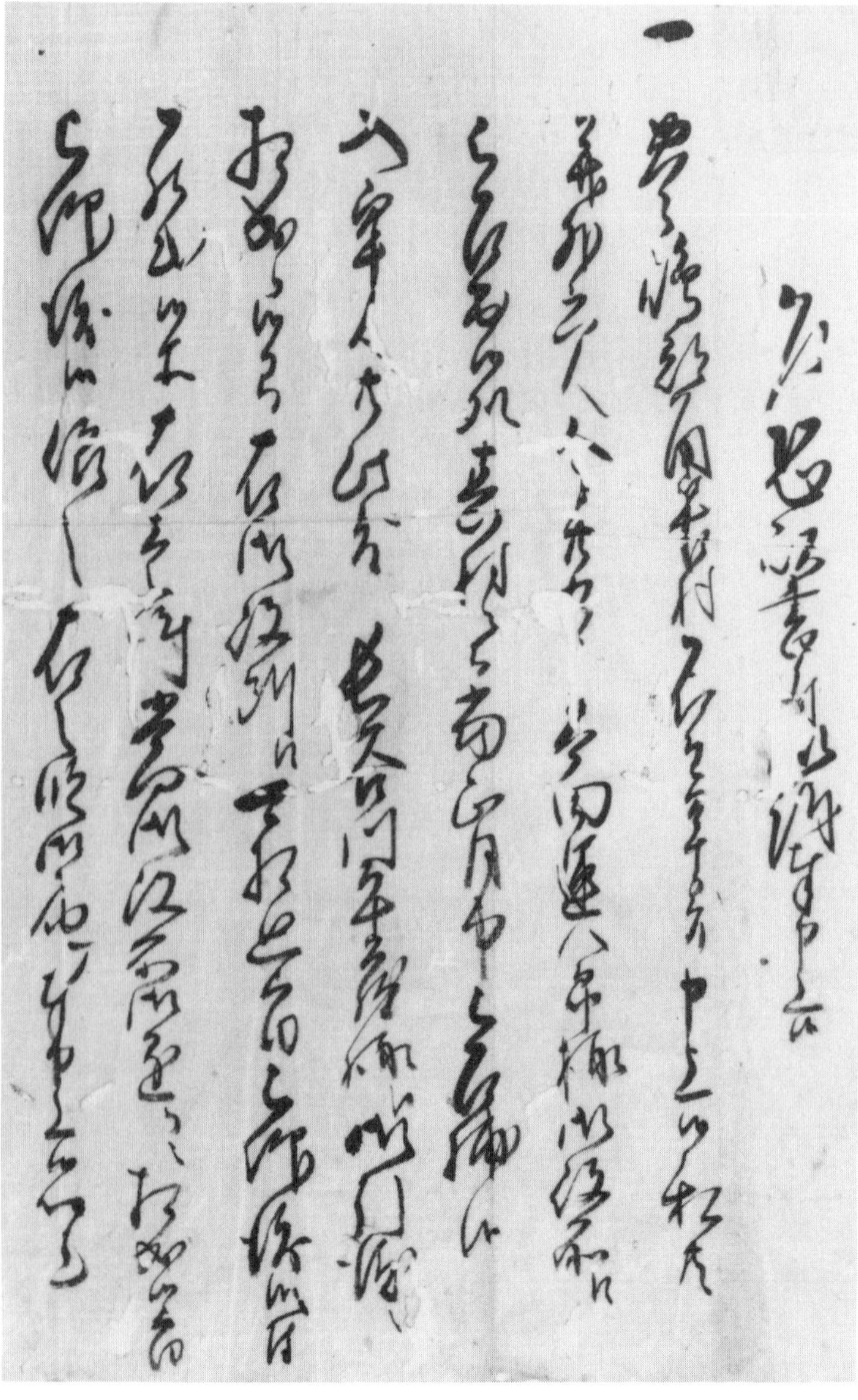

**史料7**　入牢人御引渡一件届書①

ている（前出四月二日付訴状）。

さらに、このの ち約一ヵ月後の五月六日、太田運八郎役所・長谷川平蔵役所での取り調べをもとに、幕府評定所において刑が確定し、老中松平伊豆守信明の差図という形で、長谷川役所で申し渡しが行なわれた（前出寛政五年五月「過料銭被仰渡ニ付御請証文」）。

ここで申し渡された刑は、主犯格の留五郎が遠島《おんとう》、熊次郎・清五郎・文蔵の三名が家財・家蔵取上げの過料申し付け、茂兵衛・岩次郎・権三郎・十五郎の四名は、本来ならば過料五貫文を申し付けるべきところ、数日間の牢捨《ろうしゃ》（牢舎）を申し付けたことにより有免、というものであった（数日間の牢捨とはおそらく長谷川平蔵役所での留置をさすものと思われる）。なお、逮捕者八名のうち、家財・家蔵取上処分となった中野村の文蔵は、この間に病死している。

このほか、留五郎宅の博奕を知らなかったことを理由として、同人の組合の者三名をはじめ、組頭・年寄各一名の

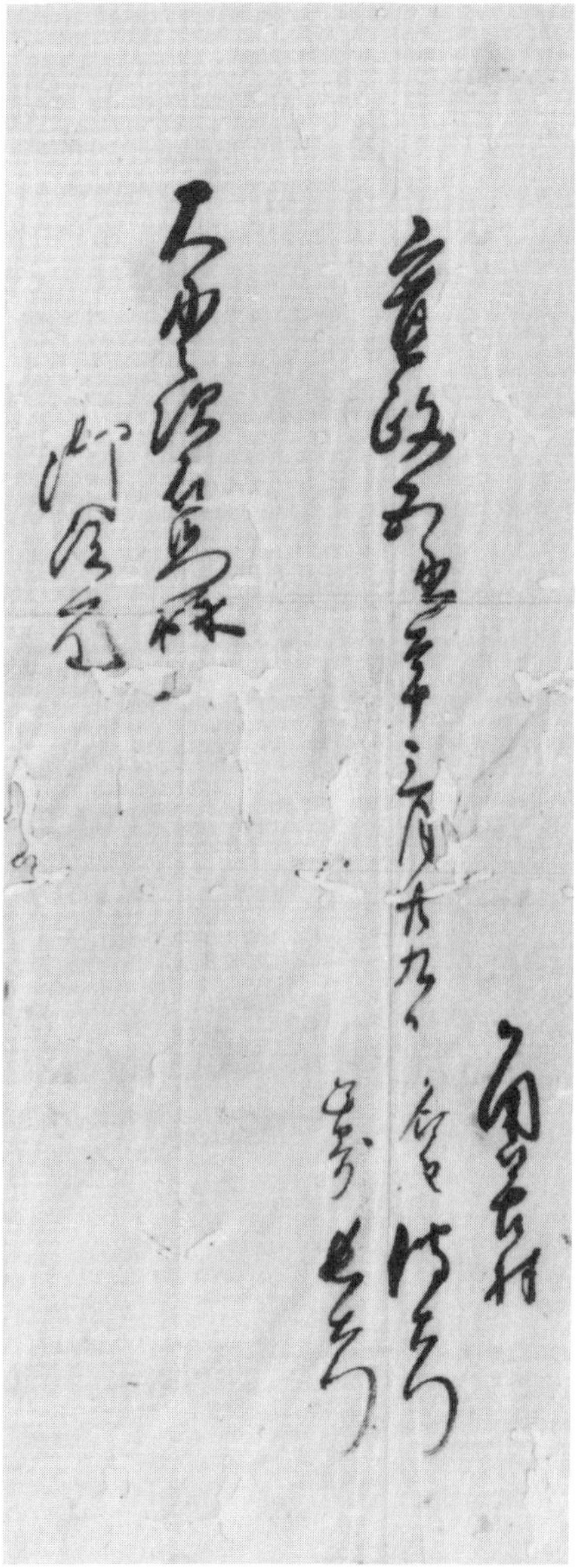

（史料7—②）

付表　留五郎　畑・家鋪・家財値段一覧

| 品　　目 | 量 | 値　　段 |
|---|---|---|
| 宿屋敷 | 2畝20歩 | 金1分 |
| 建　家 | 梁2間半，桁行5間 | 金2朱永35文 |
| 字鷹番前上畑 | 7畝歩 | 金2分 |
| 字江戸道上萱野 | 2反5歩 | 金2分 |
| へつつひ | 1つ | 銭24文 |
| 手　桶 | 1つ | 銭8文 |
| ひさく（ひしゃく） | 1本 | 銭3文 |
| 鍋 | 1つ | 銭38文 |
| 土びん | 1つ | 銭7文 |
| 摺　鉢 | 1つ | 銭5文 |
| 飯　櫃 | 1つ | 銭16文 |
| むしろ | 3枚 | 銭18文 |
| 膳　椀 | 1人前 | 銭28文 |
| 神　棚 | 1つ | 銭5文 |
| 持仏箱 | 1つ | 銭24文 |
| あんとふ（ん） | 1つ | 銭22文 |
| 火打箱 | 1つ | 銭6文 |

計　金1両1分2朱，永35文，銭212文
外永　52文7分　吟味ニ付増
都合　金1両2分

計五名が一人三貫文ずつ、名主伝右衛門が五貫文、さらに惣百姓全員で村高七百八十石余の分計十四貫四百文を、それぞれ過料銭として支払うことが命じられた。

違犯者はもちろんのこと、組合をはじめ、村全体の人々もまた罰せられたところに、この時代の連帯責任の厳しさがうかがわれる。

さて、五月六日の長谷川平蔵役所では、主犯格で遠島処分となった留五郎の付加刑として闕所《けっしょ》、すなわち財産の処分についても申し渡しが行なわれた。寛政五年五月「留五郎遠島ニ付家財闕所被仰付候一件御支配役所幷平蔵役所届書」によれば、五月九日までに村役人らが立ち合い、財産を調べたうえで、大貫・長谷川両役所へ届け出ている。

寛政五年五月「武州豊島郡角筈村留五郎家財書上帳」は、このとき作成された史料であるが、留五郎は、おそらく父母の代であろう、宝暦十一年（一七六一）十二月に、宿屋敷二畝二十歩と建家を、中淀橋町作右衛門方に質地に入れ、流地《ながれち》となったことが記されている。この時期、留五郎は、上畑七畝歩と上萱野二反五歩、持高一石五升（寛政五年五月「過料銭取集帳」）の農民であったが、先に述べたように、逮捕者の一人熊次郎の居所が「留五郎店」とあることからその後右の建家を取り戻し店貸しもしていたようである。

「書上帳」に、「膳椀壱人前」とあることから、一人ぐらしであったようである（このことが、他の者たちを集まりやすくする条件となっていたのかもしれない）。へっつい、手桶、ひしゃく、鍋、土びん、擂鉢、飯櫃、神棚、持仏箱、あんとん、火打箱が各一、むしろ三が、書上げのすべてである（別表参照）。寛政五年当時の一人暮らしの青年の生活ぶりが知られる。

村役人および過料金の徴収も、五月中に行なわれ、長谷川平蔵役所へ納入されている。寛政五年五月「過料銭取集帳」は、このときの村内での徴収の実態を示すものであるが、計四十六貫四百七十一文の過料銭が茂右衛門・淀橋町・長右衛門・友右衛門・上町・中町・下町・十二所（村内十二社権現）・伝右衛門の九つのグループ別に徴収されている（このさい、留五郎が住んでいた淀橋町では、闕所分一石五升を引き、さらに五人組の過料銭を差し引いた分を町内で割っている）。

留五郎の財産については、その後、寛政五年十月「留五郎畑屋敷・家財村請願」により、角筈村で入札を行なおうとしたものの、「右畑屋敷土地悪敷《あしく》、村方望人無㆓御座㆒候」と、畑屋敷の土地の条件が悪く、名乗り出る者がいなかったため、村で適当な値段をつけたうえで、村請けにすることを大貫次右衛門役所へ願ったことがわかる。

寛政五年十月「御払畑屋舗家財直段附書上帳」は、このとき作成されたものであるが、付表に示したように、一件一件値段がつけられている（当時の日用品の価格を知ることができて興味深い）。

**【史料8】**

譲り渡申地所建家証文之事

一　宿屋敷弐畝弐拾歩
一　字鷹番前　上畑七畝歩
一　字江戸道　上萱野弐反五歩

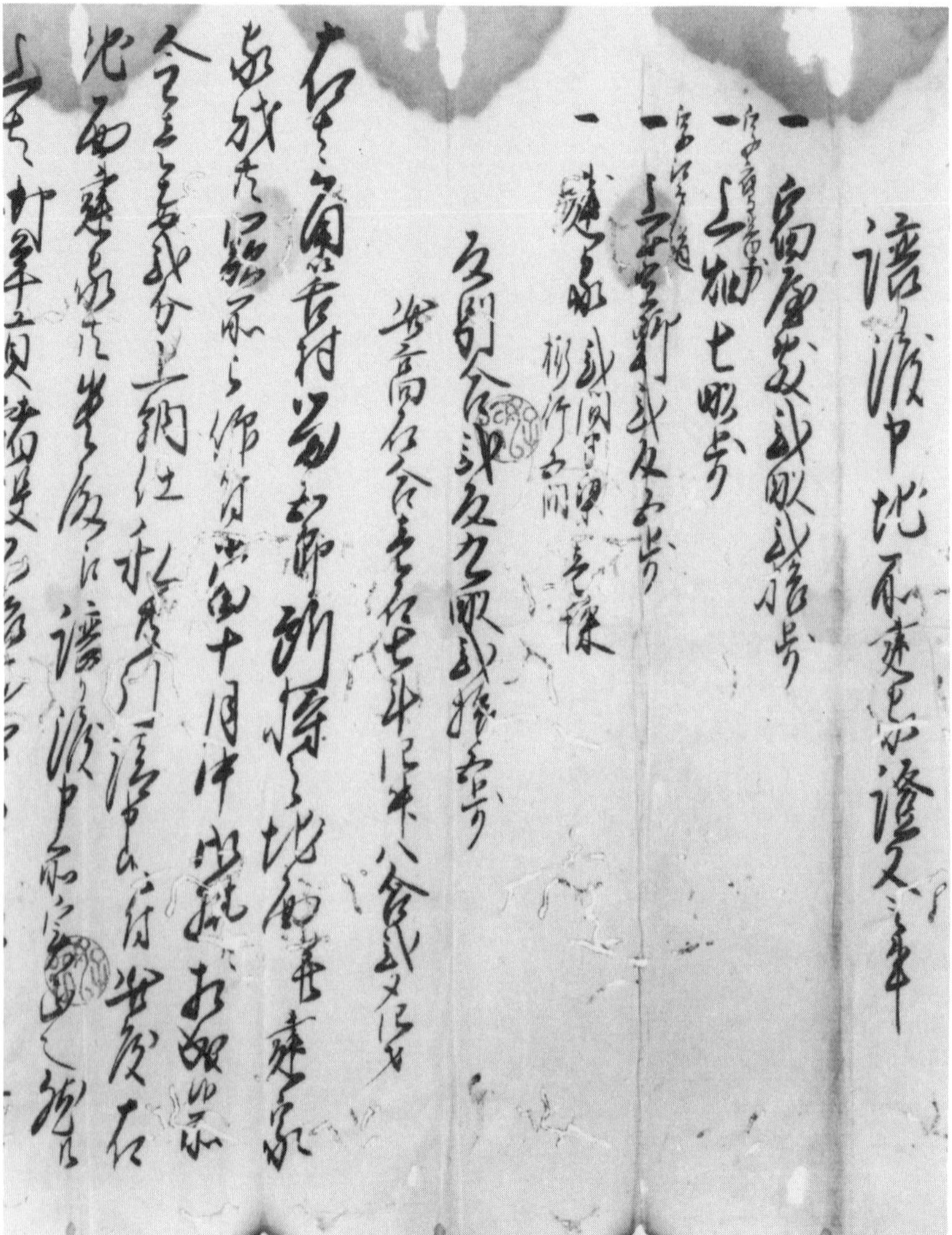

史料8　闕所に付地所幷に建家譲渡証文①

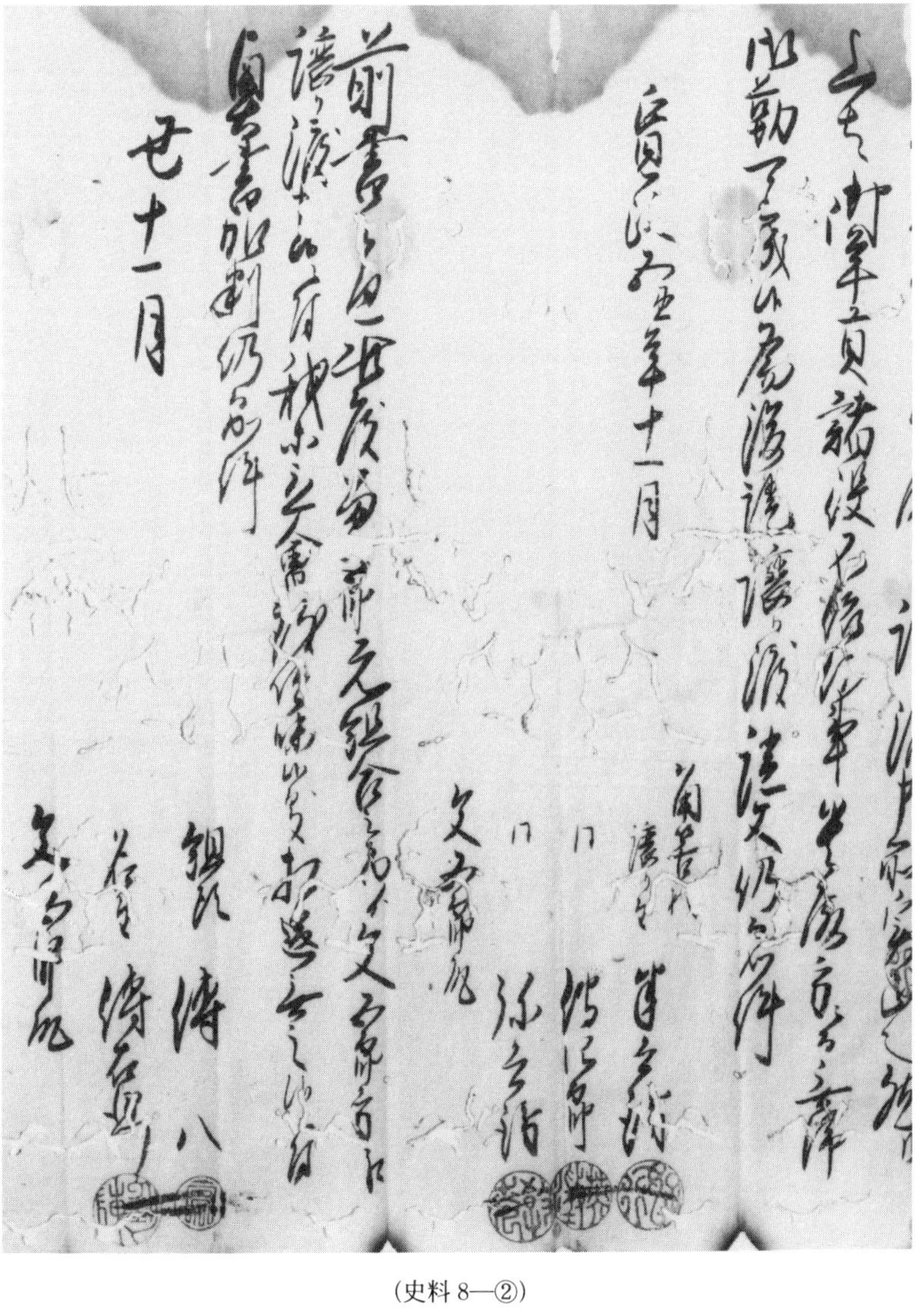

（史料 8―②）

一　建家　弐間半梁 桁行五間　壱棟

反別合弐反九畝弐拾五歩

此高石合壱石七斗四升八合弐夕四才

右者角筈村留五郎所持之地面并建家家財共闕所被二仰付一当十月中御払ニ相成候所、金壱両弐分上納仕、私共引請申候ニ付、此度右地面建家共貴殿江譲り渡申所実正也、然ル上者御年貢諸役不レ依二何事一貴殿方ニ而無レ滞御勤可レ被レ成候、為二後証一譲り渡証文、仍而如レ件

寛政五丑年十一月

角筈村

譲り主　半兵衛　㊞

同　伝四郎　㊞

同　弥兵衛　㊞

文五郎殿

前書之通此度留五郎元組合之者ゟ文五郎方江譲り渡申候ニ付、我等立会致二吟味一候処相違無レ之候ニ付、奥書加判、仍而如レ件

丑十一月

組頭　伝八　㊞

名主　伝右衛門　㊞

文五郎殿

〈読み下し文〉

譲り渡し申す地所・建家証文の事

一　宿屋敷弐畝弐拾歩
字鷹番前
一　上畑七畝歩
字江戸道
一　上萱野弐反五歩
一　建家弐間半梁
桁行五間壱棟
反別合せ弐反九畝弐拾五歩
此の高石合せ壱石七斗四升八合弐夕四才
右は角筈村留五郎所持の地面、幷びに建家・家財とも闕所仰せ付けられ、当十月中御払いに相成り候所、金一両二分上納仕り、私ども引き請け申し候に付き、此のたび右地面・建家とも貴殿へ譲り渡し申す所実正なり、しかる上は、御年貢・諸役何事によらず、貴殿方にて滞りなく御勤めならるべく候、後証のため譲り渡し証文、よってくだんの如し
（中略）
前書の通り、このたび留五郎元組合の者より文五郎方へ譲り渡し申し候に付、我等立ち会い吟味致し候処、相違これ無く候に付き、奥書加判よってくだんの如し

右の**史料8**は、留五郎が所持していた土地・建物に関するものであるが、これによれば、宿屋敷・上畑・上萱野・建家の四件については、すでに寛政五年十月中に、留五郎の属していた組合の半兵衛・伝四郎・弥兵衛の三人が一両二分で引き請けていたが、十一月になって、文五郎という人物が、名主・組頭の立ち会いのもと、三人から一両二分でこれら四件を譲り受けている。留五郎の財産は組合・村の管理をへて、新たな所有者のもとに移っていったのである。

以上、角筈村における寛政五年の博奕一件の顚末をみてきた。この事件が、留五郎ら当事者のみならず、組合の者、村役人、惣百姓を含む、村全体の問題として処理されていたことが確認されよう。江戸時代における村の性格・機

能・役割の一端を、ここにみることができるのである。

## 3 奉公

農民が自己の保有地の農業経営だけでは自分と家族の生活を維持できない場合に、土地を質入して借金をするか、自分か家族の労働力を売って給金を得るかしなければならない。後者の場合、都市に出かけて武家奉公か商家奉公をするか、農村の豪農等の家に農家奉公することになる。ここでは農家奉公の際に奉公人から雇い主に差し出される奉公人請状《うけじょう》（奉公人証文）を二例見てみよう。

近世後期の農家奉公人の形態としては、前借り金を労働力で解消していく質物《しちもつ》奉公（居消《いけし》奉公）から、労働力自体を評価する契約的な給取《きゅうとり》奉公に移行する段階にあった。奉公期間も数年以上におよぶ年季奉公から一年季奉公に移行する傾向が強まり、さらに短期間の契約や月に何日という日割り奉公や日雇いも増加した。ここで示した二例のうち、前者は前借りであるが日割り奉公という形式であり、後者は一部前借りを含む給取り奉公で、期間も一年にみたないものである。二例とも出典は栃木県芳賀《はが》郡茂木《もてぎ》町大字小貫《おぬき》の小貫敏尾氏所蔵文書（現在栃木県立文書館寄託）である。小貫家は近世では下野国芳賀郡小貫村の豪農で、文化年間に農書『農家捷径抄』を書いた小貫万右衛門の家である（阿部昭著『下野の老農・小貫万右衛門』下野新聞社）。

**【史料9】**

月々十日宛奉公証文之事

一　身代金壱両壱分ト

弐百六拾八文

右者巳年違作ニ付、天保五午年三月種石金御無心借用仕、相続行届難レ有仕合ニ奉レ存候得共、年来御面倒ニ相成居候処、金子才覚手段行届兼候ニ付、組合村役人一同自談之上、無二余儀一粂三郎儀貴殿江壱ヶ年之内三ヶ壱、月十日宛御奉公相願候処御聞済被二成下一、右ニ付而者当十二月十五日より来辰十二月十五日迄之内一ヶ月十日つゝ御奉公ニ差上申候処実正ニ御座候、然ル上者何成共御家之御作法通、諸業者勿論縦御用・自用共有レ之節者、夜中相休候共早速起出、御用無二差支一毛頭違背仕間敷候、且右御奉公中放埒無レ之様厳敷申聞差上申候

一 三ヶ壱御奉公之儀ニ候得者、洗濯隙之儀者勿論、神事等一切無レ之相勤可レ申候事

一 宗旨之儀者代々曹洞宗ニ而、安養寺旦那ニ紛無二御座一候、右粂三郎儀御奉公中自然取逃欠落等仕候ハヽ、相尋出し品物御戻し候様可レ仕候、亦者弁金仕候共可レ仕候、将又長煩其外他失等仕候節者、人代を以相勤可レ申候、尤書入証文之儀者御奉公無レ恙相勤済之後、諸勘定相済次第証文御差戻し可レ被レ下候、猶又御前借等一切仕間敷候、為二後日一連印証文差上申処、仍如レ件

野州芳賀郡上小貫村

奉公人　粂三郎

人代　嘉兵衛㊞

組合請人　米　蔵

天保十四年
卯十二月

中小貫村
万右衛門殿

前書之通少茂相違無二御座一候ニ付、奥印差上申候、以上

名主　藤兵衛

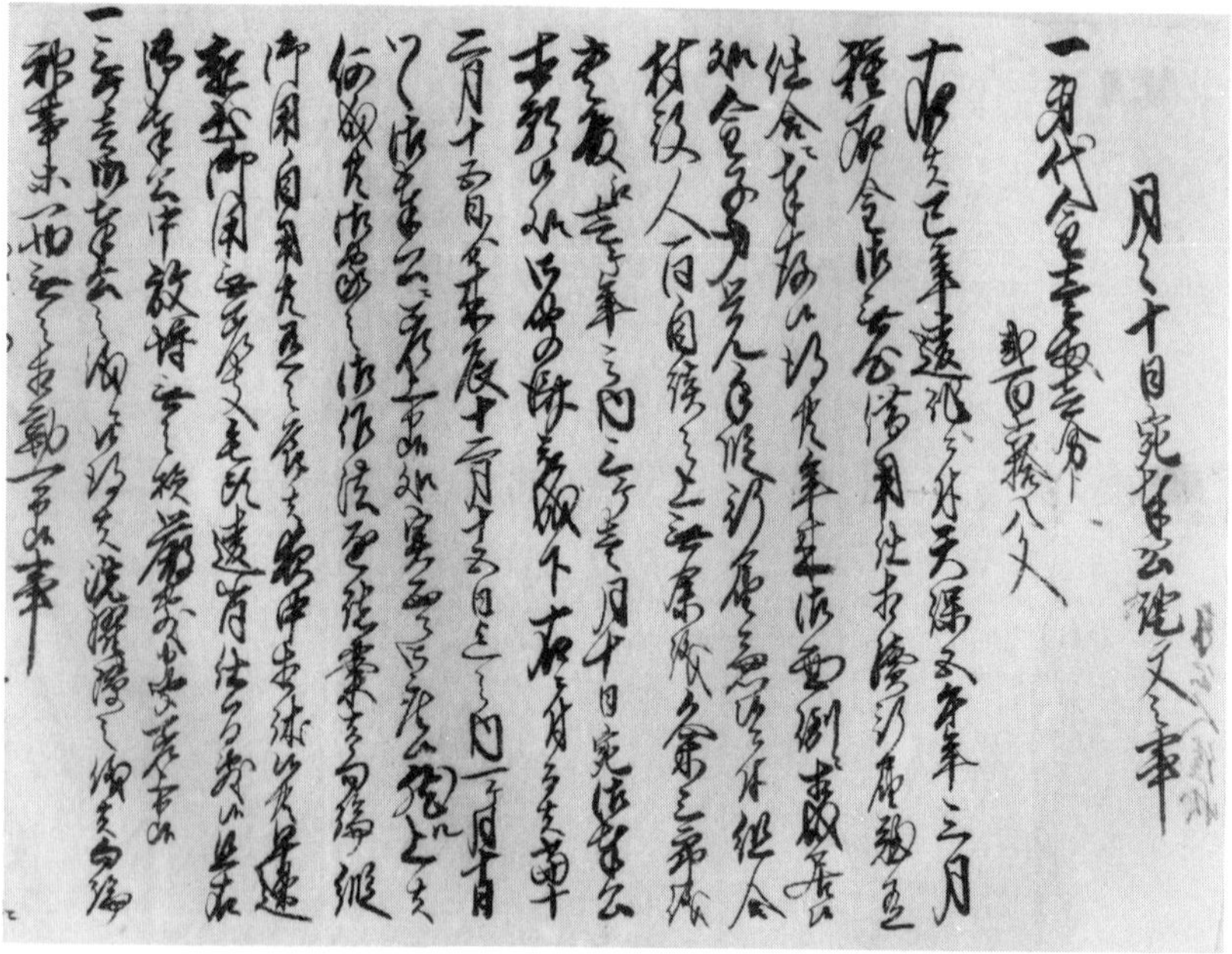

**史料9**　日割奉公証文①（小貫敏尾氏所蔵，栃木県立文書館寄託）

　この奉公人証文には、人代嘉兵衛の名前の下に押印があり、他にはない。天保四年（一八三三）は同七年とともに凶作の年であった。下野国芳賀郡上小貫村の農民である粂三郎は、翌五年三月に種石金（種籾代金か）に困り、中小貫村の豪農小貫万右衛門から借金をして急場を切り抜けた（「元禄郷帳」や「天保郷帳」では、小貫村は上・中・下小貫村の三村に分けられている）。しかし、この借金を返済できず、おそらく返済期限が迫った天保十四年十二月に、向う一年間毎月十日の奉公の給金で長年の借金を解消することになった。この借金は身代金《みのしろきん》と呼ばれ、労働力で解消する前借金である点に、近世後期の農家奉公としてはかなり遅れた性格が感じられる。一方、年間を通してではなく、毎月十日という日割り奉公という形態に多少進んだ性格も感じられる。

　この証文の後半には、奉公人に課せられた条件が述べられている。これは奉公人証文上のきまり文句ともいえるが、真夜中でも用事を拒まない、逃亡し

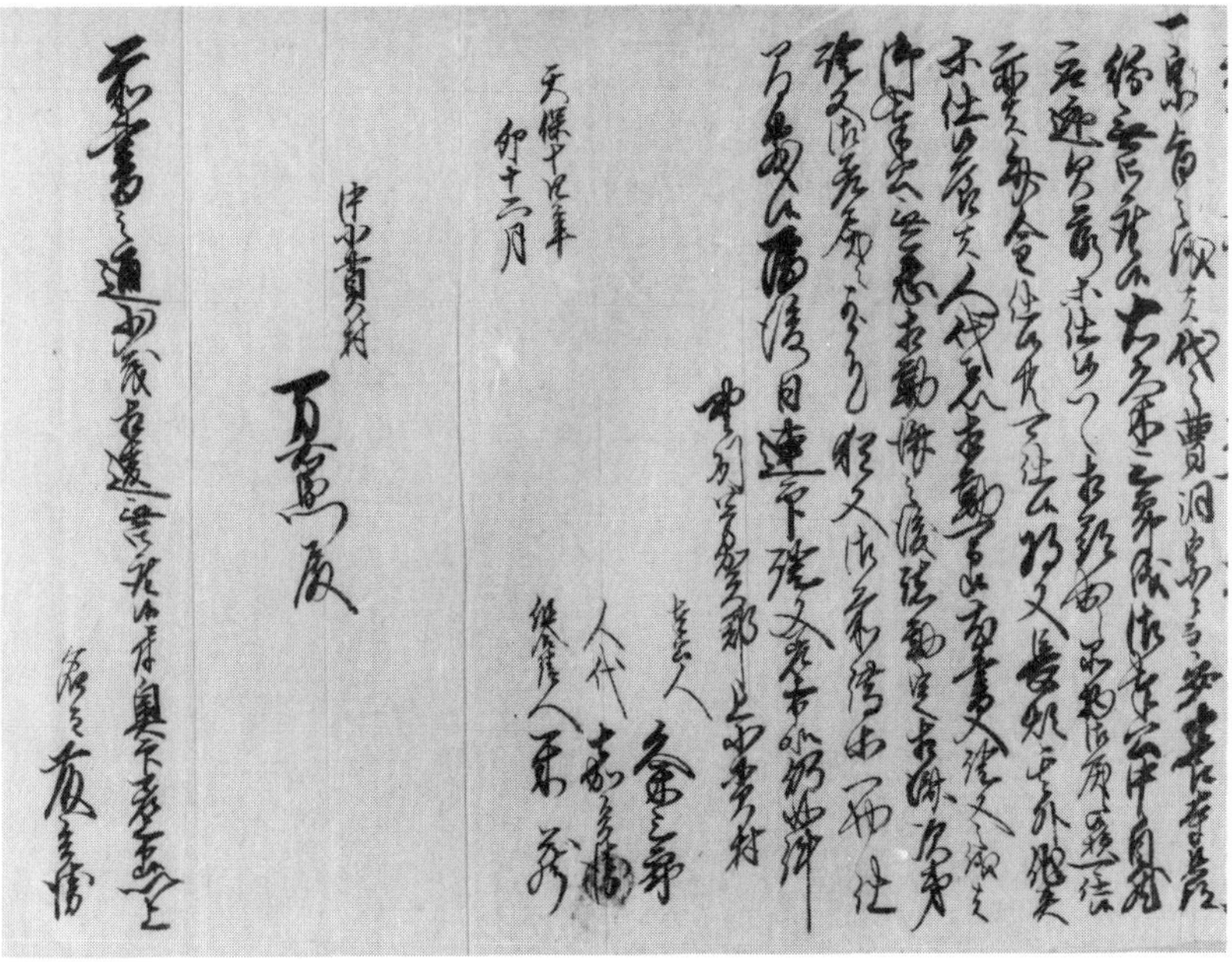

（史料9—②）

た場合は請人等が見つけだす、病気などの場合は代人を出す、奉公期間中に前借はしない等の条項は、なかなか厳しいものといえよう。なお粂三郎は毎月十日小貫家に住み込んで働いたのか、自家から通ったのかは文面からは読み取れない。もちろん毎月残りの二十日近くは自家の農作業に従事したのであろう。二条の「洗濯隙之儀」とは、奉公中の休暇のことで、通年の年季奉公の場合は年二回、四、五日ずつ認められる休暇が、粂三郎の場合は許されていないのである。なお粂三郎の奉公は村役人の立ち合いのもとで取り決められ、名主の奥書をともなっていることにも注意しておきたい。

**【史料10】**

（端書）
「鶴松娘多津一季奉公証文」

奉公人請状之事

一金弐両也 壱季奉公女給金

右者女多津儀親鶴松彼是不如意之儀有レ之、
無レ拠貴殿方江一季奉公ニ差出、給金弐両ニ

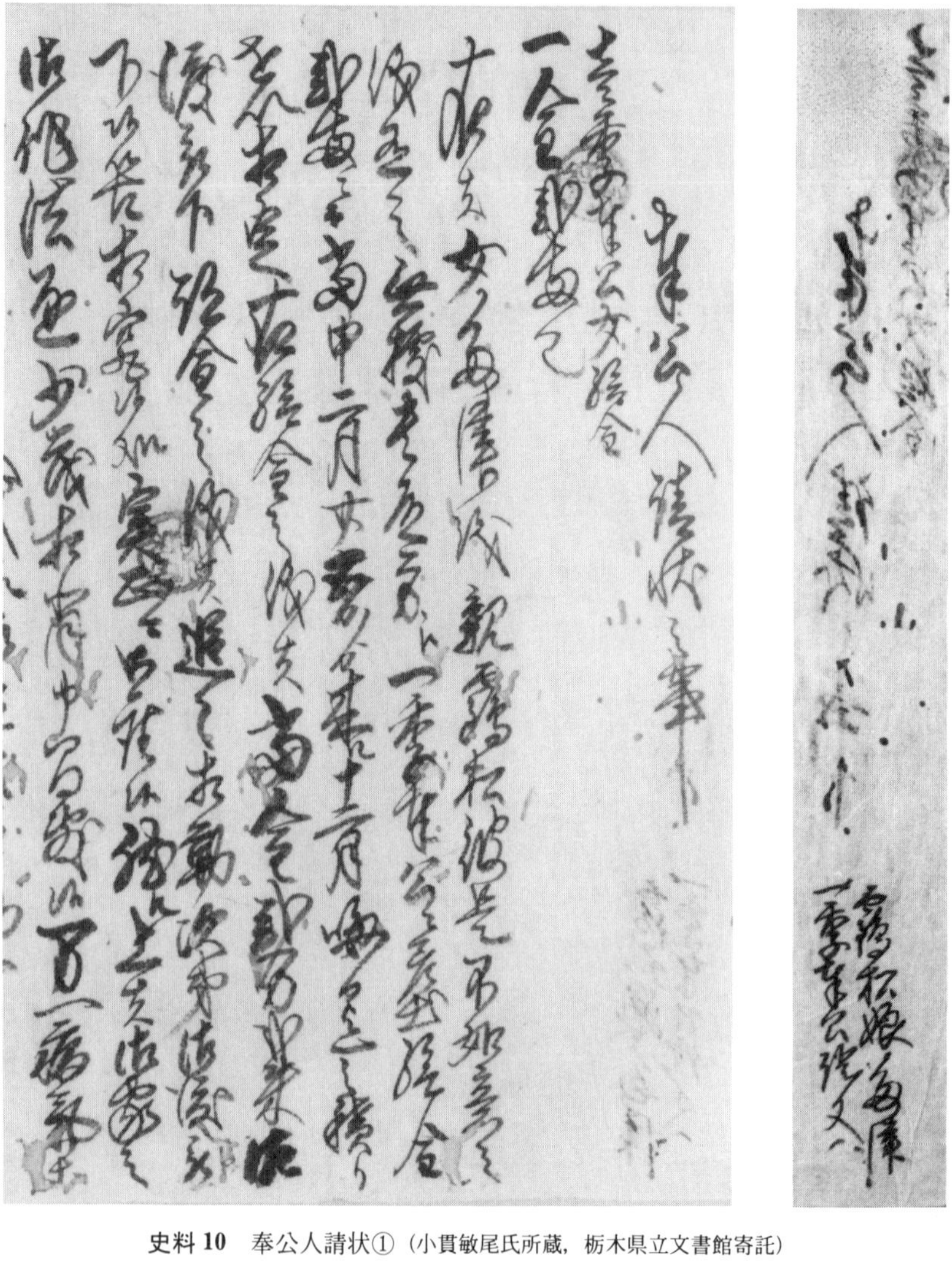

史料10　奉公人請状①（小貫敏尾氏所蔵，栃木県立文書館寄託）

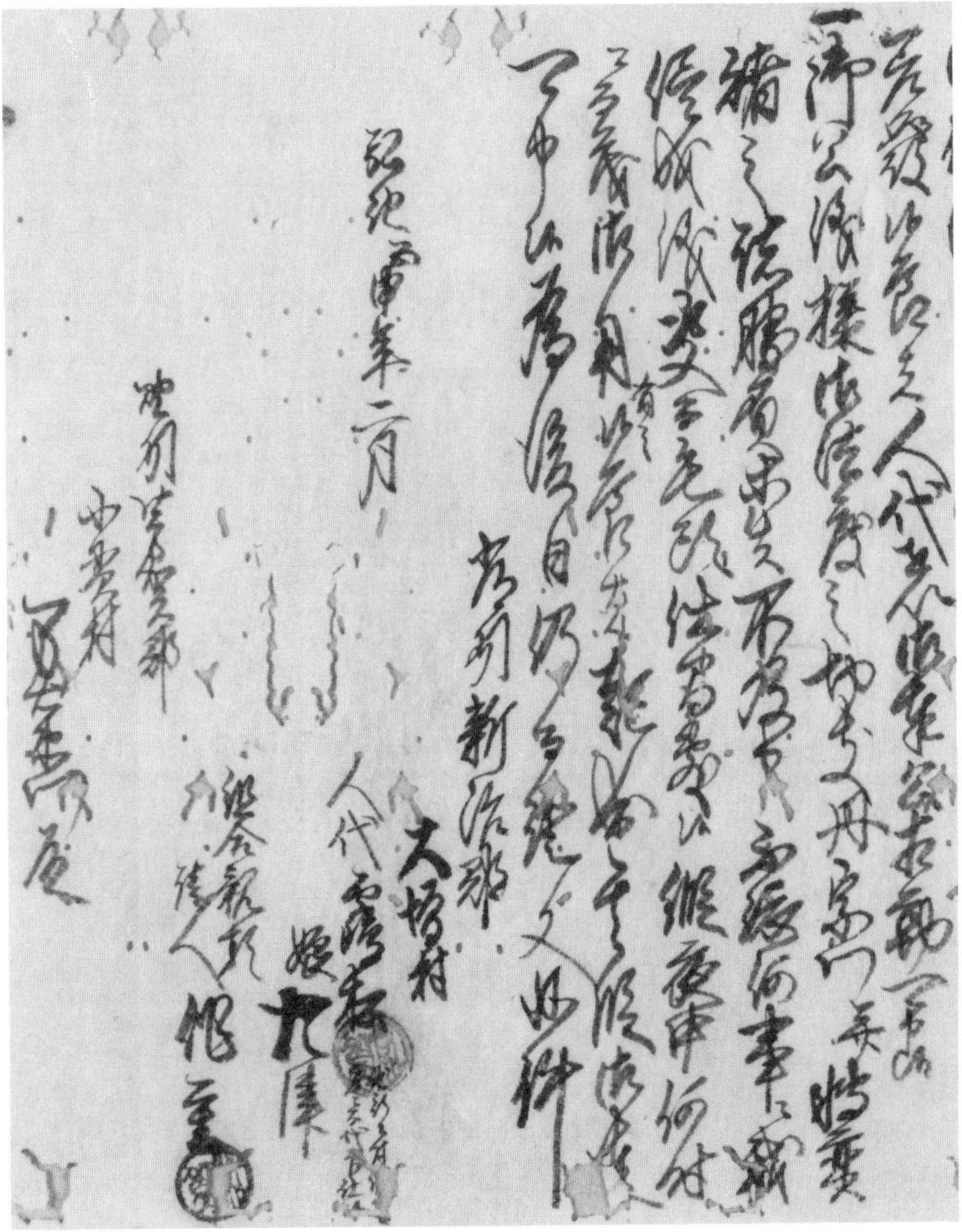

(史料 10—②)

而当申二月廿五日より来ル十二月晦日迄之積りを以相定、右給金之儀者当金弐分弐朱御渡被レ下、跡金之儀者追々相勤次第御渡被レ下候筈相究候処実正ニ御座候、然ル上者御家之御作法通少茂相背申間敷候、万一病気等差発候節者、人代を以御奉公相勤可レ申候

一 御公儀様御法度之切支丹宗門幷博奕賭之諸勝負等者不レ及レ申、不レ依二何事ニ一我儘成儀決而毛頭仕間敷候、縦夜中何時ニ而茂御用有レ之候節者起出、其段御達可レ申候、為二後日一仍而証文如レ件

弘化五申年二月

常州新治郡
大増村
人代 鶴　松㊞ 他行ニ付方ニ而代印仕候（虫）
娘 多　津
組合親類
請人 作　重㊞

野州芳賀郡
小貫村
万右衛門殿

これは弘化五年（一八四八）二月付、常陸国新治《にいはり》郡大増《おおます》村（現、茨城県新治郡八郷《やさと》町大字大増）の農民鶴松の娘たつ（多津）の一年季奉公人請状である。給金の金額、文中の「実正」の語、鶴松と請人作重の名前の下に押印があり、本紙であることがわかる。**史料9**の請状とくらべて文章も短く、村役人の奥書もない。女子の奉公なので、その給金の高低を男子の奉公と比較したいが、粂三郎がもし年間を通して働いて約三倍の給金をもらったとしても四両に達しないので、たつの年二両の給金もそれほど低いとは言えないであろう。ただその給金は一部前払いという形式になっている。ところで小貫村は野州の東南端に位置し、常州西部の茨城・新治・真壁郡との結び付きが強かった。たつも新治郡から

小貫家に奉公に来ている。たつが他村に奉公に出なければならなかった理由は、父親の「不如意」すなわち困窮であるが、事実この証文には父親の鶴松は他所に出かけている旨の注記が押印の下に記されている。

# Ⅲ　江戸へ

仲間の協力で豊三郎親分のもとをかろうじて逃げ出した俺は、村はずれの河岸から舟に飛び乗った。夜船はご法度だったが、親友の吉兵衛がこっそり舟と船頭を手配してくれていたのである。

舟は翌日の昼過ぎには大川に入って、ほどなく花のお江戸の浅草、花川戸の辺に辿《たど》り着いた。岸に上がった俺は、虎口を脱した安堵感で「ホッ」と溜め息を漏らしたものの、さて、これから先どうしようか、とんと当てがない。なんとなく大橋を渡って川向う、本所中《なか》の郷《ごう》の方へ歩みを進めていると（もちろん当時は自分が一体どこを歩いているのかすら定かでなかったのだが）、「兄さん」と突然後ろから声をかける者がいる。振り向くと、年の頃は三十五、六、縞の単衣《ひとえ》に紺の角帯《かくおび》をしめた、江戸前の粋な風体の男だったが、眼光は異様に鋭い。どこか俠気も漂わせ、通り者風でもあった。「兄さん、どこへ行くのだ」と聞くので、「……江戸見物」と答えたものの、しどろもどろ。そんな俺の態度で察したのか、「まあいいや、俺の家へ来い。江戸見物なら嫌というほどさせてやる。兄さんが奉公口を探しているなら口をきいてやるから」。少し怖い気もした。でも所詮寄る辺とてない大江戸の真っただ中、俺は半ばやけっぱちな気持ちで男について行くことにした。

男は由蔵といい、住居は神田三河町の小奇麗な作りの家だった。「お帰り」と出てきた女房とおぼしき女も、大年増なりに十分あだっぽい。一体どんな稼業なんだろう。使用人の若衆に尋ねると、なんでも本所あたりの風呂屋の株を持っていて、実の妹にその営業を任せているとのこと。では本人は何をやっているかというと、岡っ引きの子分だという。

岡っ引きの子分には定まった手当てが支給されるわけではない。捕物となると逆に自腹を切ることもあったから、時々喧嘩の仲裁を頼まれて臨時収入があるとしても、風呂屋の上がりだけでは家計は苦しいに違いない。使用人の若衆は言葉を濁していたが、実は由蔵は大名屋敷を相手に、中間《ちゅうげん》、陸尺《ろくしゃく》（駕籠かき）などの奉公人を世話する口入業をやって、かなりの稼ぎを得ていたらしい。何の当てもなく村を逃げ出してきた俺のような者にとって、由蔵が、とりあえずは〝地獄に仏〟であったことに、変わりはない。

神田三河町には、由蔵と同じような稼業を営む家が何軒もあった。向かいの家も大名屋敷に陸尺を何人も世話していたし、三軒先の常磐津の女師匠だって、芸事を教授する一方で弟子の町娘たちにお屋敷奉公の口を手広く斡旋していた。

さて、由蔵が俺を送り込んだ先は、国元が九州のさる大名の下屋敷《しもやしき》だった。表高六万石だが、内実は十万石の収入があったこの大名の下屋敷は本所にあって、当時は先の藩主が隠居生活を送っていた。隠居と言っても毎年一万石の取り分と三百六十両の手当てが隠居料として支給されていたというから、そんじょそこらの旗本よりはずっと豊かである。老侯は艶福家で、四十半ばで隠居してから八十になる当時まで、五人の側女の腹に二十人以上の子供をもうけているとのこと。子供たちの明るい声が絶えないとても楽しい雰囲気の御屋敷だから（それに上屋敷と違い公式行事も少なく堅苦しさもない）、お前にうってつけの奉公口だと言うのだ。

本所の下屋敷には俺のほかにも十代の下僕が数人いたが、みんな上総《かずさ》の出身だった。御屋敷全体では九州から連れてこられた奉公人もいないではないが、これは少数派で、どこの大名屋敷でも、上総など近国から江戸に出稼ぎにやって来た〝椋鳥《むくどり》〟なんてあだ名された連中が、口入宿の世話で中間になるのが一般的だったようだ。

中間奉公をしてみて気がついたのは、奉公人たちが、たとえ奉公先の御屋敷が違っていても、お互い顔見知りだということである。いくつもの大名屋敷を短期間に渡り歩く中間が結構多いので、自ずとこうなったらしい。陸尺なんかも、駕籠の中の殿様同志はまったく交際がなくても担いでいる連中は互いに顔見知りで、一行が道で出会ったりすると、合図をかわしたりした。

（↓八三ページ）

# 1 武家奉公

江戸時代の農民たちは、どの程度の面積の田畑を耕作し、その生活を維持していたのであろうか。現在の内閣に相当する幕閣《ばくかく》や大名など領主たちは、一町（約一ヘクタール）前後の田畑を主として家族労働力で耕作するような農家経営＝小農経営を望み、そのような経営を維持するための農業政策をとったと言われている。これが江戸時代の農政を特色づける小農維持政策である。

しかし十八世紀から十九世紀になってくると、ごく少数の何十町もの小作地を持つ大地主が発生してくる反面、一町はおろか生活できるかどうか、かすかすの五反百姓さえ少なくなるような傾向の村々が多かった。にもかかわらず俗に五公五民とされる年貢諸役のほか、村入用《むらにゅうよう》（村税）も、支払わなければならなかった。それは収入に比例して税金が重くなる累進課税ではなく、保有する田畑の石高に応じた均等課税であった。現在問題になっている消費税の事を考えてもわかるように均等税は収入の少ない人々には苛酷な税制である。豊年でも白いご飯などは食べられない。大根など野菜入りの麦飯や、粟・稗を食べているのに、凶年やあるいは家族に病人でも出た場合に小前《こまえ》（一般の百姓＝農民）たちは税金も納められない。税金を納められない場合は五人組の共同責任で、それでもだめな場合は牢舎入りとなる。このような場合、どのように農民たちは暮らしたのであろうか。一つの方法は武家、農家・町家に自分や家族の労働力を売り、その給金をもって滞納した税金を払うことである。次の史料はその一つの事例である。

【史料11】

夫人奉公人請状之事

一　当丑（嘉永六年）御年貢不足ニ付、此元右衛門与申者慥成者ニ御座候間、当丑極月十二月廿日ゟ来卯（嘉永八年）正月十一日迄、御村方　御地頭所御上屋鋪森川出羽守（俊民）様江夫人奉公ニ差出、為二御給金一四両也、只今慥ニ受取、御年貢上納仕候処実正也、然ル上者当人勤之内不始末等之儀有レ之候ハヽ、人代成共、本金ニ而も其御村方御望次第差出、聊御苦労相掛申間敷候、

一　御公儀御法度之儀者不レ及二申上一御屋鋪様御作法急度為二相守一可レ申候、為二後日一夫人請証、仍如レ件

嘉永六丑年

十二月　日

酒井兵庫之助知行所
上総菊間村
当人　元右衛門
請人　作左衛門

森川出羽守様御領分
下総古市場村
御役人衆中

〈読み下し文〉

一　当丑御年貢不足に付き、此の元右衛門と申す者、慥《たしか》成る者に御座候間、当丑極月十二月廿日より来る卯正月十一日迄、御村方御地頭所御上屋鋪森川出羽守様へ夫人《ぶにん》奉公ニ差し出し、御給金として四両也只今慥に受け取り、御年貢上納仕り候処実正《じつしよう》也、然る上は当人勤之内、不仕末等之儀、之有り候はば、人代《ひとがわり》成り共、本金《ほんきん》にても、其の御村方御望次第差し出し、聊《いささか》も御苦労相掛《あいか》け申す間敷《まじく》候、

一　御公儀御法度之儀は申し上ぐるに及ばず、御屋鋪《おやしき》様御作法急度《きつと》相守らせ申すべく候、後日のため、夫人請証、仍ってくだんの如し、

武家の下級労働力としての中間や六尺《ろくしやく》は、もともとは知行所から徴収した譜代の者たちだった。それがおそくとも寛文期以降は一定の年期と給金を定めて雇傭するようになってくる。右の史料で酒井兵庫之助知行所の菊間村元右衛

門が年貢を滞納したため、恐らくは同村内の作左衛門が保証して、元右衛門を古市場村領主森川出羽守の江戸上屋敷に夫人奉公する約束をさせ、前借金四両をもって未進年貢を上納させたことがわかる。年期は一年、給金四両であった。文中で請人作左衛門は元右衛門が欠落《かけおち》その他の不仕末があった場合、その代わりの夫人か、本金四両を弁済する

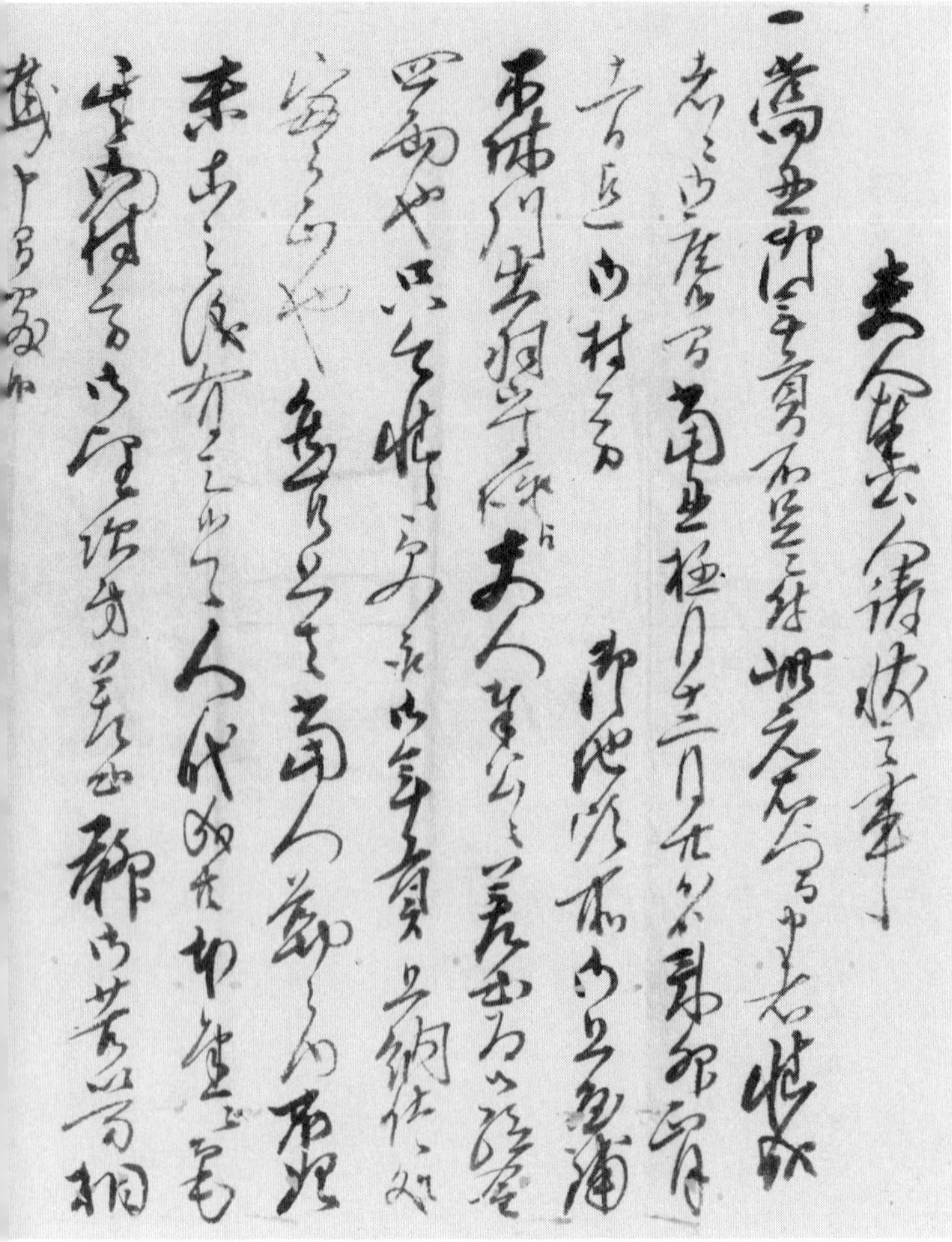

**史料11**　夫人奉公人請状①

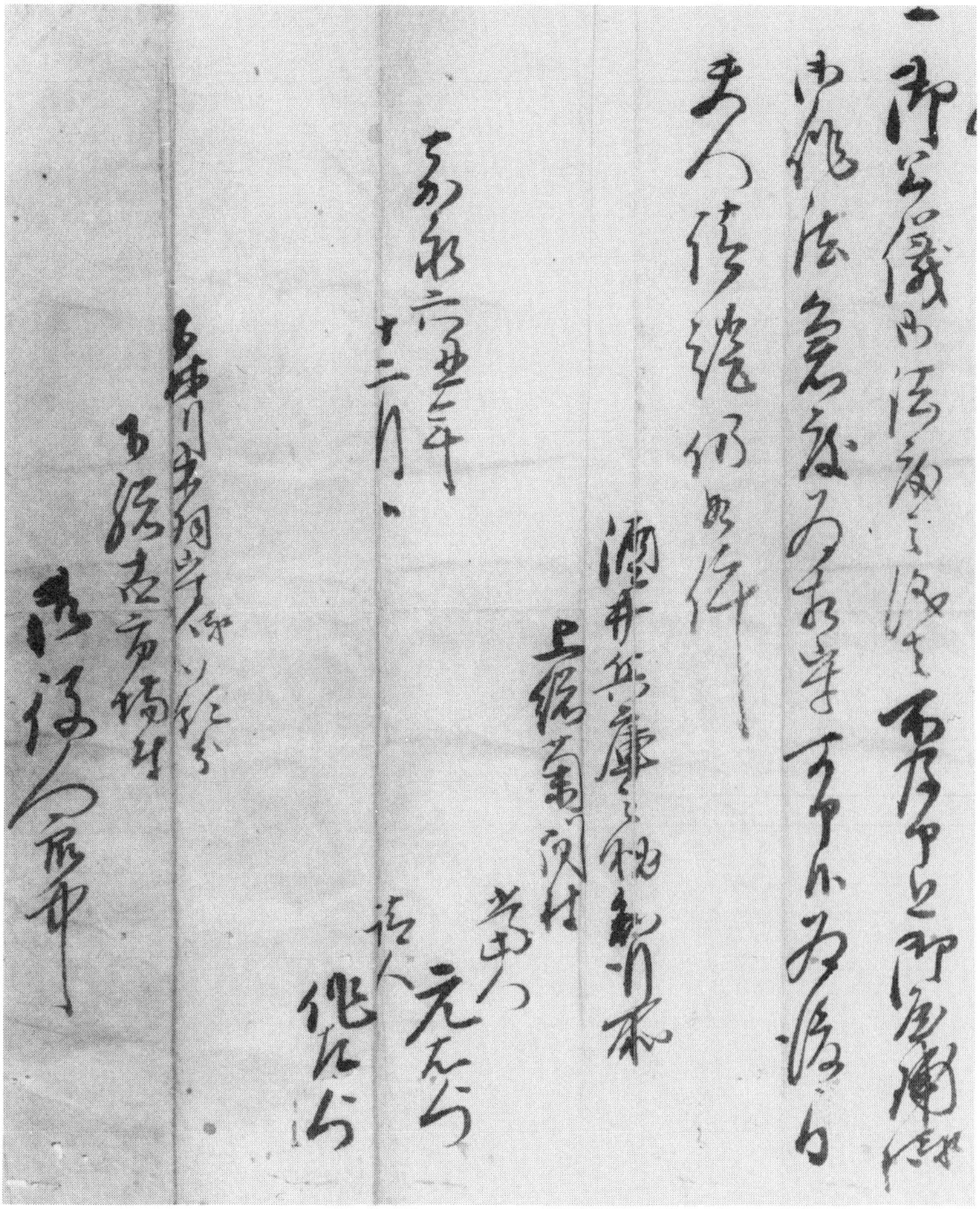

(史料11—②)

と古市場村の村役人に誓約している。

夫人奉公人とは中間その他の労務にたずさわる奉公人のことである。このような奉公人は、当時江戸では人宿《ひとやど》と称された就職斡旋人を通して雇傭するのが普通だった。そのさい保証人と雇傭者が注意したのは任期途中の逃亡だった。果して元右衛門は無事二年を勤めあげることができたのであろうか。若干気になるところである。

## 2　打ちこわし

天明七年（一七八七）五月、江戸で大打ちこわしが起こった。数年続いた凶作（天明の大飢饉）で米価が高騰したこと、しかもそれにつけこんで暴利をむさぼろうと、米商や金持が米を買占めたこと等が、江戸庶民の怒りを買ったのである。

五月二十日から二十四日まで、昼夜の別なく「南は品川、北は千住、凡《およ》そ御府内《ごふない》四里四方の内」（『後見草』）余すところなく、米屋はもちろん、金持の家々が次々に打ちこわされた。この間、幕府はなんらの手も打てず、まったくの無警察状態であった。町奉行が多数の与力・同心を従えて鎮圧に出動したが、蜂起民のものすごい勢いに圧倒され、すごすごと引き返したという。「官令寂《せき》として声なし」（『蜘蛛《くも》の糸巻』）というのが、このときの江戸であった。五月二十四日になり、やっと長谷川平蔵ら御先手十組のきびしい市中巡察がはじめられ、そのうえ応急対策として大手門外に救済小屋が設けられ、騒動はようやく鎮静化した。

天明七年という年は、江戸時代を通じて都市騒擾発生件数のもっとも多い年であった。青木虹二『百姓一揆総合年表』によれば、現在判明する江戸時代の都市騒擾件数は約五百件、そのうちの五十三件が、天明七年の一年間に発生している。しかも五十三件のうち、三十五件はこの年の五月に集中して起こった。

すなわち五月には、石巻・岩槻・甲府・駿府・福井・和歌山・大和郡山・奈良・堺・大坂・淀・伏見・大津・尼崎・西宮・広島・尾道・高知・下関・博多・熊本・長崎というように、全国各地の主要都市でほぼ同時に打ちこわしが発生している。幕臣森山孝盛はその日記に、「同時之諸国騒動之段、不審」と記している。

天明七年五月の江戸打ちこわしは、こうした全国的な都市民の蜂起を背景に勃発した。江戸で打ちこわしに参加した人びとの正確な数はわからない。一説によれば、五千人にものぼったといわれる。

四谷愛染院門前の清右衛門店《たな》の与兵衛（当時三十四歳）もその一人であった。彼は下総国今泉村百姓金兵衛の倅で、兄が跡を継いだため十四歳の時に江戸に出て、転々と町方奉公をし、二十四歳で現在の清右衛門店を借り、足袋屋手間取をしてきた。江戸に出て二十年、小職人ながら一応の生活を送っていたのである。しかし天明七年五月には、米価が高く、彼も困窮していたに相違ない。二十一日夜、鮫ヶ橋谷町の米屋を大勢の者が打ちこわしているのを見物していて面白くなり、その集団のなかに入って一緒になって打ちこわした。

牛込水道町の卯兵衛店の直次郎（当時三十二歳）も、やはり打ちこわしに参加した一人である。彼は牛込横寺町又兵衛の次男で、天明五年に家を出て店借人となり左官をしていた。彼も天明七年五月二十一日夜のこと、「近所の米屋をこれから打ちこわしに行くから同意の者は一緒に行こう」といいながら家の前を通る者がいた。日頃から米が高くて困っていたし、その高い米さえ米屋がなかなか売ってくれないので、打ちこわしをかければ、その影響で安い値段で売り出すだろうとかねがね思っていたので、そのあとについて行って小日向水道町の米屋仁兵衛の打ちこわしに参加した。この直次郎の打ちこわしの参加理由はきわめてはっきりしており、前記与兵衛の「面白相成」という理由より、能動的である。

また深川六間堀町の平右衛門店に住む提灯張職人の彦四郎（当時三十一歳）は、もっと計画的に打ちこわしを実行

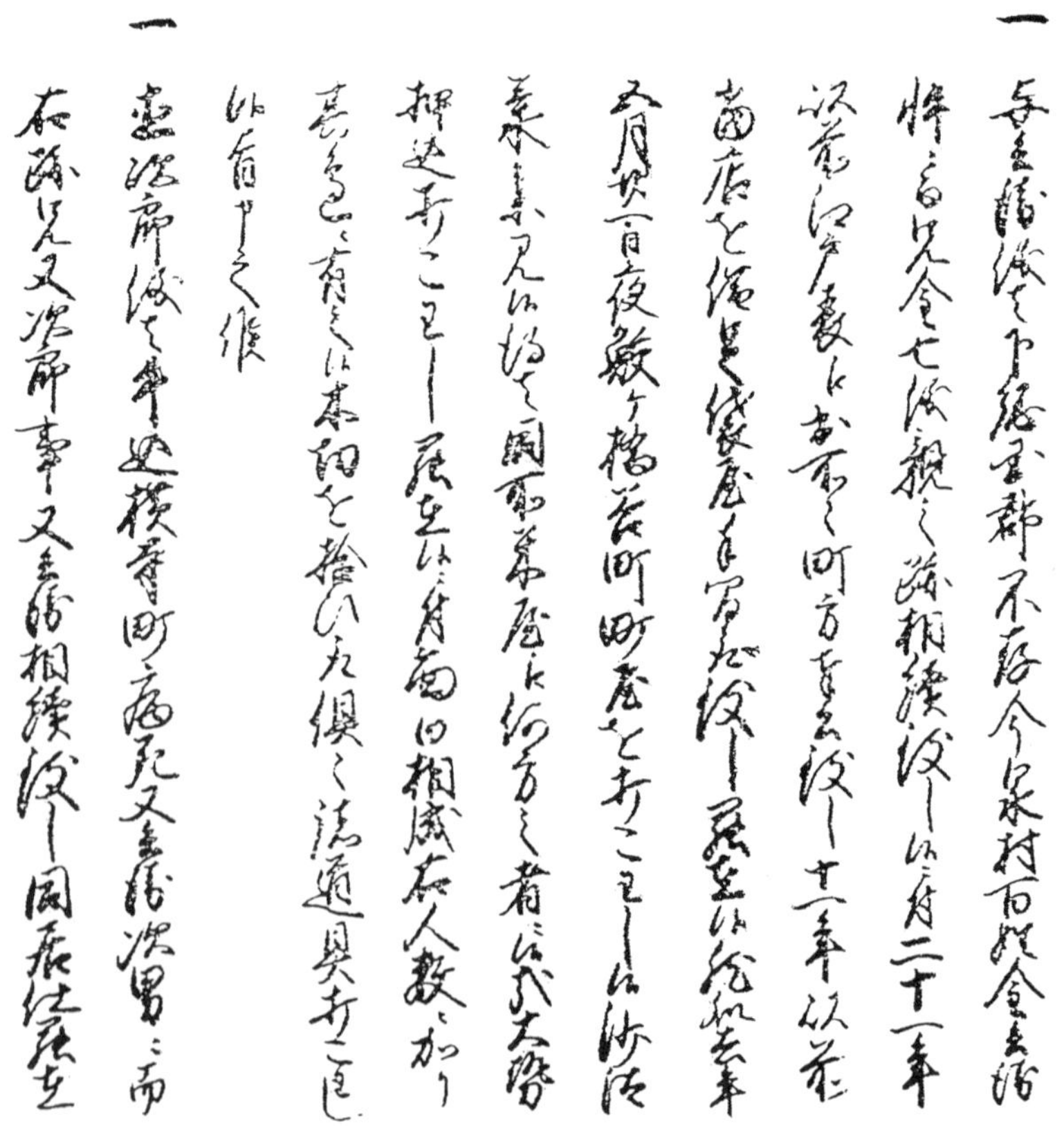

史料 12　北町奉行吟味取調上申書（下書）①

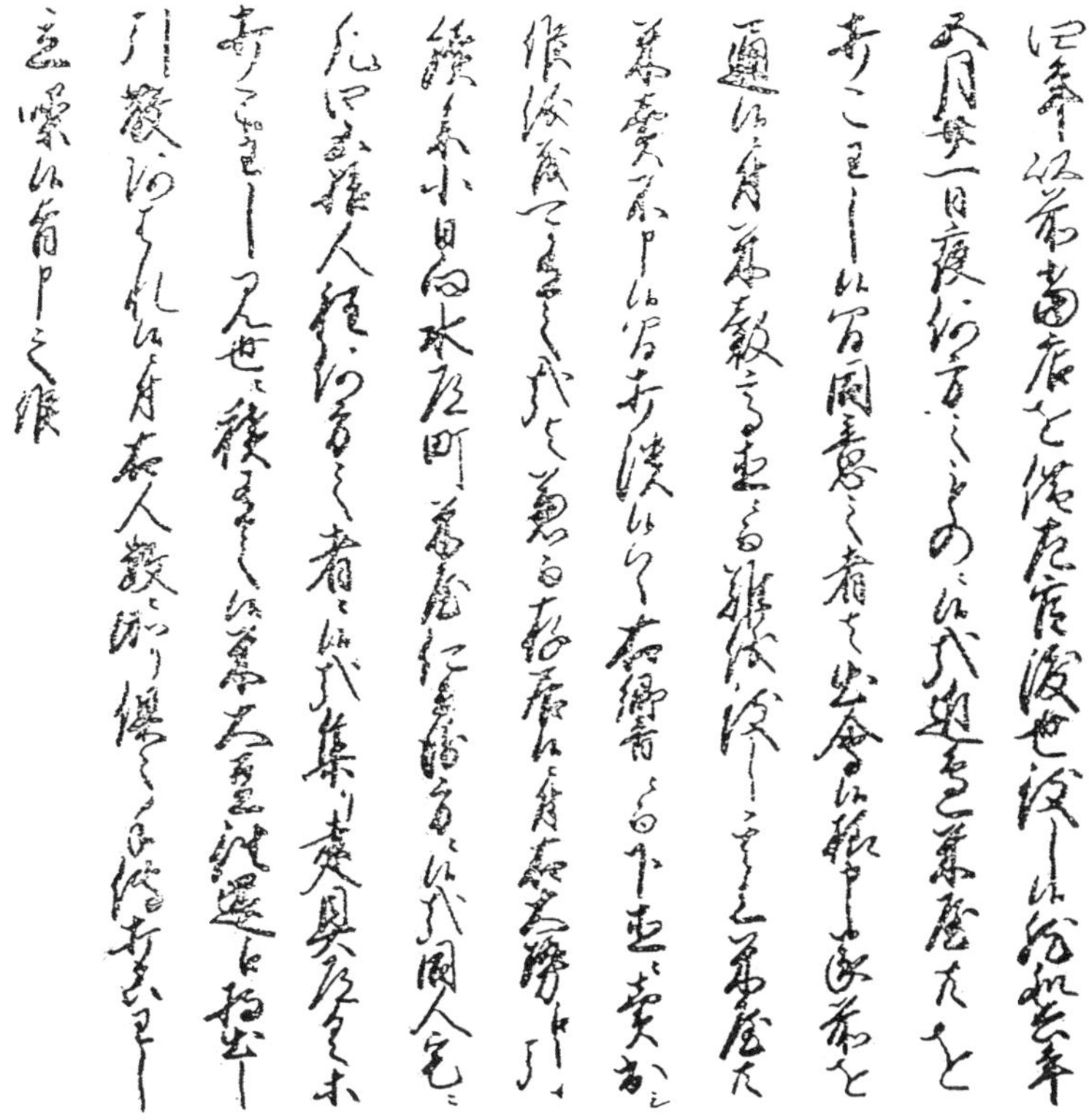

（史料 12—②）

している。五月二十日に、彼は同じ町内の裏長屋に住む七人と相談し、去年以来の米価騰貴でお互いに妻子を養うこともできぬ状態だったので、近辺の富裕な米屋に施米を要求し、もし拒否されたら打ちこわしをかけようと計画、早速その夜、彼らは深川森下町の米商伝次郎の店に押しかけ、施米を要求した。しかし応対に出た手代は、言を左右にして要求に応じなかったので、かねての手はず通り、八人の者がいっせいに店の中に踏み込み、商品や建具・家財をさんざんに打ちこわして引き揚げた。

こうした彼らの行動を知る史料が、次に引用する「去年五月廿日以来町々米屋其外打壊及二狼藉一候者共御仕置奉レ伺候書付下書　柳生主膳正」（国立史料館所蔵）という表題の文書である。

天明七年五月の江戸打ちこわしの際、逮捕した者を取調べた北町奉行柳生主膳正久通が、翌天明八年二月、その吟味取調書と判決案を評定所《ひょうじょうしょ》に上申した書付の下書である。都市打ちこわし関係の史料は非常に少ないが、これはその数少ないなかでも、とくに内容の豊富な貴重な文書である。以下にその一部（前記三名の吟味取調書）を抄出する。

**【史料12】**

一　与兵衛儀者、下総国郡不レ存今泉村百姓金兵衛忰ニ而、兄金七儀親之跡相続致し候ニ付、二十一年以前江戸表江出、所々町方奉公致し、十一年以前当店を借、足袋屋手間取致し罷在候、然処去年五月廿一日夜、鮫ヶ橋谷町町屋を打こわし候沙汰承、参見候得者、同所米屋江何方之者ニ候哉大勢押込打こわし罷在候ニ付、面白相成、右人数ニ加り其辺ニ有レ之候木切を拾ひ取、倶々諸道具打こわし候旨申レ之候

一　直次郎儀者、牛込横寺町病死又兵衛次男ニ而、右跡兄又次郎事又兵衛相続致し、同居仕罷在、四年以前当店を借、左官渡世致し候、然処去年五月廿一日夜、何方之ものニ候哉、近辺米屋共を打こわし候間、同意之者者出会候様申、家前を通候ニ付、米穀高直ニ而難儀致し、其上米屋共米売不レ申候間、打潰候ハヽ右響ニ而下直ニ売出シ候儀茂可レ有レ之哉与兼而存居候ニ付、右大勢江引続参、小日向水道町米屋仁兵衛方ニ候哉、同人宅ニ

凡四五拾人程何方之者ニ候哉集り、建具道具等打こわし、見世ニ積有レ之候米大豆往還江持出し引散あはれ候ニ付、右人数ニ加り倶々手伝打こわし立噪候旨申レ之候

（中略）

右之者《(彦四郎)》吟味仕候処、本石町三丁目十次郎次男ニ而、十三年以前より当店を借、挑燈張渡世仕候処、去々年以来、米穀高直ニ而妻子育兼候故、同所森下町家持伝次郎者米乾物類商致し、身上宜相見候間、右之者方江罷越米合力申懸、若不得心ニ候ハヽ、立噪為レ困可レ申旨誰発言と申儀も無レ之、同町七兵衛店善八、又次郎店要助、新右衛門店弥兵衛、長兵衛店勝五郎・七右衛門、清右衛門店藤七、儀兵衛店市三郎一同申談、去年五月廿日夜伝次郎方江一同罷越、彦四郎外五人者外ニ相待罷在、善八・要助儀見世江這入、手代十蔵・清兵衛・伝八、米穀払底ニ而及二困窮一候ニ付、致二合力一呉候様申候得者、伝次郎留守ニ候間、明朝迄相待候様十蔵及二挨拶一候ニ付、埒明不レ申事と存、善八・要助表江出、待合居候彦四郎外五人之者共江為二相知一、申合置候通、一同伝次郎方江踏込、見世建具家財等打こわしあはれ候

右の引用は三名分のみであるが、このとき北町奉行所が逮捕した者は三十七名、ほかに指名手配中の者が五名いた。引用例からもわかるように、この吟味取調書には、逮捕者の名前・住所・年齢・階層・出自・職業・打ちこわし参加の動機などが記されている。

これによれば、いずれも江戸在住の店借層である。それも住所・職業から推測するに、九尺二間の棟割長屋に象徴されるような裏店借層が、打ちこわしに参加したのである。年齢は最年長が五十一歳、最年少が二十一歳、平均三十三歳で、ほとんどが妻子もちの分別盛りであった。彼らの多くは、やむにやまれず蜂起したのであり、衝動的に打ちこわしに参加した者は少ない。

出自がわかる者の内訳は、江戸出生者二十三名、他所出生者七名である。四人に一人は江戸以外の生まれであり、

これは当時の江戸における人口動態の一般的傾向をも示していよう。もっとも江戸以外といっても、みな比較的江戸に近い関東農村の出身者であった。職業は、左官・足袋・提灯張《ちょうちんはり》・髪結・屋根葺《ふき》などの小職人、および天秤棒《てんびん》をかついで野菜や魚を売り歩く、いわゆる「棒手振《ぼてふり》」の小商人が多かった。

以上、逮捕者について述べたが、おそらく逮捕をまぬがれた他の多数の打ちこわし参加者の実態も、これと大差なかったものと思われる。まさに裏長屋に住むその日暮らしの江戸庶民たちが、打ちこわしの主体的勢力であった。

この大規模な打ちこわし勢を、統一的に組織し指導した者はいなかったようだ。『後見草《のちみぐさ》』にも、「誰頭取《だれとうどり》といふことなく、此所《ここ》に三百、彼所《かしこ》に五百、思ひ〳〵に集りて鉦《かね》・太鼓を打ちならし、更に昼夜の分ちなく、穀物を大道に引出し切破り」とあり、だれが指導者(頭取)ということもなく、みな思い思いに主体的に行動している様子を伝えている。町奉行所が逮捕した者のなかにも、指導者らしき人物は一人もいなかった。

しかし打ちこわしの際の集団的行動は、それぞれの場において、非常に規律あるものであった。たとえば京橋南伝馬町の米商万屋作兵衛を打ちこわした集団は、鉦や拍子木《ひょうしぎ》で合図し、中休みをしながら打ちこわしたという。過激な打ちこわしの最中に、中休みをするなどということは、一定の規律がなければできるものではない。

蜂起民衆の行動様式には、二つの注目すべき特徴があった。一つは、火の用心をしながら打ちこわしている。江戸は狭い空間に町家が密集していたので、打ちこわしの最中にその家から火が出れば、たちまち周辺の家々に火が移り、数町、あるいは数十町に及ぶ大火になる危険性が十分にあった。そこに、打ちこわしという過激な行動をしつつも、対象となる特定の家以外には決して迷惑をかけぬという、都市住民としての倫理観が、ふだんから形成されていたのである。

特徴のもう一つは、建具や家財を打ちこわし、米や雑穀を道路に散らかすが、決して盗みをしなかったことである。そして、もし盗みをする者がいれば、打ちこわし参加者がみんなでその盗人に私的制裁を加え、盗品を奪い返し破り捨てたという。『蜘蛛の糸巻』には、「同類盗みを禁じたるは、いはゆる江戸っ子なるべし」と、江戸っ子の正義感がその背景にあったことを指摘している。おそらく闘争の正当性を主張する不文律の行動規範として、盗みをしないという掟《おきて》が、彼ら相互の間に確立していたものと思われる。『津田信弘見聞続集』によれば、江戸打ちこわしは「誠に丁寧《ていねい》、礼儀正しく狼藉に御座候」と述べている。実に矛盾した表現ではあるが、実態を非常に的確にとらえているといえよう。

国立史料館には、町奉行からの上申をうけての判決文書が伝存しており、前述の吟味取調上申書とセットになるものである。天明八年三月の「町々米屋其外打壊及㆓狼藉㆒候者申渡」という文書である。

これによれば、裁決をうけた者が三十名いた。ただしこれは、北町奉行柳生主膳正久通の掛りである。このほか、すでに天明七年十二月に南町奉行山村信濃守良旺《たかあきら》の掛りで裁決された者がいた。私の知る範囲では現在のところ七名がわかる。したがって、合わせて三十七名である。

この三十七名の判決をみると、「敲《たたき》」から「遠島《おんとう》」まで、それぞれ軽重があった。内訳は遠島一名、入墨のうえ重追放二十名、重敲のうえ重追放一名、重追放一名、重敲のうえ中追放十一名、敲のうえ江戸払い一名、入墨のうえ家主預り一名、敲一名である。

前述した与兵衛・直次郎・彦四郎の三名はいずれも重敲のうえ中追放に処せられた。なお彦四郎と行動を共にしたほかの七名は、吟味中に病死したので裁決にいたらなかった。史料には、ただ「病死」とあるが、当時の刑事吟味のきびしさからいって、おそらく拷問《ごうもん》による牢死であろう。

天明の江戸打ちこわしは、非常に大きな騒動であったが、死罪に処せられた者はいなかった。処罰の理由は、もちろん徒党の禁令を犯したということにあった。それに加えて、「御府内と申、不㆑恐㆓公儀㆒仕方不届」と、将軍のお膝元の江戸で騒擾した罪の重さを強調している。

判決をうけた者のなかには、打ちこわしに便乗して盗みを働き、逮捕された者もかなりいた。事実、騒動の後半になると、盗みの行為が目立つようになった。『親子草』にも、「最初は決して米一粒たりとも持来申さず候所、追日増長に随ひ、盗人入り交り、金銀米銭盗取り候由」とある。

幕府は、これら盗人に対しては「入墨のうえ重追放」に処すなど、かならず入墨の刑を科しており、打ちこわしに純粋に参加した者たちとは峻別している。近世国家は、そうした建て前の点では明快な法治国家であった。

中間奉公の生活もかれこれ一年あまり過ぎたある日、路上でバッタリ意外な顔見知りと出くわした。たまたま江戸見物にやってきた村の若イ者連中の一人長太郎である。村を出奔した理由が理由だけに内心「まずい」と感じたが（長太郎の口から豊三郎に知れたらどうしよう）、後の祭り。

ところがこの思いがけない再会が、幸いとなった。俺は長太郎から、あの宿場の親分豊三郎が大勢の子分ともども、隣村の名主の息子を恐喝した罪で、八州廻りの縛についたことを告げられたのだ。なにはともあれ状況は一変、これで村に戻れない直接の障害は取り除かれたわけである。しかし仮にも無断で村を飛び出したのだから欠落《かけおち》の咎は免れないだろう。この点を長太郎に打診すると、あっさり「その心配はないさ」と言う。とりあえずこっそり村に戻り寺の住持の所に駆け込んで、「以後なにごとによらず我が儘《まま》これ無き」旨を誓い、住持から村役人衆に話してもらって連名で藩の役人に帰住願いを差し出せば、それで万事問題なし、と言うのである。

まあ村役人や住持の前でしばらくの間は神妙に頭を下げていなければならないらしいが、その位は仕方がない。どうしようか、せっかく江戸の暮らしにも馴れたことだし、正直言って俺は迷っていた。

その時である。「グラッ」と大きな揺れを感じ、その場にしゃがみこんでしまったのは。数度にわたる大揺れと、こきざみに訪れる無数の微震、そして火災……。江戸にきてから何度か地震を体験していたが、今度のは並のものじゃないと直感した。押し潰された家の台所から出たそちこちの炎が、見る見る江戸の町々を包んだ。ほうほうの体で三河町に戻ってみると、ここでも火の粉がパチパチ音を立てて舞い上がっている最中――。

地震ですっかり寄る辺を失った俺は、こうなっては江戸にいても仕方ないので、長太郎と一緒に村に帰ることにした。江戸に来たときは水路だったが、今度は陸路。地震後のゴタゴタは、こっそり村に戻るにはもってこいだった。道中は田舎の親類の家にしばらく身を寄せようという人々や、江戸の災害の様子を国許《くにもと》に報告する藩邸の早馬や飛脚の往来でごったがえしていた。

思いがけぬ不幸に見舞われたにしては、人々にそれほど沈んだ風はなかった。むしろいつもよりウキウキ楽しそうにしている人もいたくらいだ。江戸の人間はこうでなくっちゃ。火事や地震くらいで絶望していては、江戸ではオマンマを食べていけないのだ。一年ちょっとの江戸暮らしだったが、俺にはそれが身に沁みて分かるような気がした。

(→九六ページ)

## 3　江戸の災害

江戸の町のように多数の人びとが集まって住んでいると、さまざまな災害が身におよんでくる。しかも、こうした災害によって、今まで幸せに暮らしていたものが、突然貧困の中に落ちこむことも珍しくないのである。都市での生活は危険に満ちているが、それでも人びとは生活の知恵を生みだし、たくましく生きぬいているのである。災害を分類してみると、地震・風害・水害・飢饉（それにともなう米価や物価高）・疫病・火事などとなろう。これらを天災と人災に分けることもできるが、多くは天災であって、それが人口密集地帯であるがゆえに被害が大きくなっていくのである。そのなかでも火事は、失火や放火を問わず、人間生活のなかから生まれた人災であると言うことができる。そこで、ここでは〈江戸の華《はな》〉と言われた火災について考えてみることにしよう。江戸の火災は、その規模や件数において、世界第一であったと言ってよいだろう。記録されているものだけでも、現在千八百件の火災が確認できる。なかでも明暦三年（一六五七）の振袖火事は江戸の広範囲の地域を焼失し、江戸幕府に大きな打撃を与えた。以後、防火のための種々の方策がたてられたが、それほど効果があがったわけでもない。大火事が起きるたびに振袖火事から何年目というように数えられ、大火事の番付が作られたほどである。

明和九年（一七七二）にも目黒の行人坂《ぎょうにんざか》から出火した大火事があった。大火災になると板や材木をはじめ諸物価や職人の賃金などが高くなり、焼け出された人びとのみならず、焼けない者たちも生活が圧迫された。明和九年の火事で大変に「迷惑」したと語呂合わせも行なわれたが、他方では火事のおかげで職にありついたり、金もうけをする人びとも少なくなかったのである。江戸の火事が全国の内需拡大に一役かっていたというのは皮肉な事実なのである。

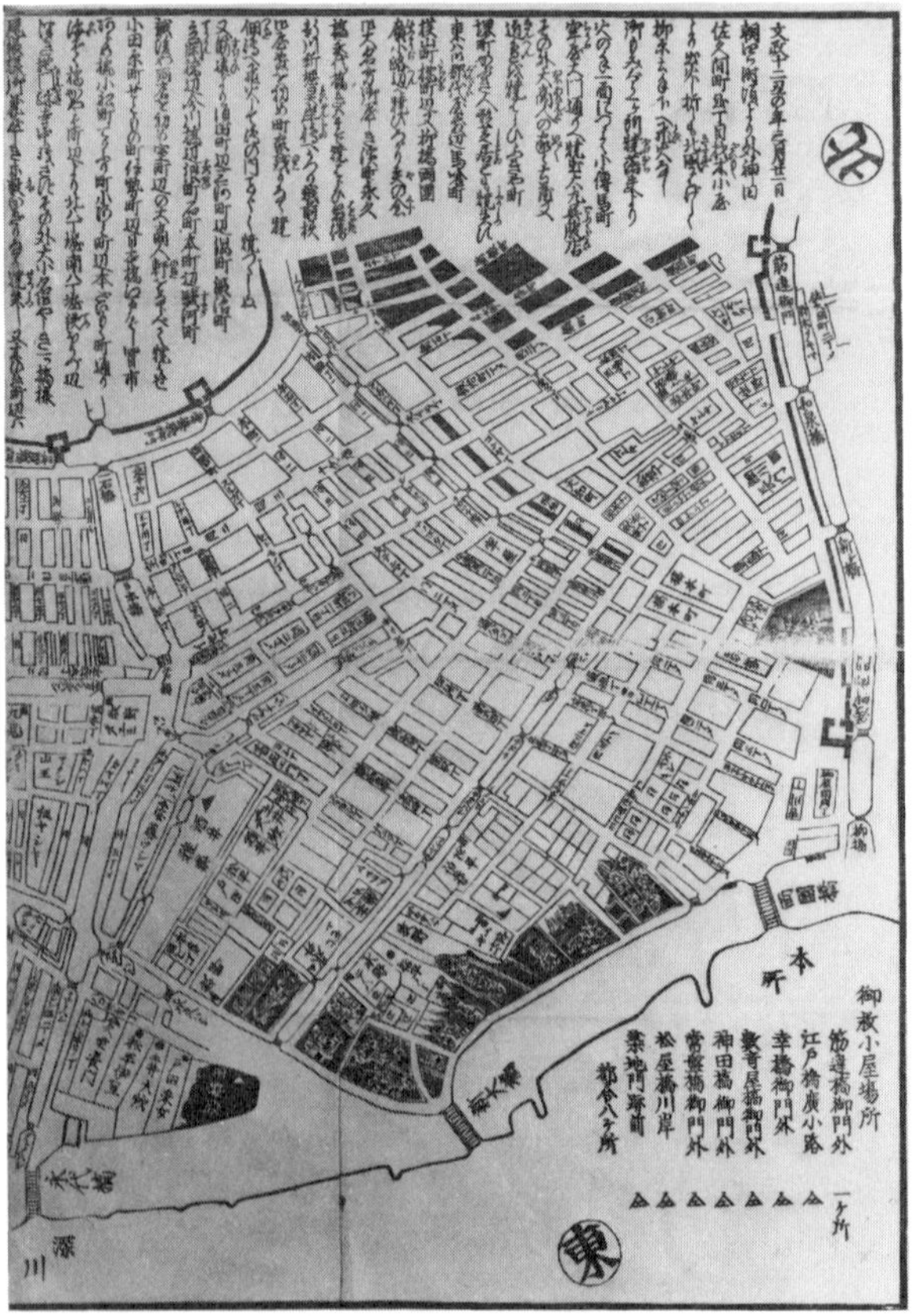

外神田佐久間町火事〕（東京都立中央図書館所蔵）

明和の大火以来と言われたのが、文政十二年（一八二九）三月二十一日の大火であった。この日の午前十時過ぎ、神田佐久間町二丁目の河岸にあった、材木屋尾張屋徳右衛門所有の材木小屋から火がでた。折からの西北風によって、日本橋から京橋、芝まで延焼した。武家屋敷や町家が多数焼けたが、掘割の船や橋も焼け数千人が死亡した。葺屋町・堺町の芝居小屋も焼失している。出火の責任を取らされて、徳右衛門は〈所払い〉の処分をうけた。

ひさしぶりの大火のため、町々には情報が乱れ飛んだ。松平定信の寛政改革以来、情報出版にたいする規制は、な

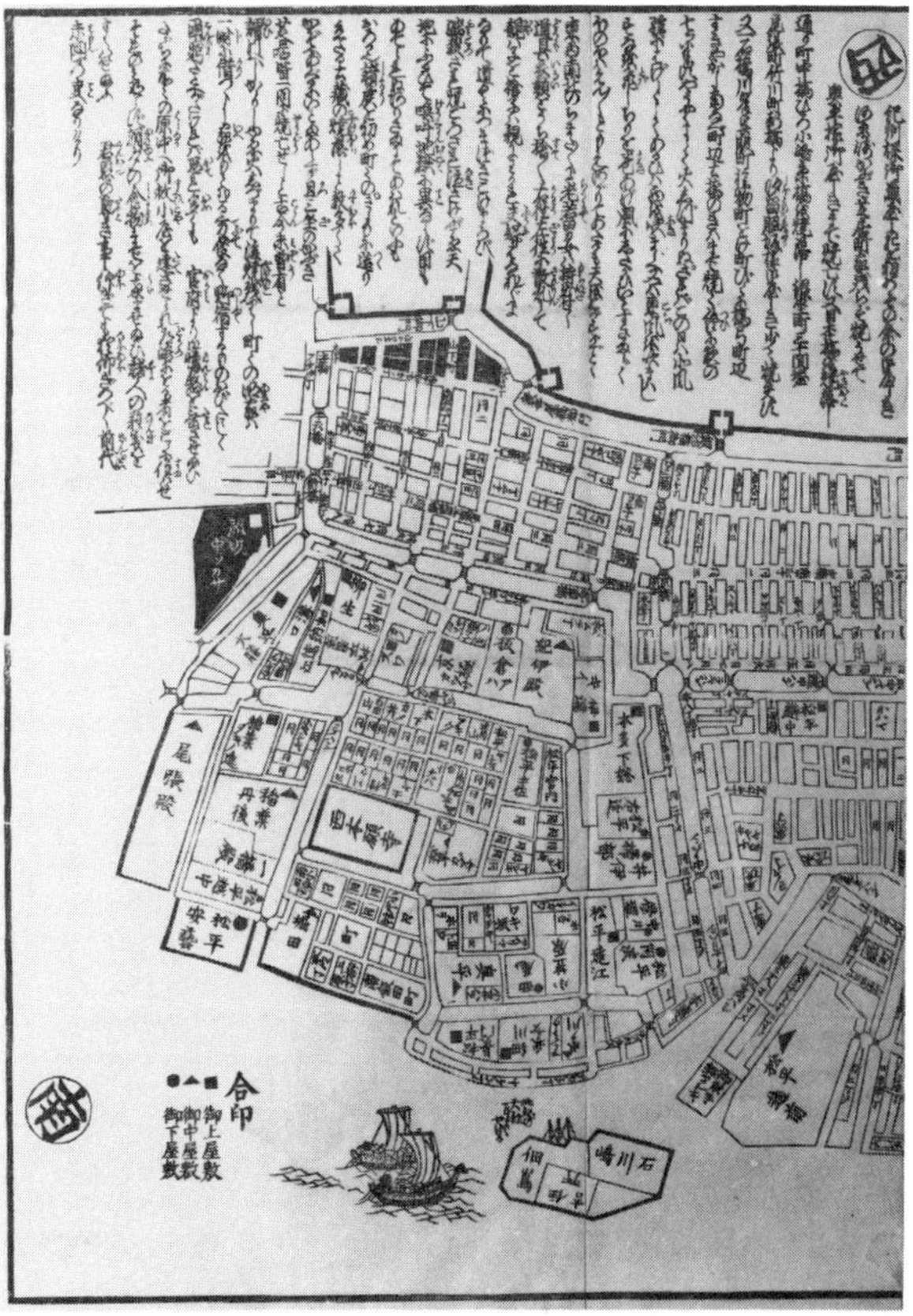

史料13　瓦版「焼場図」〔文政十二年三月二十一日，

かなか厳しく、ちょっとした印刷物にも弾圧の手がおよんだ。しかし、この大火で一挙に情報が活性化したのである。市中では各種の瓦版《かわらばん》が出版、販売されている。いわゆる「焼場《やけば》図」（史料13）と称される焼失地域一覧図をはじめ、火災の実態を皮肉った番付などが売られた。なかでも驚くべきことに、鎮火した翌二十三日には手紙文の刷り物が売られた（「春の紅葉」）。

一筆啓上仕り候、去廿一日神田佐久間町より出火これ有り、別紙絵図面の通り町々類焼仕り候、先々《まず》私事無事に

これ有り候間、御案下《ごあんじ》され間敷《まじく》候、以上

という文章で、買った者は、このあとに日付と追伸を書き込んで送ることができた。別紙絵図面とは、さきの「焼場図」のことであろうが、これを売る者は筆や墨も提供するという便利なものであった。さらに、火事の当日松平定信やその他の大名が避難の途中で、逃げまどう人びとを殺傷した事件もあり、「越前・越中　切捨餅」などと皮肉を記した菓子（火事）の落書《らくしょ》なども多数つくられている。

この大火の結果、建築材料である板や材木をはじめ、多くの品が不足して物価が上昇した。このため被害に会った人びとのみならず、一般の人びとのなかにも困窮者が増加したと言われている。そこで翌十三年（一八三〇）二月に、平日の火の元注意をはじめとして、大風の場合には商売を休業し、火の用心に専念するよう町奉行からの指令が出された。さらに、火の元の「掟書」が作られ、町々の木戸番屋や表店をはじめとして、裏店の場合には路次口へ張っておき、十分に注意するようにと命じられている。

【史料14】

火の元掟ケ条書

一　火の元麁末《そまつ》に致し候者は早々地立て、店立て申し付くべき事

一　風烈の節は町々にて御用の外は堅く他出致さず、火の元のみ相守り、屋根上庇《ひさし》したみ等は水打ち、有合せの桶其外の水を汲み溜め置くべき事

但し屋根上の防ぎのため、梯子《はしご》幷びに水籠・水鉄砲等用意致し置き申すべく候

一　平日も竈《かまど》はいふに及ばず、二階物置等も惣じて目遠き場所はたへず見廻り、夜中はねふし候節、家内を改め、消炭其外を得と見届け申すべき事

一　湯屋を始め大火を焚き候渡世は猶更、建具屋・舂米屋《つきごめや》はかんな屑・わら灰等、幷びにわら商売の者は其品別

して心付くべき事
一　ぶら挑灯と唱え候品より度々出火致し候儀これあり候間、用い候度毎念を入れしめし申すべき事
一　普請小屋は昼夜油断なく見廻り、其外河岸地物置等は別して心付け申すべき事
一　手過ち致し火もへ立ち候はば畳にておふひ消し申すべし、尤声を立て近所江しらせ申すべき事
一　出火これあり候はば屋根上、其外飛火の防ぎ第一に致すべし、以来遠方よりの出火にて飛火いたし、夫《それ》より焼募り候はば火元と同罪たるべき事
一　出火致し家根上江もへ抜け、又は飛火にてもへ立ち候節、近所の者共早速打消し候はば、其町内隣町より其者共え格別の褒美《ほうび》遣すべき事
但し右出銀手当は地主共幷びに表店の者共申し合わせ、常々積置き申すべく候、尤次第に寄り、月番の番所江訴え出で申すべく候、時宜《じぎ》に寄り褒美とらせ申すべく候
一　火の番行事は町内を度々見廻り申すべく候
一　風烈の節は名主も支配内見廻り、火の元怠らざる様に申し付くべき事
一　平日水溜桶用意致し、水かわかざる様、たへず汲み入れ置き申すべき事
一　名主共組合の内弐三人宛申し合わせ、常々支配内火の元等互に心付け、軒近き所江火所を拵《こし》らえ、其外火の元不用心に相見え候所は其名主共見廻り、直させ申すべき事
右の条々急度《きっと》相守るべし、相背き候はば罪科たるべきもの也
　寅二月
以上のように、非常に具体的な規定である。火事の原因になるような商売をはじめ、ぶら提灯《ちょうちん》や消炭《けしずみ》など、実際に火災を起こしたケースの多い事例を取りあげて注意している。また火の元に注意しない者は、その場所から追い出す

とか、飛び火を受けた場合にも火元と同罪とするなど厳しい取極めがみられ、他方では消火活動が成功した時の表彰にまで触れているのである。

こうした町ぐるみ、支配の名主ぐるみの防火体制の強化は、ともすれば貧富の差が拡大し、統制が行届かなくなりがちな町共同体の責任体制を何とか維持していこうとする町奉行（幕府）の意図を示している。しかし、同時に江戸全体の消火体制を武士の火消に頼ることが不可能となり、町火消に依存せざるを得ない状況にありながら、町火消人足が消火に熱心ではないという現実を反映した掟書であるとも考えられる。それにしても、この掟書が文政期だけのものでなく、嘉永五年（一八五二）以降安政四年（一八五七）まで続く特別な警火取締りの時にも再令され、それなりの効果を上げた点も指摘しておきたい。

火事という人災が、江戸の住民の生活に大きな影響を与えたことは、すでに見たとおりである。明治以降をも含めて、これだけ長期間にわたる都市災害は世界の都市史のなかでもほかに存在しないだろう。そのような観点から、江戸の火災というものを広く眺めて見ると、まだまだ解明すべき点が少なくないのである。そして、こうした都市住民の意識が、現在でも我々の潜在意識のなかに受けつがれていること、それが都市生活のあり方に影響を与えていることをも考えてみる必要があるだろう。

## 4　江戸の「会」

幕末から明治にかけて、文人たちの活動は、書画詩文を愛好する広汎なアマチュアの形成を背景に、ますます活発化する。高踏な玄理を論じ清雅な境地に遊ぶことより、愛好者たちの眼前で即席で詩句を詠み、あるいは一気呵成に書画を書きあげてみせる、パフォーマーとしての文人社会の成立である。

三河田原の藩士で画業から洋学にわたる幅広い活動で知られる渡辺崋山《かざん》（一七九三―一八四一）も例外ではない。天保二年（一八三一）、相模国に遊んだ崋山は、途中武州荏田《えだ》（現、神奈川県横浜市緑区）で宿の主人に乞われ、酔いに乗じて数十枚の

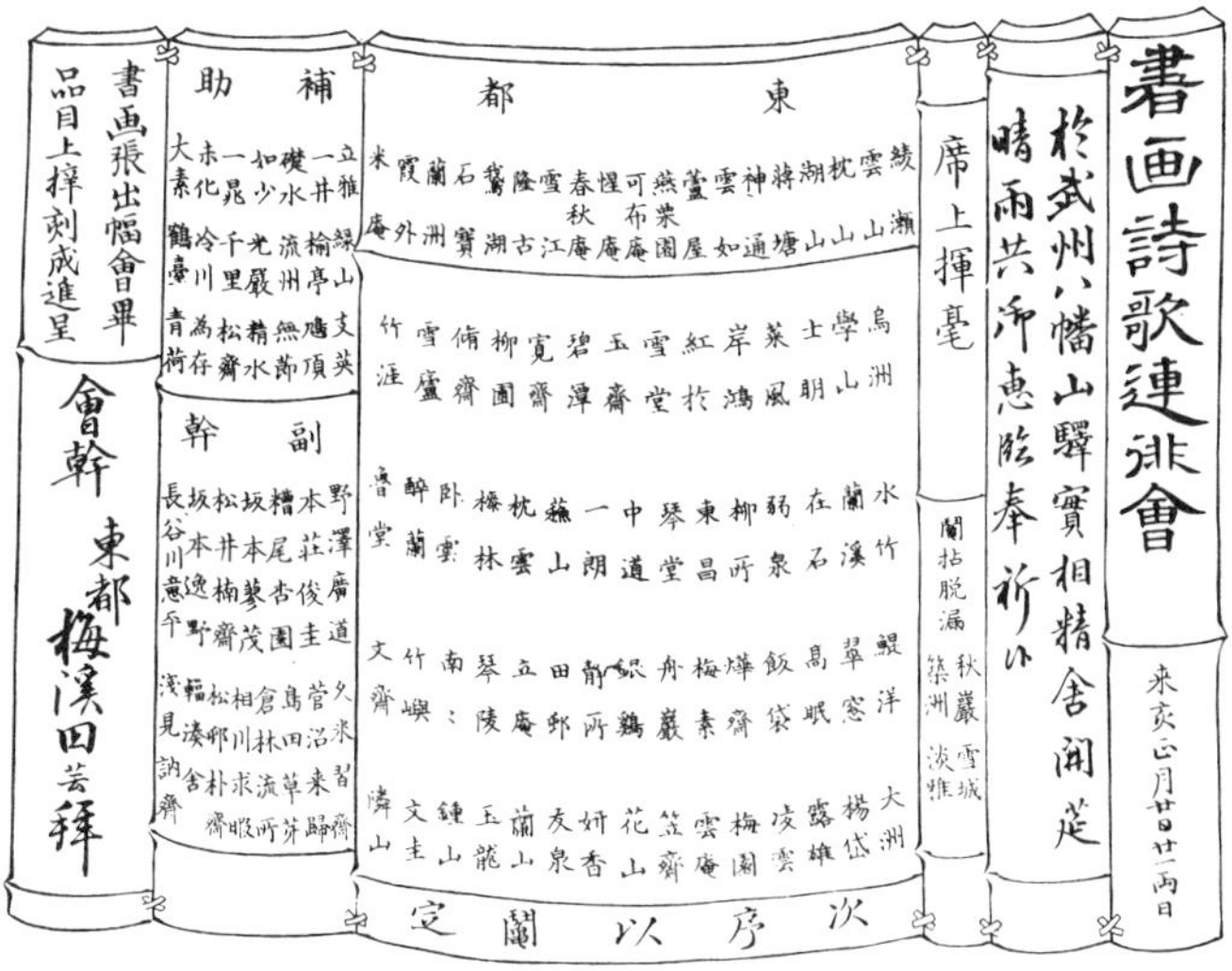


**史料15** 「書画詩歌連俳会」の案内チラシ
（『雪江先生貼雑』より）

画を書きちらしたし、翌年、下野足利でも「酔後一掃灑白何事を作るをしらざる也、紙扇堆然《たいぜん》、紙をゑかくにものうく、たゞ扇面画を作る、其かずをしらず」と、うず高く積まれた画紙や扇面に、酒気を帯びながら、それこそまたたく間に書画を仕上げている。崋山を取りまく愛好家たちは、こうした著名な文人の早業《はやわざ》に、驚嘆をもらし快哉の言葉をなげかけた。その雰囲気は、まるで芝居小屋で役者と観衆がかもしだすそれと変わらない。

変わらないといえば、観衆の中で書画を仕上げるパフォーマンス（書画会と呼ばれることが一般的である）には、それによって金銭を得ようとする興行的性格が色濃かった。『南総里見八犬伝』の著者曲亭馬琴《きょくていばきん》（一七六七―一八四八）が、天保七年（一八三六）、自分の古稀《こき》を記念して催した大書画会など、まさに興行以外のなにものでもない。馬琴は孫の太郎のために御家人《ごけにん》株を購入しようと思っており、とにかく金が欲しかったのである。会を催すに先立って、案内状や配

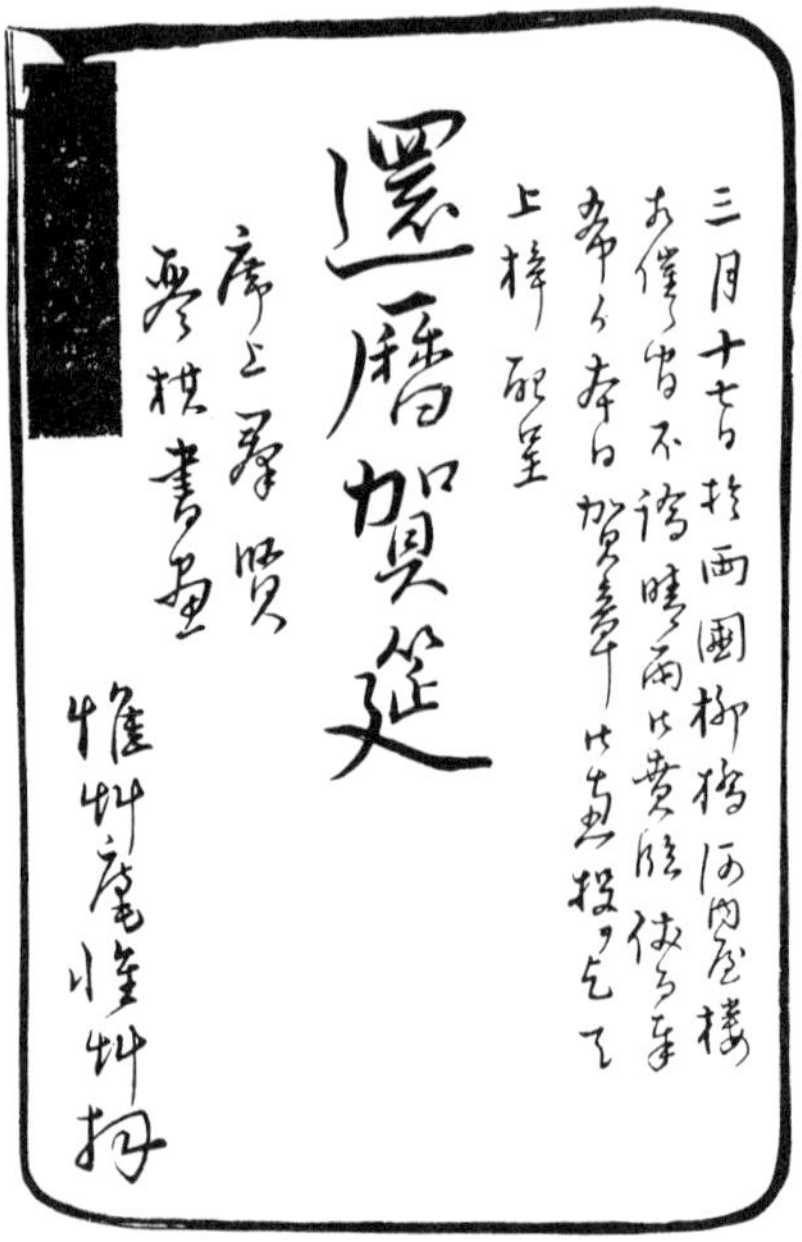


史料16　還暦案内状
（『雪江先生貼雑』より）

り物を用意しなければならずこれに五、六十両も費されたが、当日は前夜の雨もあがって恰好の〝書画会日和《びより》〟となり、会場の料理屋柳橋万八楼ははじめ三百人分の膳をととのえていたものの、まったく間に合わないほどの大盛況。八、九百人がおしかけた会場は立錐《りっすい》の余地がないほど混雑したという。ところが馬琴は、いまひとつ不満をぬぐいきれない。会の祝儀は百数十両にのぼったが、諸経費を差し引くと、純益は四十両ほどになってしまったというのである。

馬琴の古稀大書画会の会場となった万八楼は、同じ柳橋の河内楼と並ぶ書画会のメッカだった。書画会は、文人たちが書画の筆をふるうだけでなく、これらの料理屋で酒食が供され、さらには籤《くじ》引きや芸者たちの余興さえあわせて行なわれる雅俗とりまぜた総合的な娯楽場の様相を濃くしていく。いきおい会の主人公の文人たちも、学問的にすぐれているとか俗塵を超脱している人々ではなく、世間に名の聞えた人々＝〝聞人〟がもてはやされるようになった。〝聞人〟たちは、まるで歌舞伎役者のように位付けされ、聞人人名録（著名文化人名簿。あるいは美術年鑑とも相通じる）があいついで出版され、こうした風潮を助長するようになった。

雪江《せっこう》先生こと関思敬（字《あざな》を弘道、一八二七－七七）も、こんな時代の〝聞人〟の一人である。関家は明和二年（一七六五）に没した関思恭の時から土浦藩に儒学と書をもって仕え、代々書道の家として世に聞えた。思恭から数えて五代目にあたる雪江も、天保八年に十六人扶持を与えられ家芸である書道に精進するよう申付けられた。書ばかりではない。雪江は幕臣の倅《せがれ》たちと漢詩サークルを作っており、メンバーの中には詩人上田敏の祖父にあたる上田友助の名もみえる。書家としての雪江の力量は、どうも父祖たちには及ばなかったらしいが、雪江は後世のわれわれのため貴重な史料をのこしてくれた。すなわち『雪江先生貼雑《はりまぜ》』というのがそれで、書画会・展覧会など幕末の江戸で開催されたさまざまの「会」の案内状や大小暦、料理屋の新装開店の口上書等を、紙に貼りつけ保存したものである。

右にあげたのは、『貼雑』に貼られた、二百数十枚にのぼる刷物等のうちの二枚。**史料15**は武州八幡山（現、埼玉県児玉郡児玉町）で催された「書画詩歌連俳会」の案内ちらし。書画会と詩歌俳諧の集《つど》いをあわせて開催するというのである。「亥」は嘉永四年（一八五一）、当日筆を揮う文人先生たちの中には、大沼枕山や市河米庵らにまじって雪江の名もみえる。

**史料16**は惟艸（草）庵惟艸の還暦賀筵（還暦祝賀会）の案内。刷り物左上に貼り紙で「雪江先生」と記され、雪江のもとに届けられたものであることがわかる。案内の文面は、「三月十七日於二両国柳橋河内屋楼一相催候間不レ論二晴雨一御賁臨《ひりん》伏而《ふして》奉レ希候、本日賀章御恵投ヲ乞て上梓配呈」、「席上群賢／琴棋書畫」――場所は柳橋河内屋、天気のよしあしにかかわりなくどうかご来臨下さい、当日会場で詩文を草していただき、後日出版してお配りします。会には名だたる方々がお集りになり、琴を弾じ棋を囲んで書画に親しむ文雅な趣が満喫できます。惟艸庵惟艸拝――。

# Ⅳ　村へ帰る

村に戻って早速「寺」に駆け込んだ俺は、住持様や村役人衆、それにもちろん養父母の尽力で、すんなりご赦免となり、百姓の倅として復帰することができた。村に帰住することが叶《かな》ってから数日後、俺は若者頭の熊蔵のところに復帰の挨拶に出かけていった。挨拶が済んだので帰ろうとしたとき、若者頭は俺に相談を持ちかけた。

相談というのは、こういうことだった。現在若イ者連中が所持している祭りの道具は、いいかげん古くなり、汚損も目立つので、そろそろ新調したい。ところが先立つものがない。親父の名主に相談したところ、「古いので十分」とにべもなくはねつけられてしまった。たしかに村の連中だけの目に触れる祭りならば少々汚れていても構わないのだが、最近は、周辺の村々の若者連中も「酒代」とか「樽代」という祝儀を持参して大勢押しかけてくるし、遠くご城下からも見物にやってくる。なのにあまり貧相な祭りを見せては、若イ者連中の面子が丸つぶれとなり、ひいては村全体の評判にもかかわるだろう。

そこでここ一番、広い世間を見てきたお前の知恵を借りたい。何か金儲けのうまい方法はないか、というのだ。

だしぬけにそういわれても、すぐさま妙案が浮かぶものではない。第一それほど金儲けに聡かったら、とうに俺は江戸で成功していたはずだ。でもせっかく相談してくれたのだから……、俺は無い頭をひねってみることにした。

江戸には富籤《とみくじ》というのがあって、これに当たれば一攫千金、祭りの調度品など苦もなく新調できるだろう。しかしまさか若イ者連中が出かけていって籤を買い漁るわけにもいかないし、よしんばそうしたとしても、当たる確率は恐ろしく少ない。もっと確実なのは、頼母《たのも》子《し》講《こう》を開いて入会者から金を集めることだ。でも若イ者が〝親〟になって頼母子を催したとしても、一体どれだけの人数の入会が見込めるだろう。少なくとも村の百姓衆からは、講の〝親〟が自分の倅たちなんて洒落《しゃれ》にもならないと一笑に付されてしまうんじゃないだろうか。
取退無尽《とりのきむじん》を開くのも一つの方法ではある。俺が江戸にいたとき、幕府御家人で確か名倉藤右衛門とかいったなぁ、あんまり家計が苦しいんで親戚知人一同に取退無尽の開催を持ちかけたという話を耳にしたことがある。つまり自分が籤に当たれば、金を貰ってそのまま脱会（取退）してもいいというやつだ。要するに富籤や博奕と大差ないものだが、それだけにお上《かみ》は厳しくこれを禁止している。

では芝居興行願いを村役人衆からお上に願い出てはどうだろう。「先日の大風で村の社《やしろ》の屋根が破損したので、その修復費に当てるため此度《このたび》たまたま近くを通りかかった旅役者の一座を雇って芝居を興行したいと存じます。本来なら村の公費の中から修復費を捻《ひね》り出さねばならないのですが、ここ数年不作続きで〝村方一統甚《はなはだ》困窮〟の折から、やむなく右の段お願い申し上げる次第です」――。

村の氏神社の修復というのと、偶然通り掛かった旅の一座というのが、この願書のミソである。事実この間の大雨の際にお社は雨漏りがしたというから、右の文面はまったくのウソではない。また役者たちが偶然通りかかったかこちらで呼んだかなんてことは、一座の連中と口裏を合わせてしまえば、わかりっこない。不作続きというのも本当で、ここ数年、米の収穫量は確かに減少しているようだ（といってもこれは、もっと金になる作物の栽培や宿場の日雇い、往還稼ぎなどの副業に力をいれているためだということだが）。さらに芝居の当日、〝御役人桟敷《さじき》〟という特等席を設けて藩の役人を招待すれば、申し分ないだろう。

俺が芝居興行のプランを話すと、若者頭は、「よし、それにしよう」と掌を打った。

（→一〇八ページ）

# 1 無　尽

無尽《むじん》・頼母子《たのもし》は「相互扶助」「相互融通」を主たる目的として結成された金融講のことをいう。頼母子は鎌倉時代から、無尽は室町時代からそれぞれ始まっていたとされるが、両者の性格やしくみがほとんど同じであるところから江戸時代には同一のものとして取り扱われた。関西地方で頼母子、関東地方で無尽と呼称されることが多いともいわれるが、両者に厳密な区別があるわけではない。なお、江戸時代初期には、貨幣ではなく米などを持ち寄って無尽を行なっている例もみられた。また、屋根替無尽のように金銭とともに縄や人足を拠出するものもあった。

無尽・頼母子が町人や農民一般にまで広く普及し隆盛をみたのは江戸時代に入ってからのことであった。そして、貨幣経済の浸透とともに質屋や地主層の利貸経営とならぶ「庶民金融」の一つとして重要な役割を果したのである。

無尽のしくみはおよそ次のようである。親（講親・講元・会主）または発起人が、一口当りの掛金と総口数をきめて参加者（講中・衆中・連中・孒）を募集し講を組織する。講会は、年に一回から数回日を決めて定期的に開かれる。通常、初会に親が、第二会目以降は抽籤あるいは入札によって講中が講金（給付金）を取得する。全員が給付金を取得すると講は満会となって解散するが、この間に親は所定の金額を、また給付金を取得した講中は取得額に応じて算出された一定の金額を、それぞれ未取得者のために掛戻すというものである。なお、給付金取得までは掛金が順次逓減し、取得後の掛戻金額は不変であるものや、講中への割返（戻）金を設けているものなどもある。また、初会から抽籤・入札を行なうもの（親なし無尽）もあった。

給付金を取得する場合には、担保を必要とするもの（対物信用）と、しないもの（対人信用）とがあったが、必要

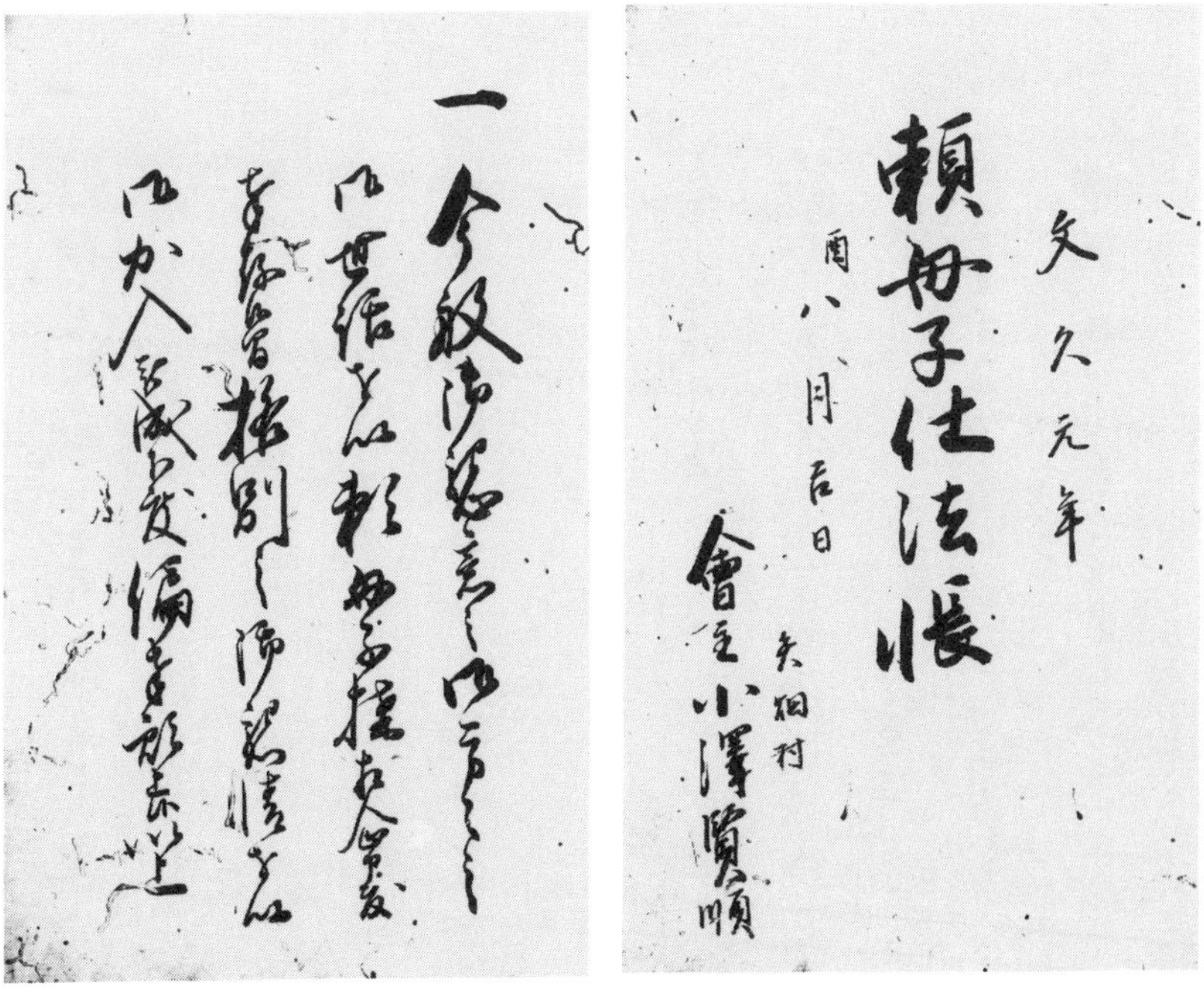


**史料 17　頼母子講仕法帳①**

としない場合でも五人組などの連帯保証を求めることがしばしばみられた。講への参加のしかたをみると、一人で一口加入することもあれば、数人で一口を加入する場合もあった。また、領主が参加したり村単位で加入するようなこともあった。規模については、参加者が数人のものから数十人に及ぶもの、範囲も一村内にとどまるものから数ヵ村、数十ヵ村にわたるものと、大小さまざまであった。

講を結成した目的も、寺社への参詣費用・修復費用を捻出しようというものから、個人の家屋建築・修繕費、営業資金などを調達しようといったもの、あるいは領主財政や村財政の補塡を意図したものなど多様である。

**史料17**は、相模国高座郡矢畑《やばた》村（現、神奈川県茅ケ崎市）の医師小沢賢順を会主とする頼母子講仕法帳の一部である。

**【史料17】**

（表紙）「文久元年

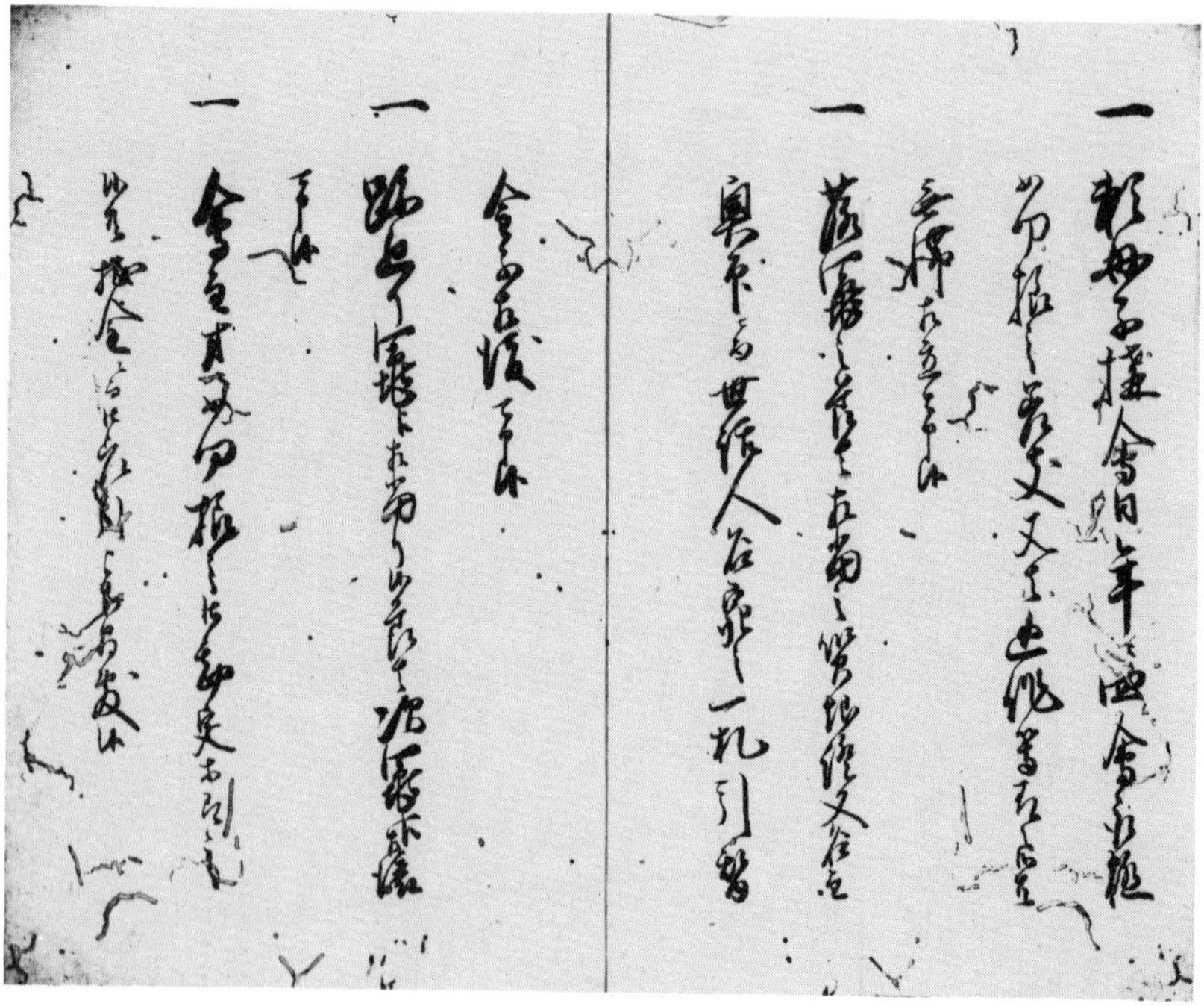

(史料17—②)

頼母子仕法帳

酉八月吉日

矢畑村
会主 小沢賢順」

一今般御懇意之御方々之御世話を以頼母子構(講)相企申度奉レ存候間、格別之御懇情を以御加入被二成下一度偏《ひとえに》奉二願上一候、以上

一頼母子構(講)会日年ニ四会取極、如何様之差支又者凶作等有レ之候共無レ滞相立可レ申候

一落鬮之節者相当之質地証文名主奥印ニ而、世話人名宛之一札引替金子相渡可レ申候

一跡廻り鬮江相当り候節者次鬮江相譲可レ申候

一会主方ニ如何様之御勘定等有レ之候共、掛金ニ而御差引被レ申間敷候

右之条々御承引之上、何卒御加入被二成下一

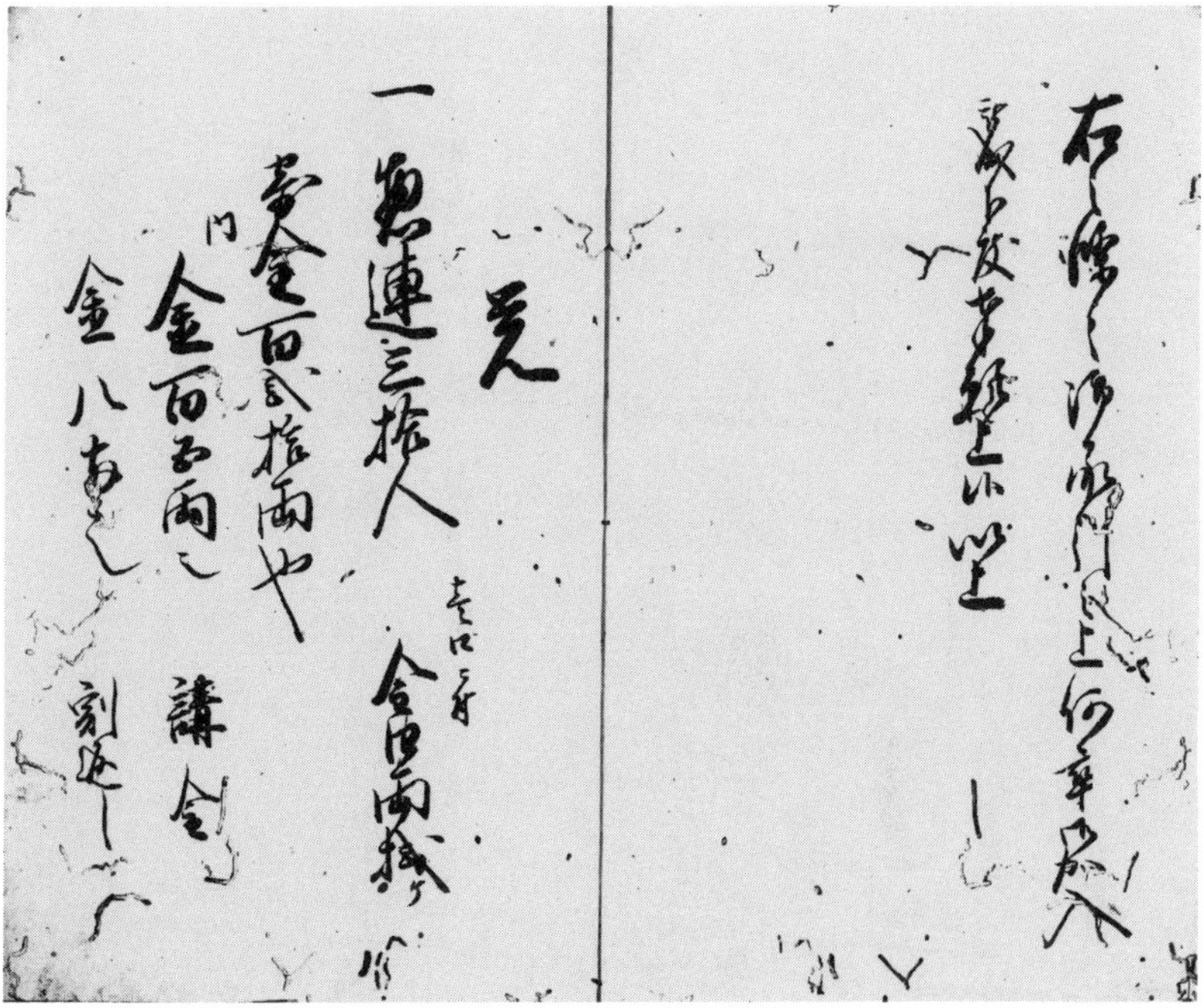

（史料 17—③）

度奉二願上一候、以上

覚

一　惣連三拾人　　壱口ニ付　金四両掛ケ

寄金百弐拾両也

内

金百五両也　講金

金八両也　割返し

金六両也　席料

金壱両也　花

右之通り仕法取極仕候得共、各々様方御出会之上、猶又可レ然候様御取極奉二願上一候、

以上　（以下会主・引受・世話人十六名略）

この頼母子講の設立意図は明示されていないが、講会は年四回、掛金は一口四両で三十口、寄金総額は百二十両というものであった。そして、寄金の中から割返し八両、席料六両、花金一両を差引いて落鬮金は百五両となる。講会はたとえ凶作であったとしても開催するとしており、講の維持に強い決意を示している。また、講金の給付を受けた者は質地証文を作成し、名

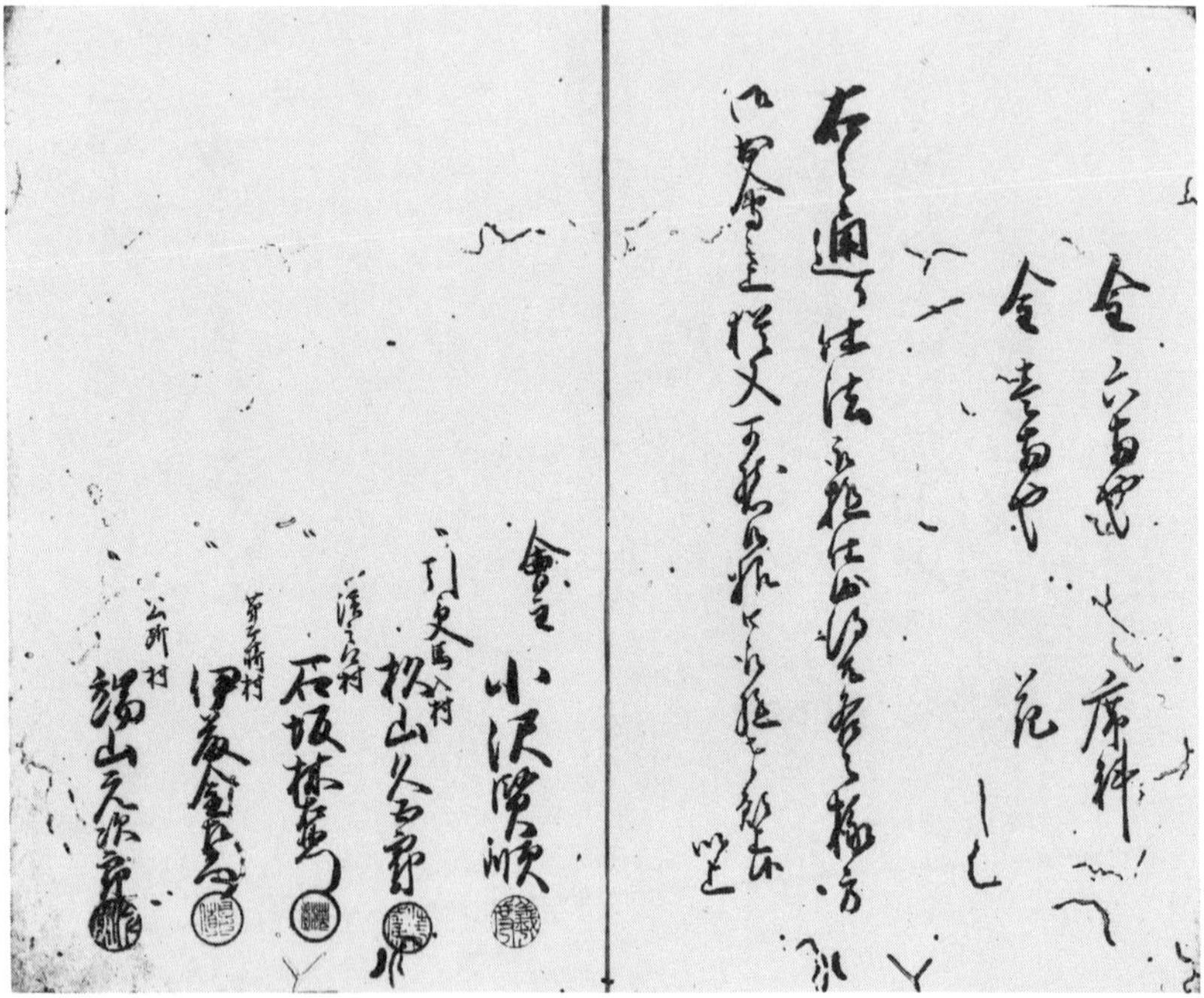

（史料17—④）

主奥印の上、世話人に提出させるなど、取退きや掛戻し金支払困難な場合に備えての対策も講じられている。さらに、掛金を個人的な取引勘定に流用することのないよう定めている。この頼母子講は、実際には口数も増加されて文久元年（一八六一）九月に開始されている。

　さて、無尽が庶民の間に普及するようになると、町人の中には無尽の斡旋や掛金の収集、入札の世話等をする者もあらわれた。また、講金の給付をうけた者が以後それを掛戻すことをしない「取退無尽」も流行した。このため、幕府はこれを射幸的・賭博類似のものとみなして厳しく取り締った。寛保元年（一七四一）の「取退無尽御仕置例」によると、江戸の場合、取退無尽宿を行なっていた者や頭取金元をしていた者は遠島、鬮振り等世話やきの者は家財没収の上、江戸払、札売りの者は家財没収の上、非人手下、等の処罰を受けた。さらに、取退無尽宿・頭取の家主は家財没収の上、百日手鎖《てぐさり》、その五人組

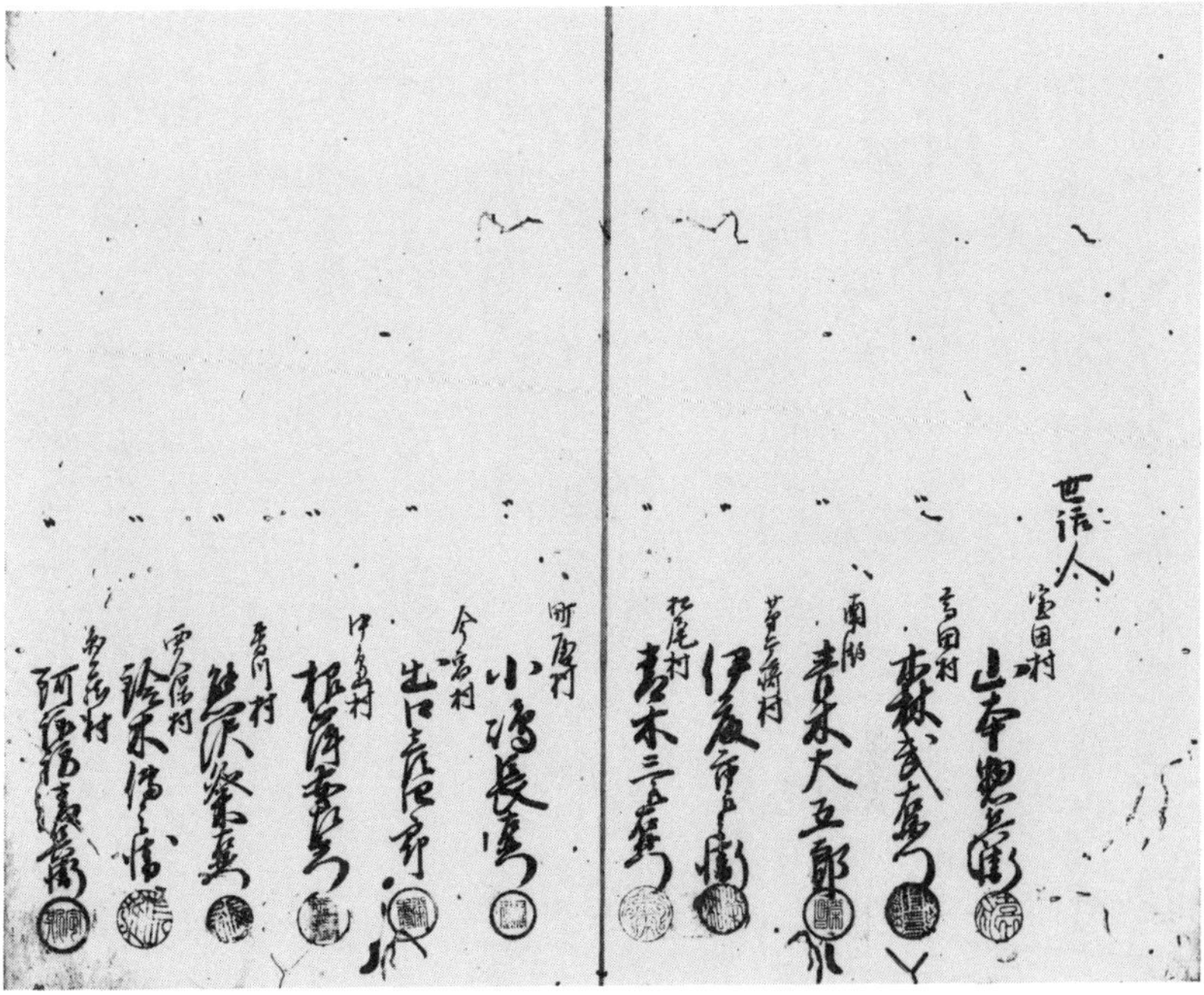

(史料17—⑤)

や支配名主も家財没収や五十日の押込《おしこめ》、宿や頭取を行なった者が住居していた片側一町は二十日間の戸〆、向側一町は過料、それらを置いた地主は地面取上、等々の処分をうけた。

ところで、無尽・頼母子は「相互扶助的」なものといわれ、自己防衛的側面が強調される。しかし、無尽・頼母子をそのようにのみ理解してしまうことには問題があろう。たしかに初会の親（講元・会主）に対する融資などについては「相互扶助的」な意味あいがあらわれている。だが、講によっては、一定回数以前の講会において講金の給付を受けた場合には、給付金・割返金の受取総額が拠出金の総額を下回わり、逆に一定回数以降の講会で給付を受けた場合は上回わるということがあった。つまり、資金に余裕のある者にとっては無尽は高利の利殖の場を提供するものであったわけである。

「融通講」「融通頼母子講」と言われるものは、講構成員相互の資金融通や講会の利殖機能を高

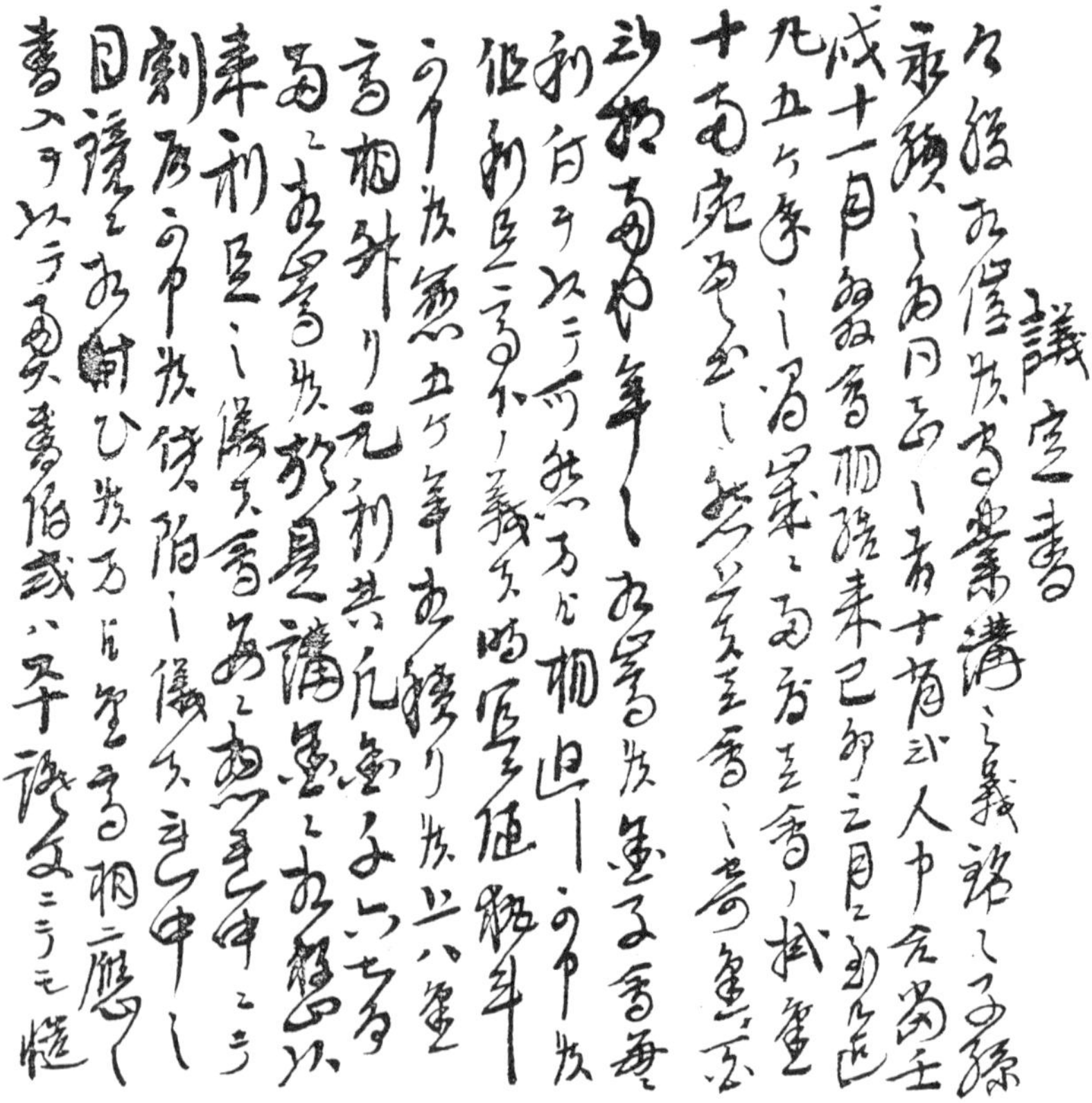

史料18　永続守業講議定書①

一後人ヲ入レ候ヘ共中ニテ主人相分り
もニ貸陥ノ...

一双方相...

（史料18—②）

文久三亥三月廿日

貸方

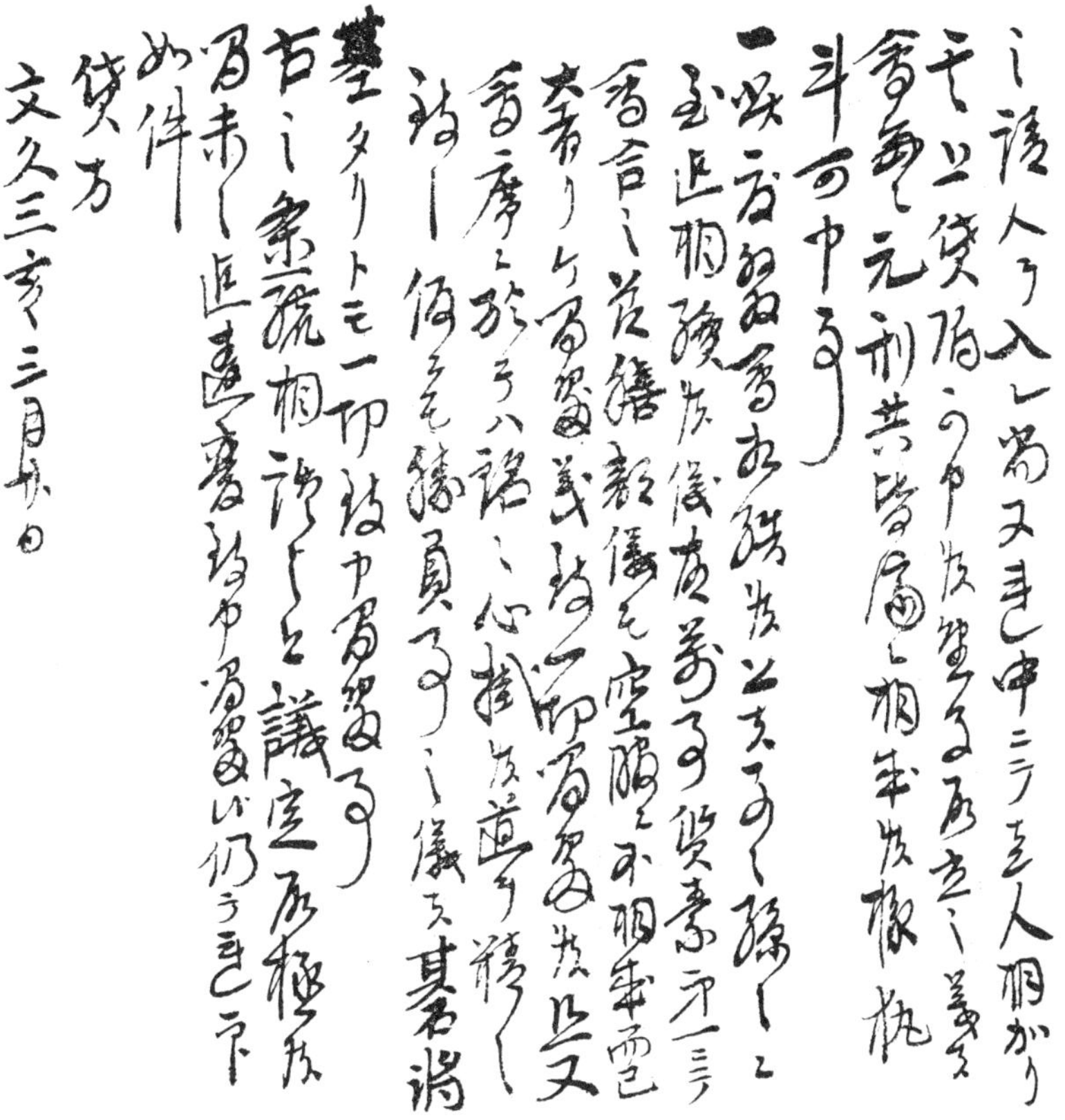

めたものであり、講金の一部を貸付金として活用し、利子分を講掛金や満会時の配当金などに充てるというものであった。講金は未給付者にも加入口数に応じて貸し付けるなどされた。無尽・頼母子も高利貸付機能が付与されて運営されたのである。

つづいて、無尽・頼母子の範疇からややはずれるが、利殖機能がさらに一段と高められた例をみてみよう。**史料18**は、文久二年（一八六二）十一月に信州小県郡《ちいさがた》において設立された「永続守業講」の「議定書」である。

**【史料18】**

議定書

今般相催候守業講之義、銘々子孫永続之為同志之者十有弐人申合、当壬戌十一月発会相結来己卯三月ニ至ル迄丸五ヶ年之間、歳ニ両度壱会ノ掛金十両宛差出し、然上者壱会之寄金百弐拾両也、年々相嵩候金子会毎ニ利付ヲ以テ可レ然方江相廻し可レ申候、但、利足高下ノ義者時宜ニ随執計可レ申候、愈五ヶ年相積リ候上ハ金高相升リ元利共凡金子千六七百両ニ相嵩候、於レ是講金ニ相整以来利足之儀者会毎ニ惣連中ニテ割取可レ申候、貸附之儀者連中之目鏡ニ相叶ひ候方江金高相応之書入ヲ以テ奥書附、或ハ本証文ニテモ慥之請人ヲ入レ、尚又連中ニテ壱人相加リ其上貸附可レ申候、金子取立之義者会毎ニ元利共皆済ニ相成候様執計可レ申事

一　此度発会相結候上者、子々孫々ニ至迄相続候儀故、万事質素第一ニテ会合之節膳部儀モ空服（腹）ニ不ニ相成一而已奢リケ間敷義致ニ一切一間敷候、且又会席ニ於テハ銘々心掛候道ヲ精々致し、仮ニモ勝負事之儀者碁・将基（棋）タリトモ一切致申間敷事

右之条一統相談之上議定取極候間、末（未）々迄違変致申間敷候、仍テ連印如レ件

これによれば、講中十二人は「子孫永続之為」毎会十両を年二回五ヵ年間拠出し、講はこれを貸付金として運用し、満会時までに元利合計一千六百〜一千七百両を蓄積して、講中に配分しようというのである。貸付先は、「連中之目

鏡ニ相叶ひ候方」とし、借受の際には相応の担保と請人を必要とするとしている。この講の場合ははっきりとは区別されていないが、同地域で安政四年（一八五七）二月に設立された「永続講」の「議定書」では、「講金取廻し貸付之義、講中之内江貸候儀決而相不レ成候、他江貸出し慥成受人を加江相当之引当受取置、年々両度ツヽ元利取立可レ申事」とし、積立講金の貸付先を講構成員外に限定する。ただし、年数がたって五両以下で借受人がいない場合には入札で講中が借り出してもよいとした。また、元治元年（一八六四）三月設立の「永続択善講」も、「講中ニ而ハ決而借受申間敷候、尤貸余リ金子ハ以二入札一高札之者へ預ケ置」とした。これら三例は、相互融通というより利殖を目的としたものであることがはっきりしている。そして、収奪対象を講構成員外に求めることで仲間の利益を確保しようとしたとみることもできる。

　無尽・頼母子といっても多種多様であり、零細な「相互扶助的」「共同体的」要素を強く含むものもあれば、高利貸付的機能や利殖機能を備えたものもあった。そして、幕末期になると、貨幣需要の強い地域では、近代の銀行類似会社へとつながるような貸金を業務とする金融講も結成されてくるのである。

田舎役者小野川玉之丞一座を迎えた晴天七日間の興行は連日大盛況。木戸銭と中売《なかうり》などを含め、百両以上の純益が上がった。若イ者連中は万々歳、村の人々も久しぶりに本格的な芝居を見ることができて、老いも若きも喜んでくれた。好天も幸いして見物は来るは来るは。なんたって七日で四千人も集まってきたのだ。

万事うまくいったはずなのに、この興行はつまらぬことから村の〝政治〟に大きな波紋を及ぼすことになった。解散した豊三郎一家の子分の一人が、こっそり村に舞い戻っていて芝居の様子を目撃し、それを八州廻りの手下に密告したのだ。たいがいの場合ならば、いくら幕府の八州廻りが村芝居の興行を厳禁していたといっても、御領主の権威をはばかって（うちの村の御領主、つまりこの辺一帯を治める藩主は将軍家の親族だった）見てみぬふりをしてくれるのだが、今回はちょっと規模が大きすぎたのかもしれない。幕府から藩に強硬な申し入れがあり、そのあおりで名主以下村役人衆が総辞職するはめになったのである。

新しい名主の決定は、村内各派の思惑《おもわく》が絡んで衆論一致がみられないことから、入札《いれふだ》で選ばれることになった。でも、だれが選ばれ、その結果村政にどんな変化が生じたか……ここでクドクド述べるのはよそう。ただこの時期の出来事のうち一つだけは断っておかなければならない。

二十六の年、俺は十八の娘と結婚した。翌年玉のような男の子が生まれた。俺は人の親になったのである。

（→一四二ページ）

## 2　入札・村役人

近世の村役人といえば、ふつうは名主《なぬし》（庄屋）・組頭《くみがしら》・百姓代の村方三役《むらかたさんやく》をいう。しかしところによっては、組頭にかわって年寄・長百姓などが置かれたし、五人組頭も村役人に準ずるものとして扱われた地域もあった。また、「名主・組頭へ百姓よりの目付」（『地方凡例録』）として置かれた「百姓代」も、名主・組頭を勤める家柄の者が独占的に勤めているところもあるなど、さまざまであった。

さて、これらの村役人が置かれるようになった時期はいつか。十七世紀初頭に編まれた『日葡《にっぽ》辞書』には、庄屋は「その土地、あるいは郡の主君の年貢を納めておく家、また、時として、その年貢を取り立てる役人で、上述の家に住んでいる人」とある。年貢取り立て役というところは後の庄屋と同じようでもあるが、それが「村」という集団・区域の役職とは思われないところが、後の庄屋とは少し異なるように思われる。農民代表としては、同辞書には名主（ミヤウシュ）が「百姓のおとな、農民の長」として出てくるが、ここでも「村」の百姓の長という説明ではない。

近世の村役人は、この辞書が作られた頃以降、すなわち太閤検地や村切りなどを契機とする近世村落の形成とともに、領主の農民支配が貫徹していくなかで設定されたものであった。畿内農村などを例に取れば、庄屋は十六世紀末頃から領主の在地支配の橋頭堡として設定され、それとともにかつて惣村運営に関与し、当時もそのような性格が強かった年寄が、庄屋を補佐する村役人に変化し（させられ）ていくのであって、それは十七世紀の中頃近くとされている。

ところで、こうした近世の村役人の成立とか、その後の彼らの性格、村運営の仕方などに大きな影響ないし規定性

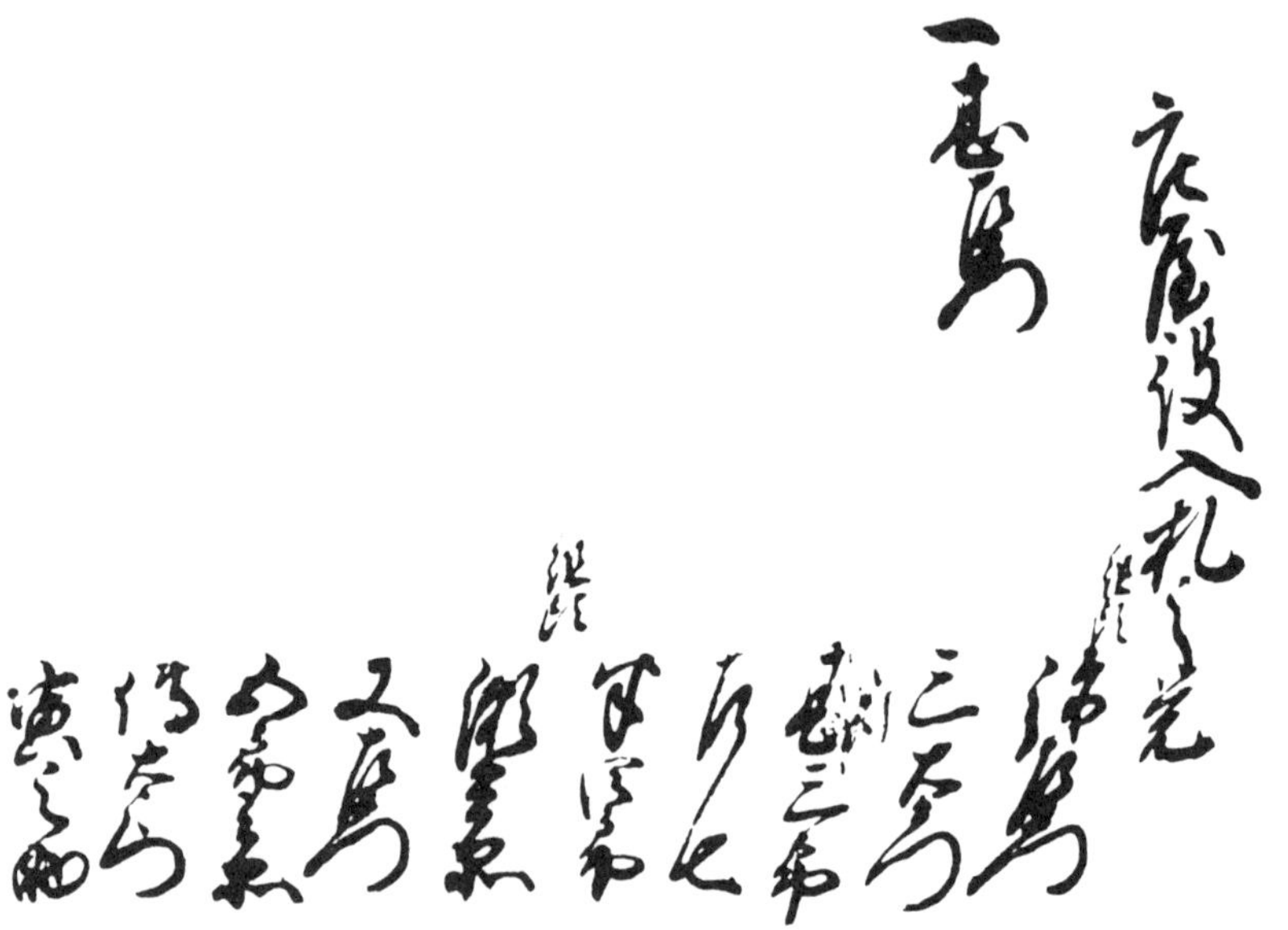

史料19　庄屋役入札の覚①

をあたえたのは、その時々の村方騒動であった。

自立しつつある小農民が、その自立を確定するために庄屋の専断的な年貢割り付けや村運営に反対する初期の村方騒動から、新興有力農民が一般農民とともに旧来の村役人層の年貢や諸懸物の割り付けなどの村方諸勘定の「不正」を追及するもの、また主に幕末期にみられる、貧農（半プロ）の村役人でもある豪農にたいする高利の借金や小作料をめぐる攻撃などを軸として展開する村方騒動など、さまざまな村方騒動が近世を通して展開している。

そしてこうした村方騒動のなかで、村役人の罷免・交替要求や、分村したり別組を作って、そこに新しく村役人を設置しようとする動きなどが出てくるのである。

新たな村役人の選出方法は、その村方騒動の性格や村役人と一般農民との力関係などによってさまざまであったが、その一つに、名主（庄屋）などを入《いれ》札《ふだ》すなわち投票で選ぶという方法が、近世中期以降、とくに幕末維新期にしばしば採られた。この入札制

（中略）

（史料19—②）

度はふつう、村民の意を反映させるもっとも民主的な村役人選出方法であったと考えられている。

しかし一口に入札といっても、入札できる階層や入札対象である候補者の選定の仕方などによって、「民主的」の中身や程度が異なる。またこのようなさまざまな入札のありかたについての実証的な研究が必ずしも十分とは思われないので、まずは個々の事例をきちんと調査・研究し、全体を把握してみることが必要ではないかと思う。

そのような事例の一つとして、次に掲げる史料は、美濃国大野郡房嶋《ぼうじま》村（現、岐阜県揖斐郡揖斐川町）で元文四年（一七三九）に行なわれた庄屋入札に関するものである。

**【史料19】**

庄屋役入札之覚

一　甚左衛門　組頭　弥左衛門

三右衛門

甚三郎

左七

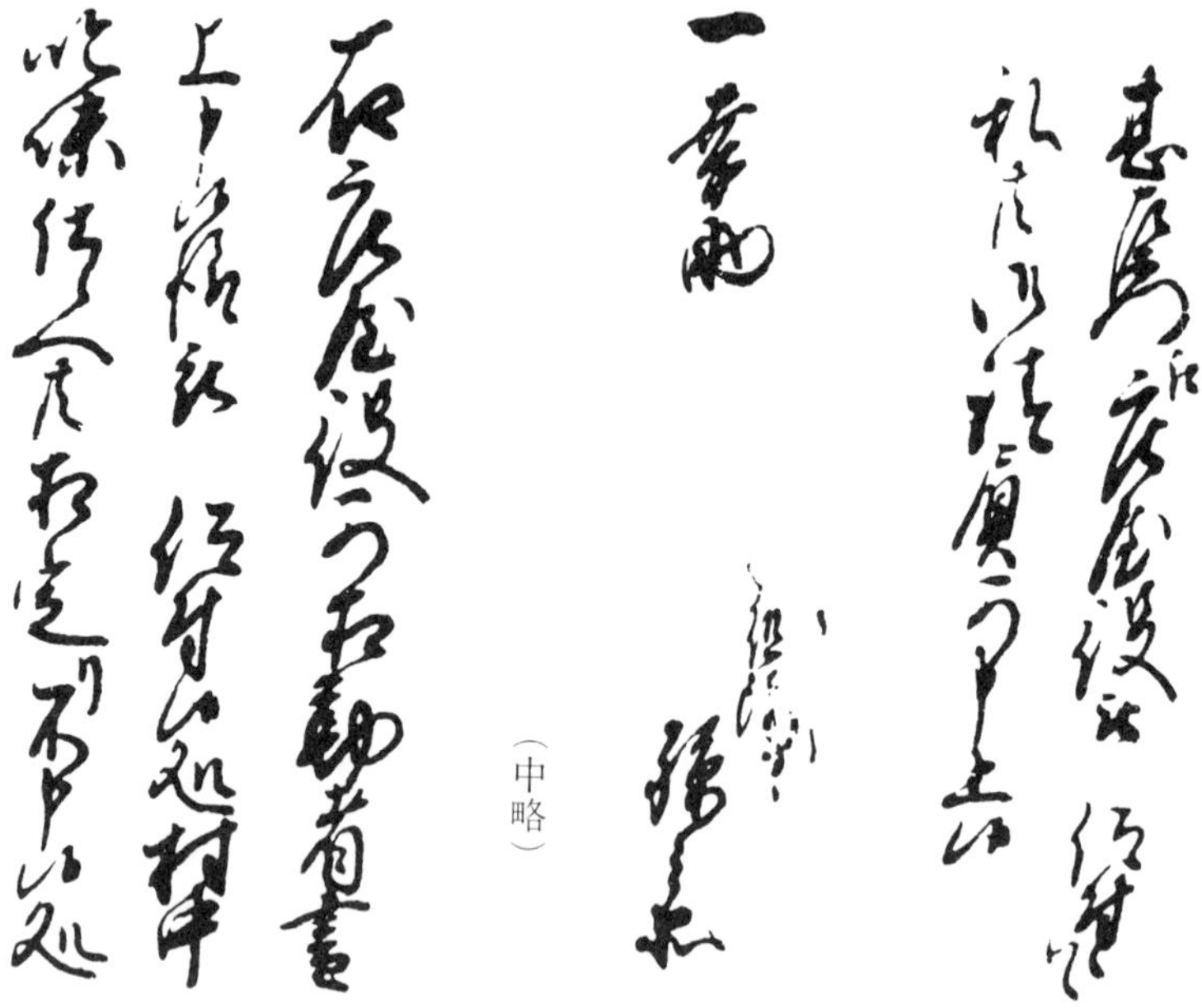

（史料19—③）

半四郎
組頭 瀬兵衛
又左衛門
五郎兵衛
伝右衛門
寅之助
組頭 忠次郎
徳左衛門
喜与七
十郎平
惣十郎
組頭 弥五兵衛
忠右衛門
文次
藤四郎
忠七

（中略）

甚左衛門江庄屋役被二仰付一候ハヽ、私共御
請負可二申上一候

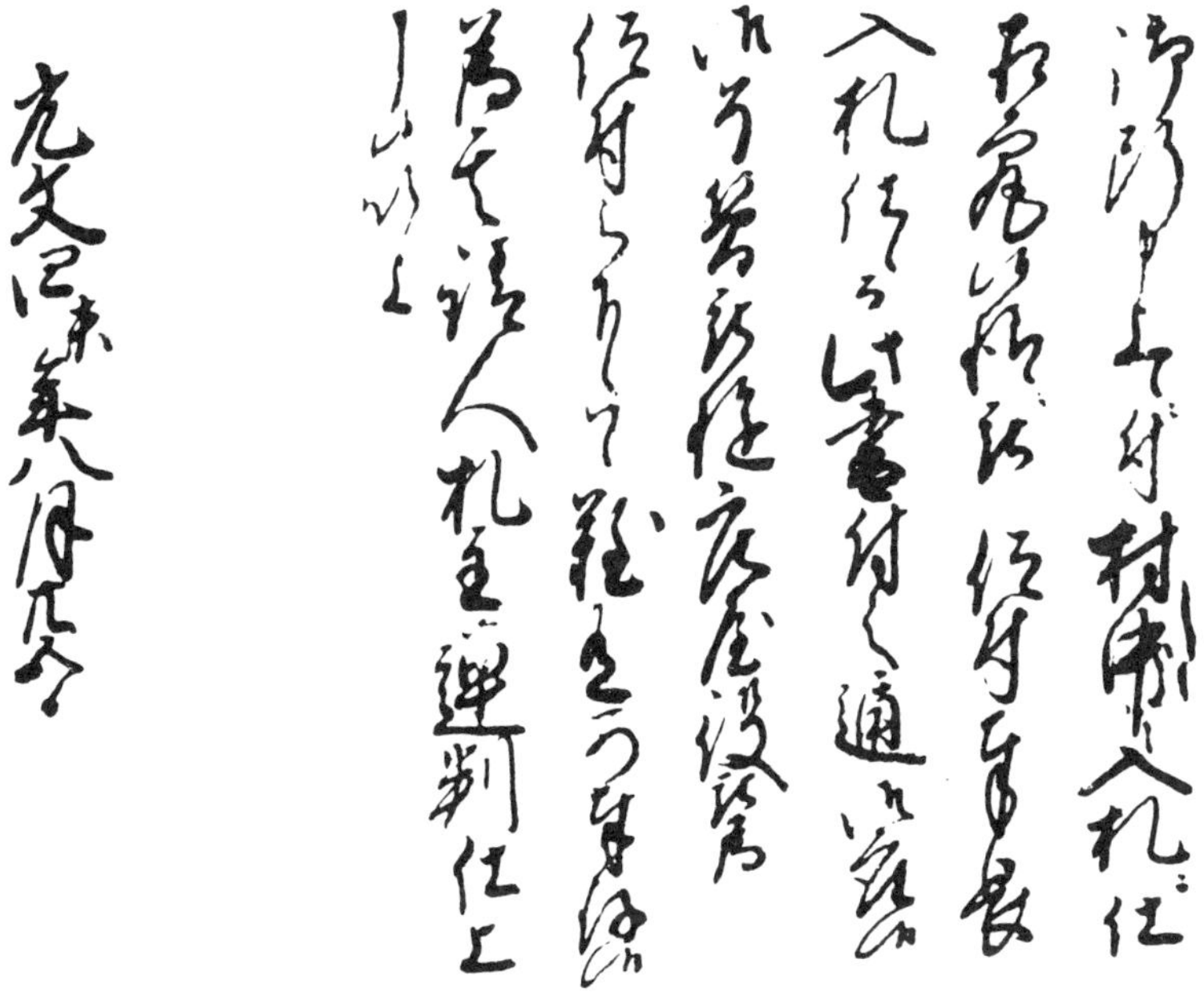

御断申上候付村中入札ニ仕
相究候様ニ被仰付奉畏
入札仕候而此書付之通御座候
御了簡被遊庄屋役被為
仰付被下候ハヽ有難可
奉存候為其請人札主連判仕上
申候以上
元文四未年八月廿五日

（史料 19—④）

一　幸助　　組頭　孫兵衛

（中略）

右庄屋役可二相勤一者書上申候様被二仰付一候処、村中吟味仕候へ共相定り不レ申候処御断申上候ニ付、村中入札ニ仕相究候様ニ被二仰付一、奉レ畏入札仕候而、此書付之通御座候、御了簡被レ遊、庄屋役被レ為二仰付一被レ下候ハヽ、有難可レ奉レ存候、為レ其請人札主連判仕上申候、以上

元文四未年八月廿五日

房嶋村組頭　瀬兵衛㊞
同　弥左衛門㊞
同　伊　助
同　友四郎㊞
同　甚左衛門㊞
同　五兵衛㊞

（以下略）

御代官衆中様

**【史料20】**

一　当村庄屋清七御役儀御願申上、御免被二仰

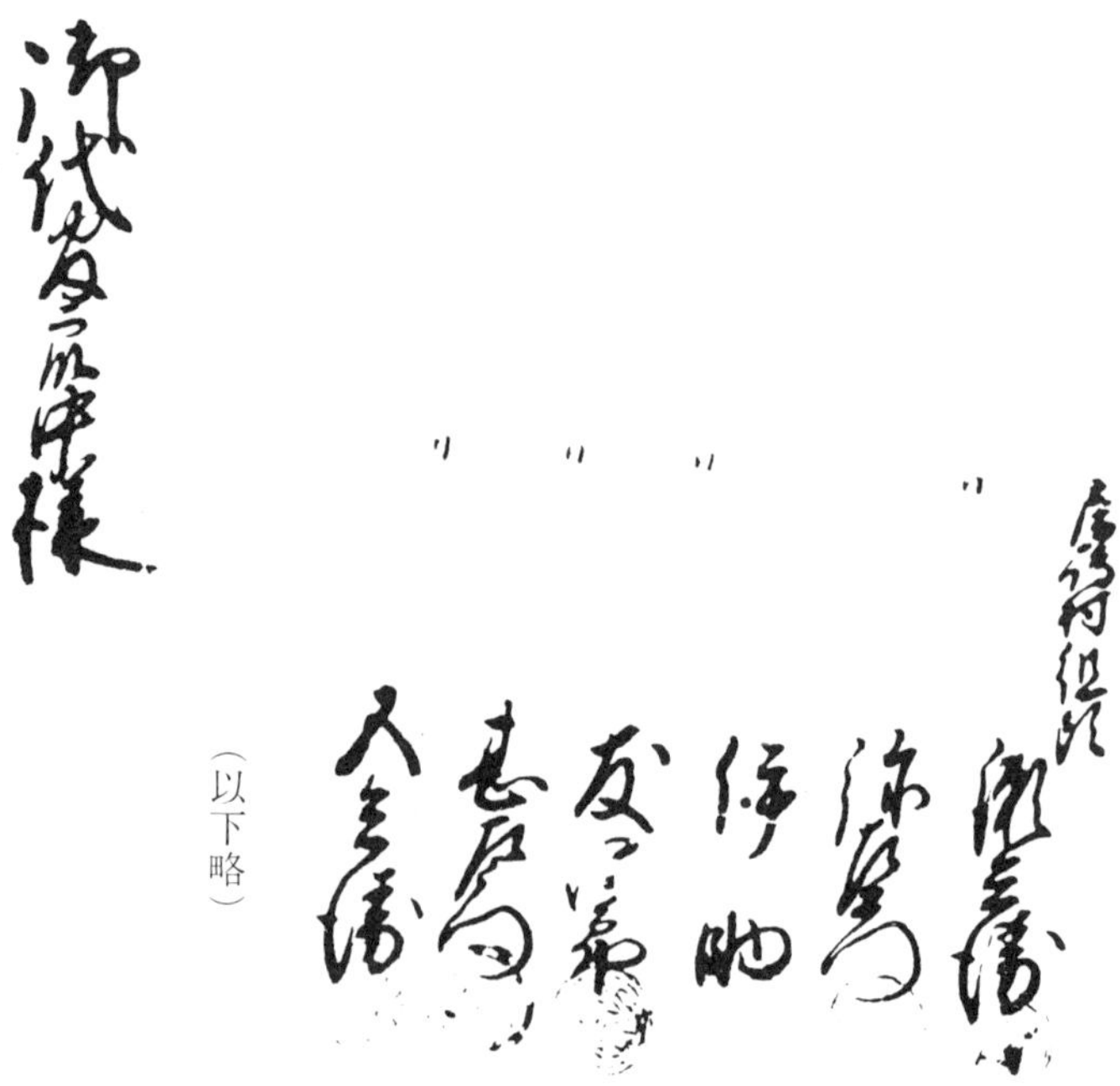

（以下略）

（史料19—⑤）

付㆒、則代役相勤可㆑申者村中相談之上、三四人も書上候得与被㆓仰付㆒奉㆑得㆓其意㆒、村方相談仕候処、相定り不㆑申候段申上、村中入札仕、則入札小帳差上ケ申候、御吟味之上、札数多候故、庄屋役甚左衛門へ被㆓仰付㆒、難㆑有奉㆑存候、然上者、右甚左衛門御役儀何ケ年相勤候共、私共御請合申上、如何様之不調法出来仕候共、私共として急度埒明　御公儀様へ毛頭御苦労申上間敷候、為㆓後々年㆒、連判之証文仕上ケ申候、以上

元文四未年
八月廿九日

請人房嶋村
弥左衛門㊞
三右衛門㊞
甚三郎㊞
佐　七㊞
半四郎㊞

御代官衆中様

（以下略）

史料**19**の庄屋入札は、庄屋清七が「庄屋役捌方」について「与中より難渋」を申し立てられて辞任したことから始まった。注目されることは、当時この村には大分の年貢未進金があって、清七の後任になり手がなく、**史料20**にあるように、領主である旗本岡田氏の代官所から三、四人の候補者を選ぶように申し渡されても、候補者を選出することができなくて、入札に持込まれたということである。さらに注目されることは、この入札は、五人組単位で推薦者を決めて入札しており、村民一人一人が自由に入札したのではなかったということである。

このように、村役人の入札が、必ずしも一般農民や下層民の強い要求によってではなく、村方の困窮などのため、誰もなりたがらない村役人を選出する「公平」な手段として、行なわれた例は決して少なくない。

また入札は、村役人選出についてだけ行なわれたものではなかった。村政問題について、一つ一つ入札で方針が決定された例もある。

**【史料21】**

一　村方定使岩吉願出候ニ付、入札

召使候札　拾三枚

見合候札　　三枚

右之通御入札ニ付、右岩吉夫婦ニ心得之事篤与為二申聞一、一札を取、定使ニ治定仕候

九月廿三日

（中略）

一　今度江戸表大地震之以来、悪党者等入来、甚用心不レ宜由ニ世間之風聞有レ之候間、五人組廻りニ而増番為レ致候而者如何之心付申候付

入札左ニ

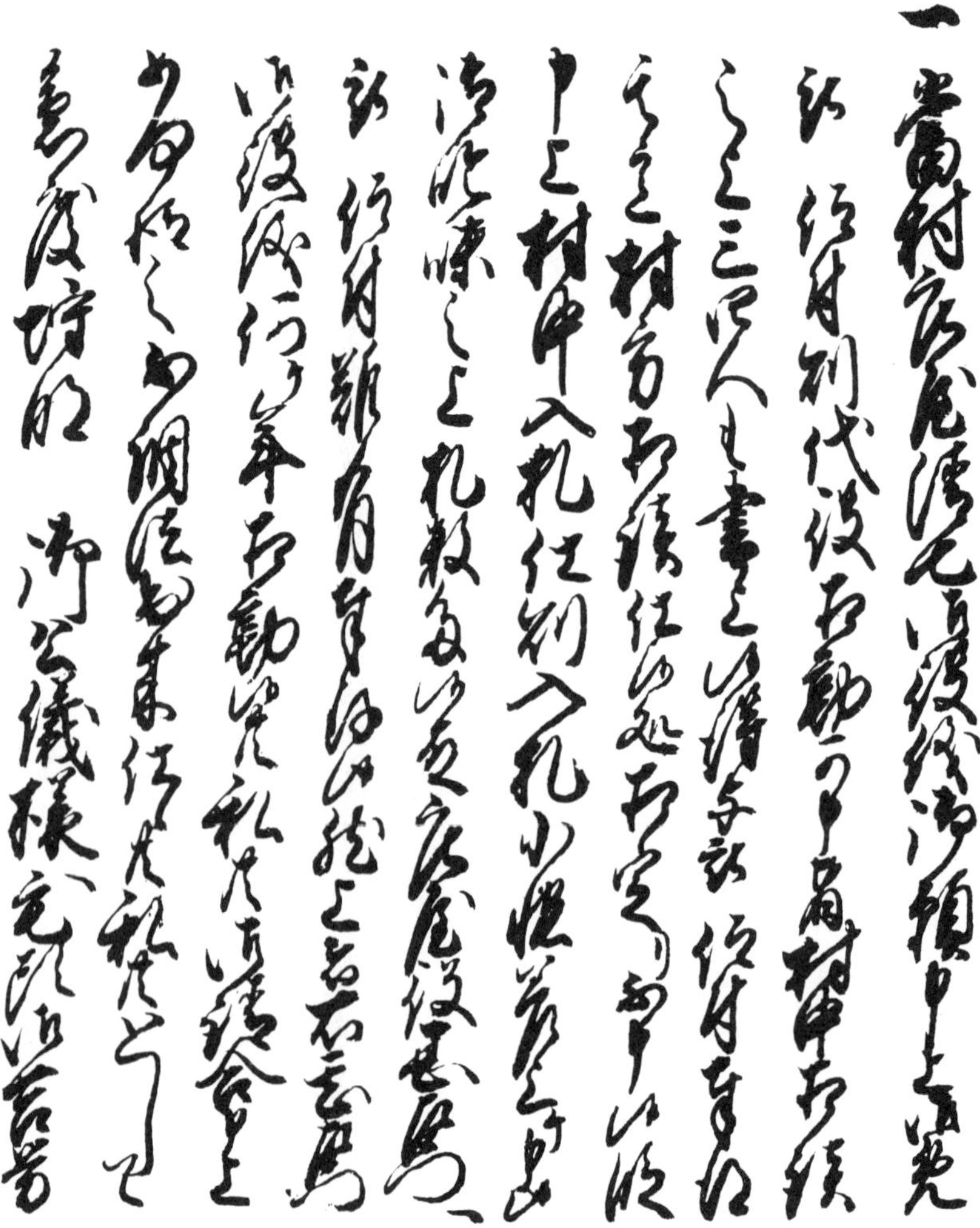

史料20　庄屋就役請書①

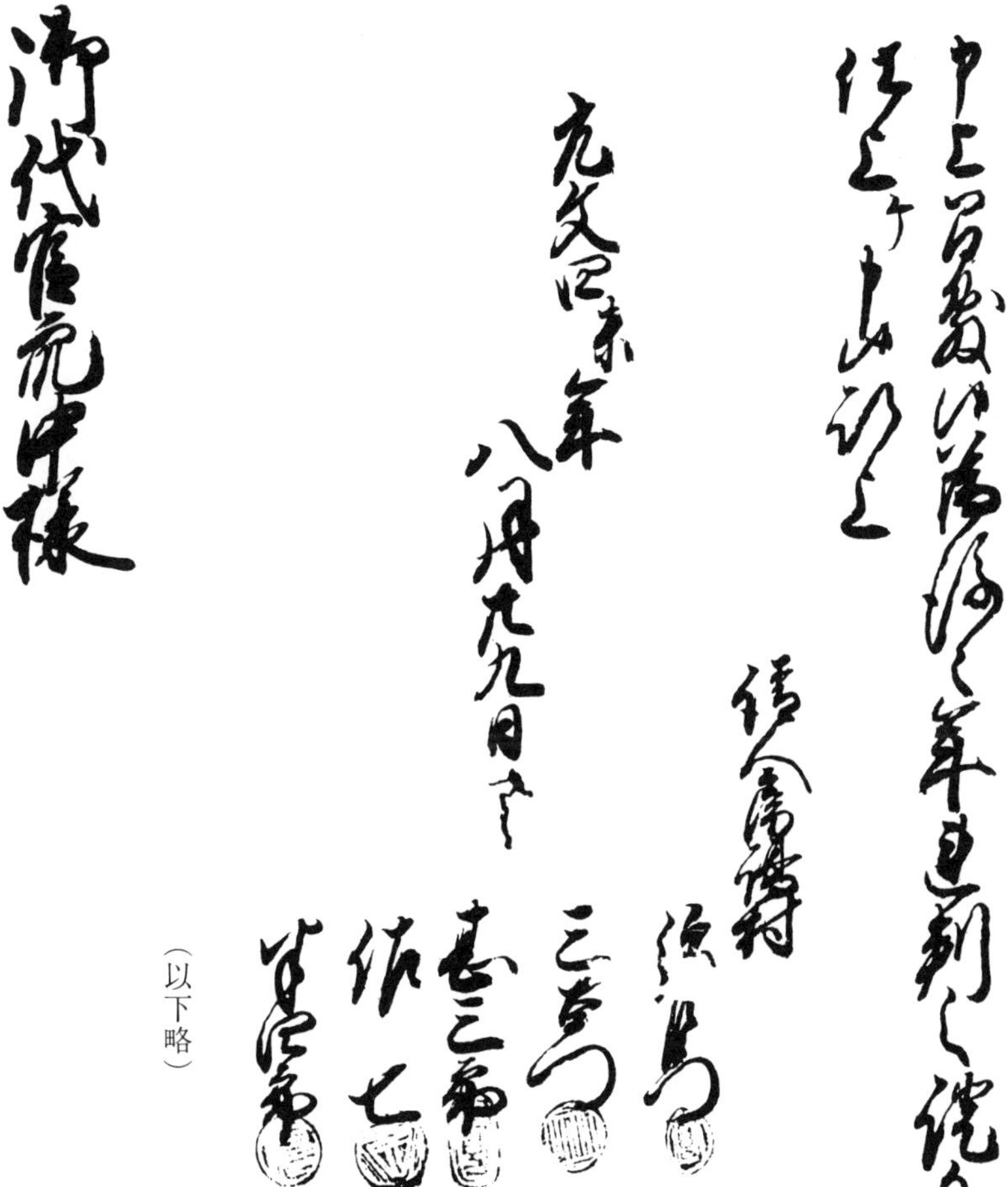

（以下略）

（史料20—②）

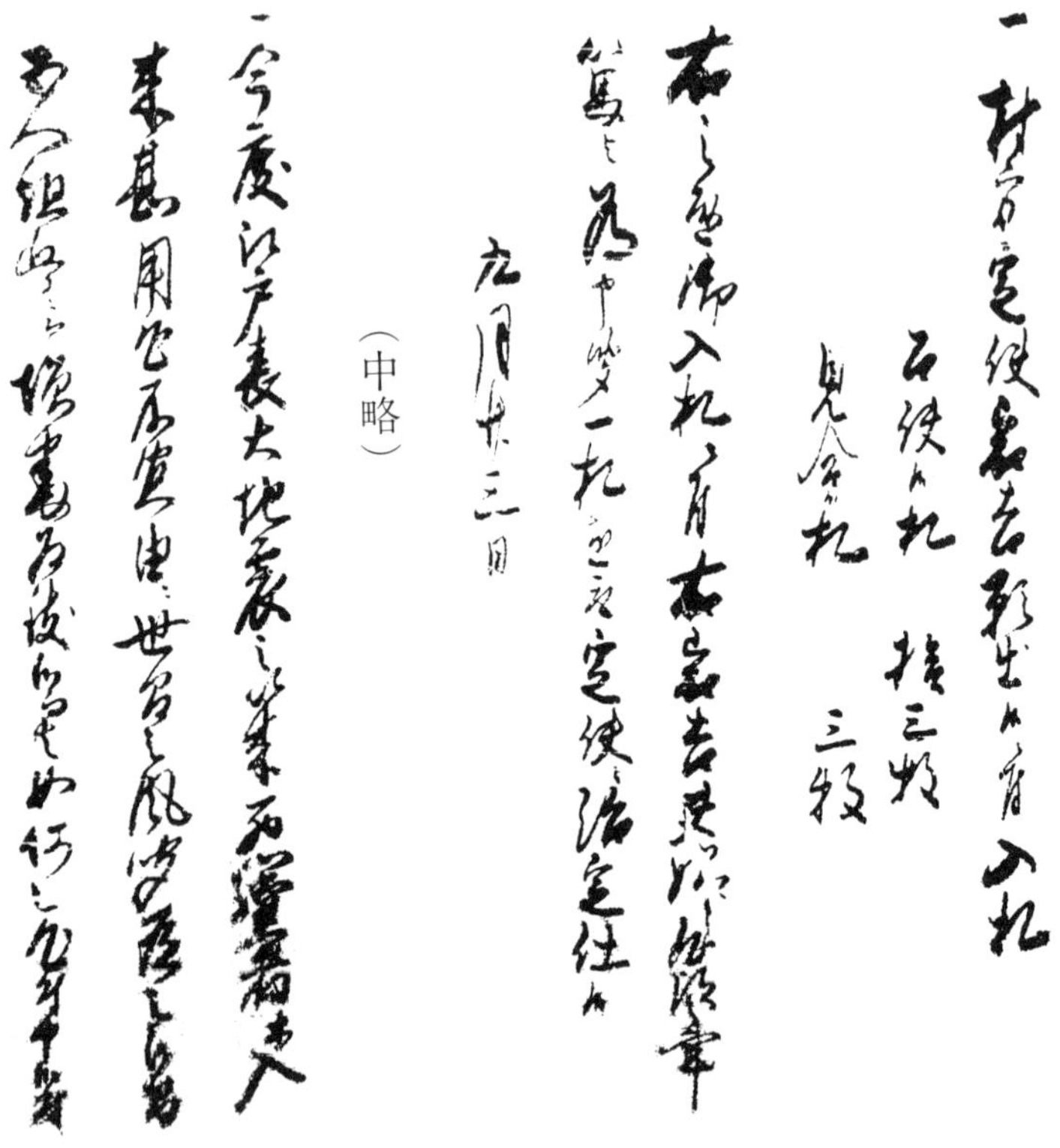

史料21　定使ほか頭分入札留①

一　付候儀宜敷札　拾三枚
一　多分付之札　壱枚
右之通之御入札ニ付、増番為レ致候与治定仕候、但久三郎殿御留主ニ而、入札壱枚不足ニ御座候、以上
卯十二月朔日

これは、尾張国知多郡下半田村（現、愛知県半田市）で、嘉永七＝安政元年（一八五四）から翌二年にかけて、諸々の問題について「頭分」の間で入札を行なって採否をきめた「頭分入札留」の一部である。ここでは、例示した以外に、観音堂開帳、村方会所借用、水車設置、薬調合者の居住、普請、獅子舞、山伏などへの合力、風呂屋設置など多岐にわたる問題について、「頭分」（頭百姓）の入札で実施するか否かが決められてい

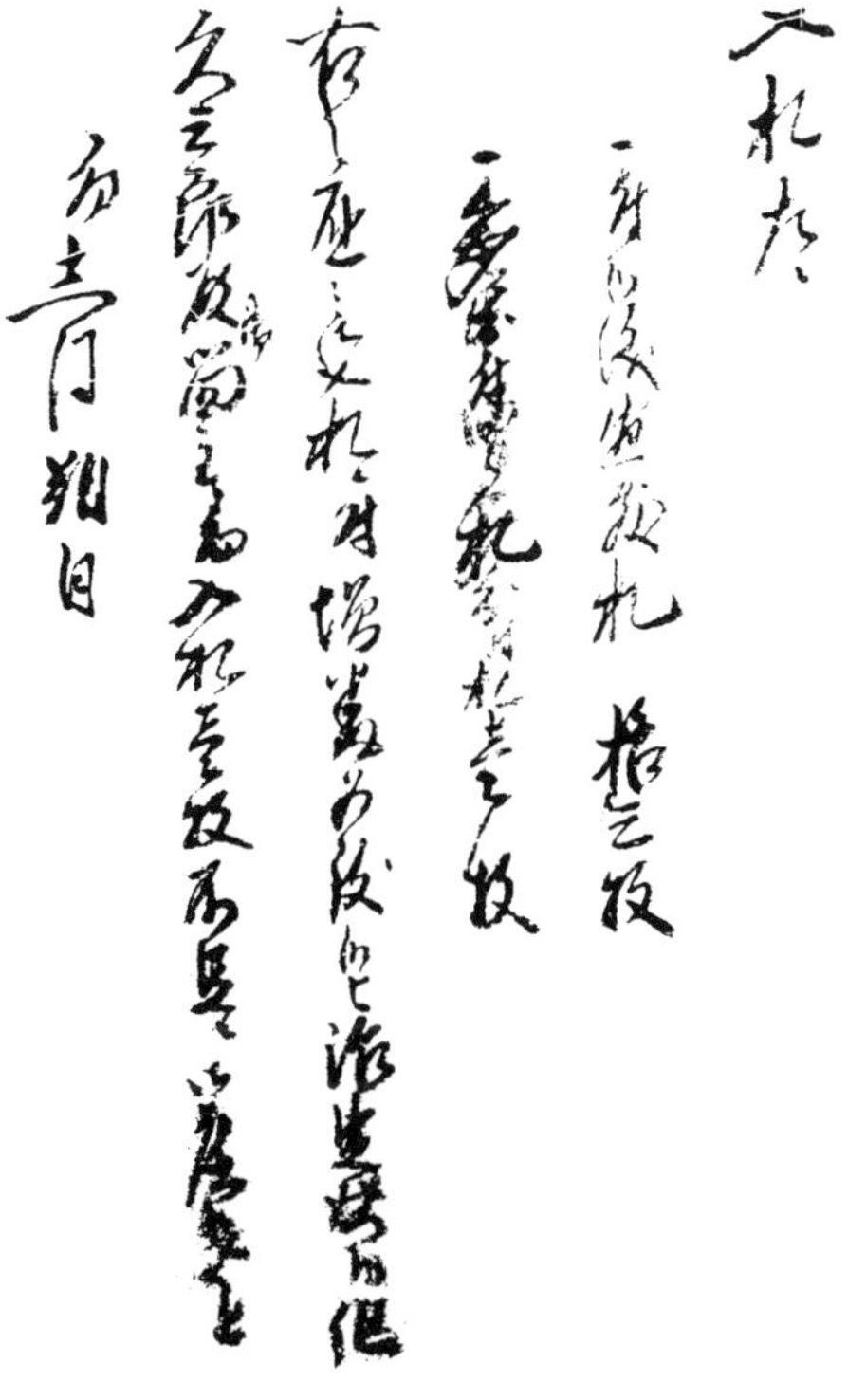

（史料21—②）

る。

下半田村は、十八世紀末から十九世紀前半に困窮著しく、庄屋や村役人を勤める頭百姓で、年貢金の立替えなどで没落する者が多く出た。そのため庄屋のなり手がなくて、天保六年（一八三五）からは、二年交替で頭百姓が廻り番で勤めることにしたという。

村民全体ではないが、頭百姓の多数決で村政を運営しようという一定の民主的手続を採るにいたった理由の一つに、右のような村方の窮状による村役人選任の困難さがあったと考えられる。

このように、村役人の選出や村政問題の採否に入札方式が採られた背景には、村方の困窮による村役人選出の困難さというような事情のあることが少なくなかった。しかし入札は、とにかく入札者の多数の意向を反映させるものであったし、また時代が降るに従って入札者の範囲が拡大していく傾向にあったから、入札のありかたが村政の民主化の内容や進展度を示すものとして、注目されるべきことはいうまでもない。

## 3　結　婚

時代により地域により結婚のかたちはさまざまであった。江戸時代の日本に限ってみてもその習俗はなかなかバラエティーに富んでいる。ただ、あえて類型化するなら一夫一婦制にもとづく嫁取婚ということになろうか。しかし、一夫一婦制とはいっても将軍・大名などが多くの側室をかかえていたことは周知のことであるし、聟養子という形態での聟取婚は無数に存在していたのであるからことさら強調はできない。むしろ、この時代の結婚をもっとも特徴づけていたと考えられるのは、結婚が単に一人の男と一人の女の結びつきという意味をはるかにこえて、それぞれの男女の所属する「家と家との結婚」として位置づけられていたことであろう。もちろん、中世でも在地領主層を中心に「家と家との結婚」はみられるのであるが、江戸時代にはそれが庶民層にまで広く浸透していた点に特色がある。それというのも、この時代には家というものは子々孫々にいたるまで受け継がれていくべきものという意識が形成されていたからにほかならない。とすれば、家々にとって結婚がいかに不可欠の要素であったか説明するまでもなかろう。したがってここでは「家と家との結婚」が恙《つつが》なく行なわれた例をあげておきたい。幕末期に美濃国多芸《たき》郡島田村（現、岐阜県養老郡養老町高田）というところにおいて村落上層に属していた服部家（千秋《ちあき》家を称することもある）の場合である。以下に、この家の娘あいと聟養子として入った源三郎なる青年との結婚をめぐる種々の儀式、そのやりとりの一部を紹介しておこう。

**【史料22】**

安政七年庚申正月十三日近親寄合おあい聟養子治定

寄合衆中

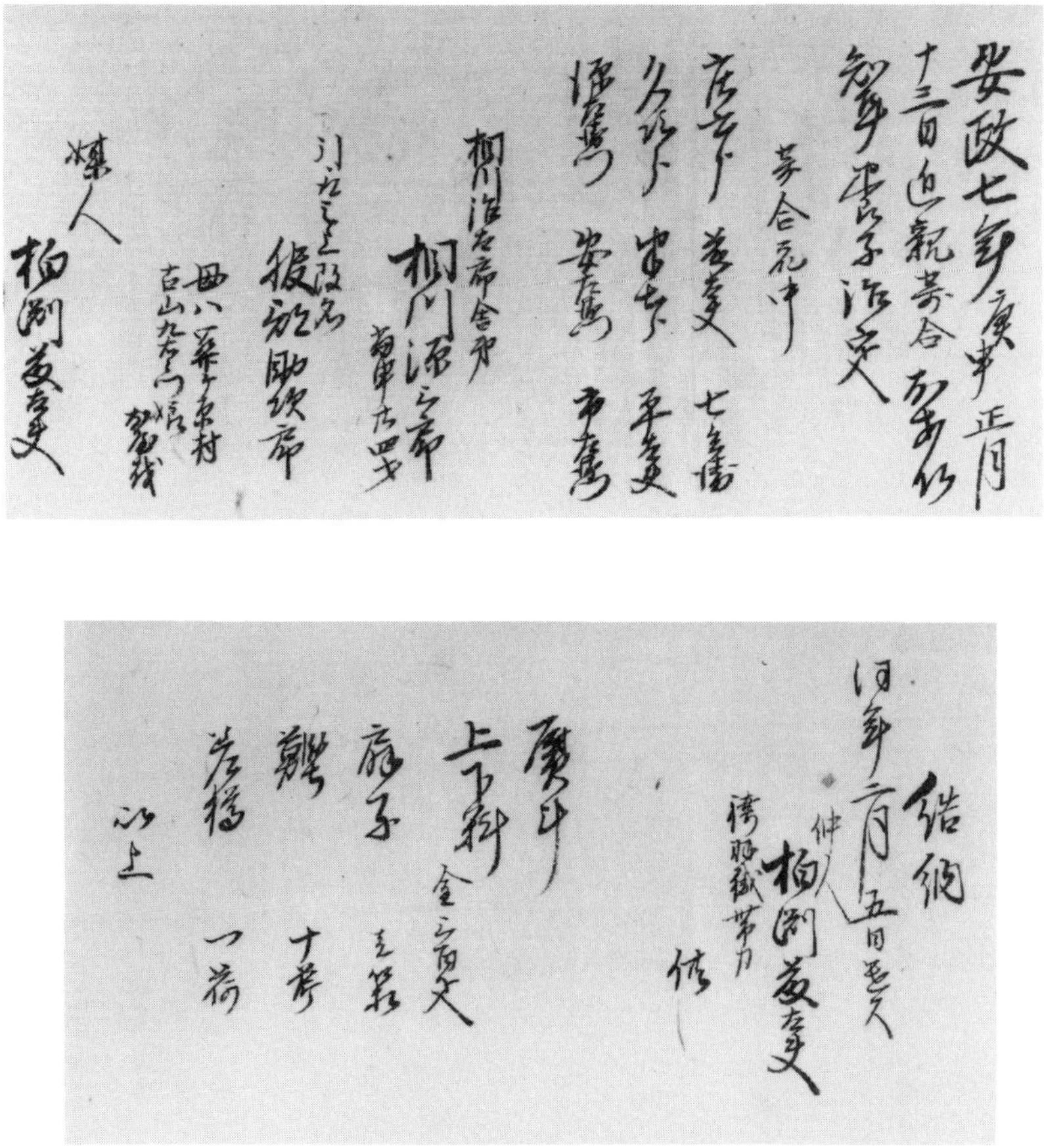

**史料22**　あい聟養子定

庄六郎　藤太夫　七兵衛
久次郎　半七郎　平太夫
源左衛門　安左衛門　市左衛門

相川治太郎舎弟
相川源三郎　当申廿四才

引取之上改名
服部助次郎　母ハ関ヶ原村古山九右衛門娘おやを

媒人　柏渕藤太夫
内室　おさく

下世話　古山兵四郎

結納

同年二月五日遣ス
仲人　柏渕藤太夫
袴羽織帯刀　供

熨斗
上下料　金三百疋
扇子　壱箱
鰹　十節
差樽　一荷

以上

安政七年（一八六〇）正月十三日、服部家に親類のおもだった者が集まり協議した結果、あいの聟として近村（関ヶ原村と推定される）相川家の源三郎を迎えることに決定した。当時服部家では、あいの父春三郎（笙峰）はすでに家督を聟庄六郎に譲っていたものと思われ、あいたちは分家の元次郎家の跡継として予定されていたのである。聟になる源三郎の実家はすでに兄治太郎の代となっており、治太郎らは源三郎の聟入先をさがしていたのに相違ない。服部家のほうでもあいの婿にふさわしい人物を求めており、相互にあれこれと調べあい、やりとりをした上で合意に達し、この日の正式決定にいたったものと思われる。もちろんその辺の事情は単なる憶測にすぎず、あるいは別のドラマティックな要素を含んでいたのかもしれないが……。

また、この寄合で、媒酌人も決定した。服部家の親戚筋にあたり寄合にも出席した柏渕藤太夫とその妻おさくである。さらに、下世話として古山兵四郎なる人物があげられているが、彼は源三郎の母方の親戚筋の者と思われる。いわば聟方の媒酌人的役割を果したのであろうが、夫婦で媒酌人となった藤太夫とは異なり本人のみであった。源三郎は、聟入後は苗字のみならず名前も助次郎と改名することも決まったが、これも当時としてはさほど珍しいことではなかった。追って、二月五日には結納のはこびとなった。媒酌人柏渕藤太夫が、「袴羽織帯刀」に威儀を正し相川家を訪れている。そこで聟方に対し、「上下《かみしも》料」金三百疋をはじめ結納の品々が贈られたわけである。

さて、いよいよ二月二十八日夜から服部家において「引取婚礼披露」が始められた。聟養子を「引取」るという意味で、このように呼ばれるのであろう。聟の実家でどのような儀式がなされたのかはわからないが、この日夕方藤太夫は二人のお供を連れて沢田村柏屋弥右衛門方まで聟を迎えに行き、そこで酒肴《しゅこう》を振舞われたのち島田村高田にある服部家へ入ったのである。弥右衛門方へは、関ヶ原（聟方）・高田（服部家）両方から祝儀を出している。

婚礼儀式の中核ともいうべき盃事は、「餝付《かざりつけ》」のなされた本座敷においてとり行なわれた。床の間には、三幅対に

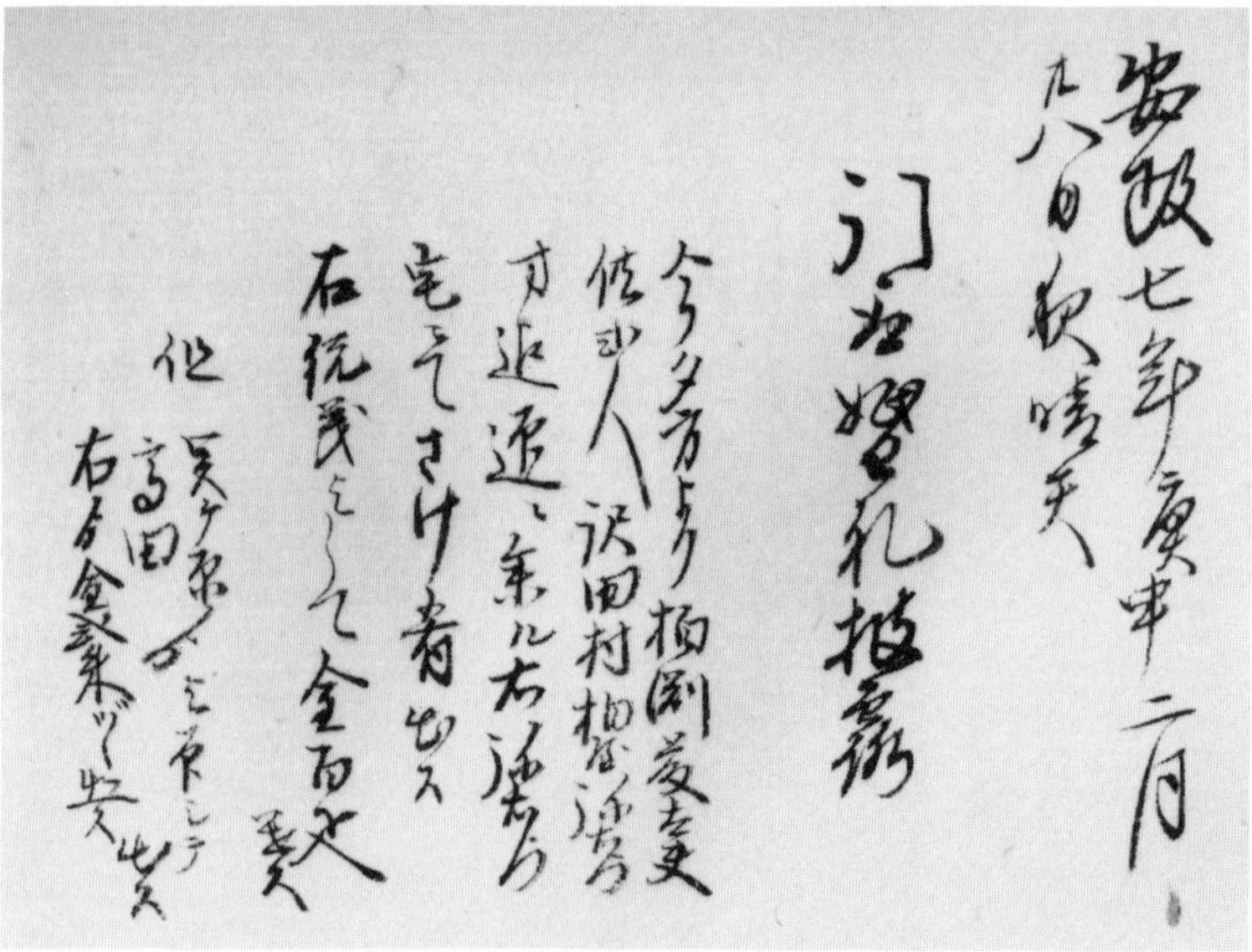

史料23　あい引取婚礼披露記①

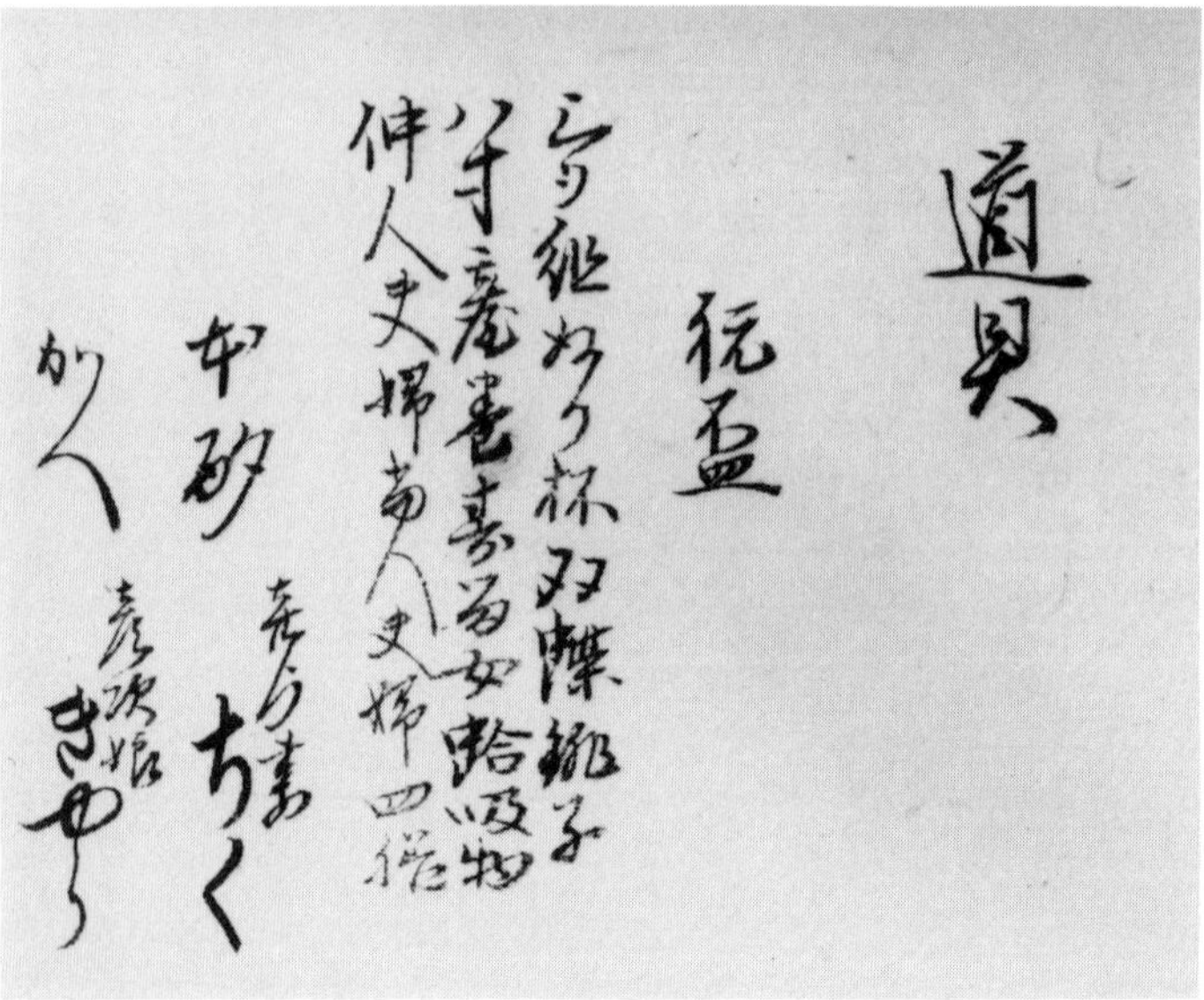

（史料23—②）

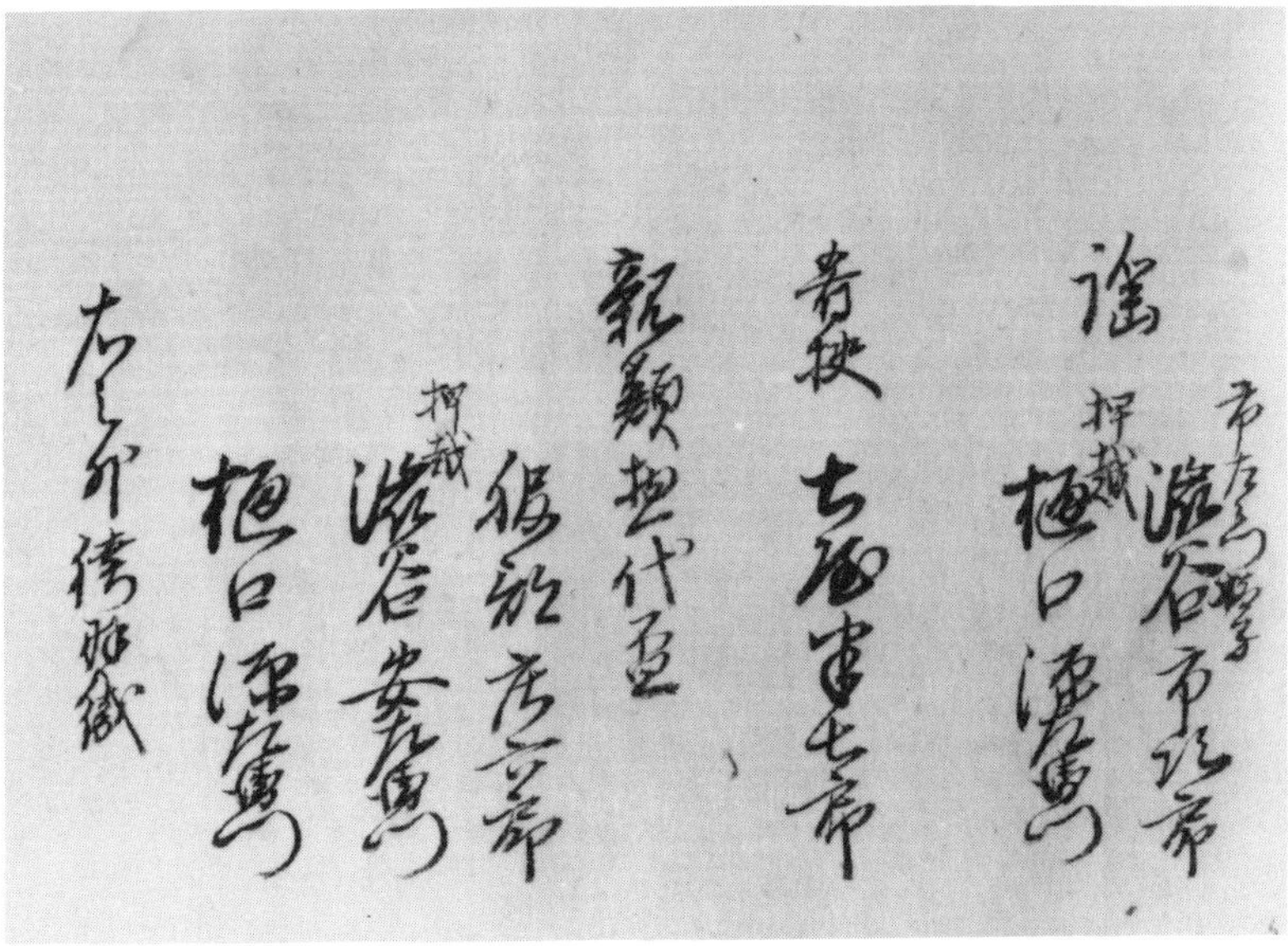

(史料 23—③)

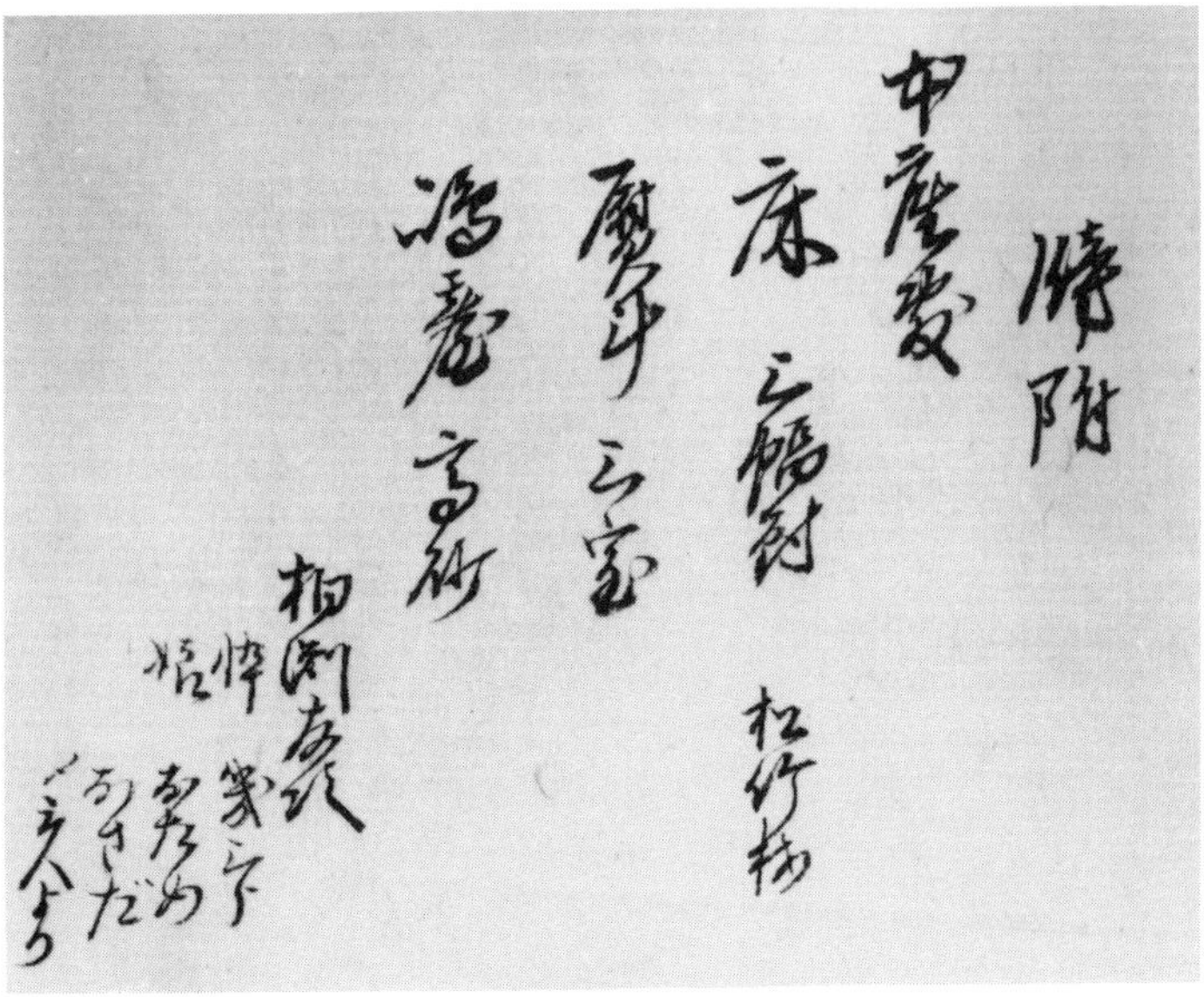

(史料 23—④)

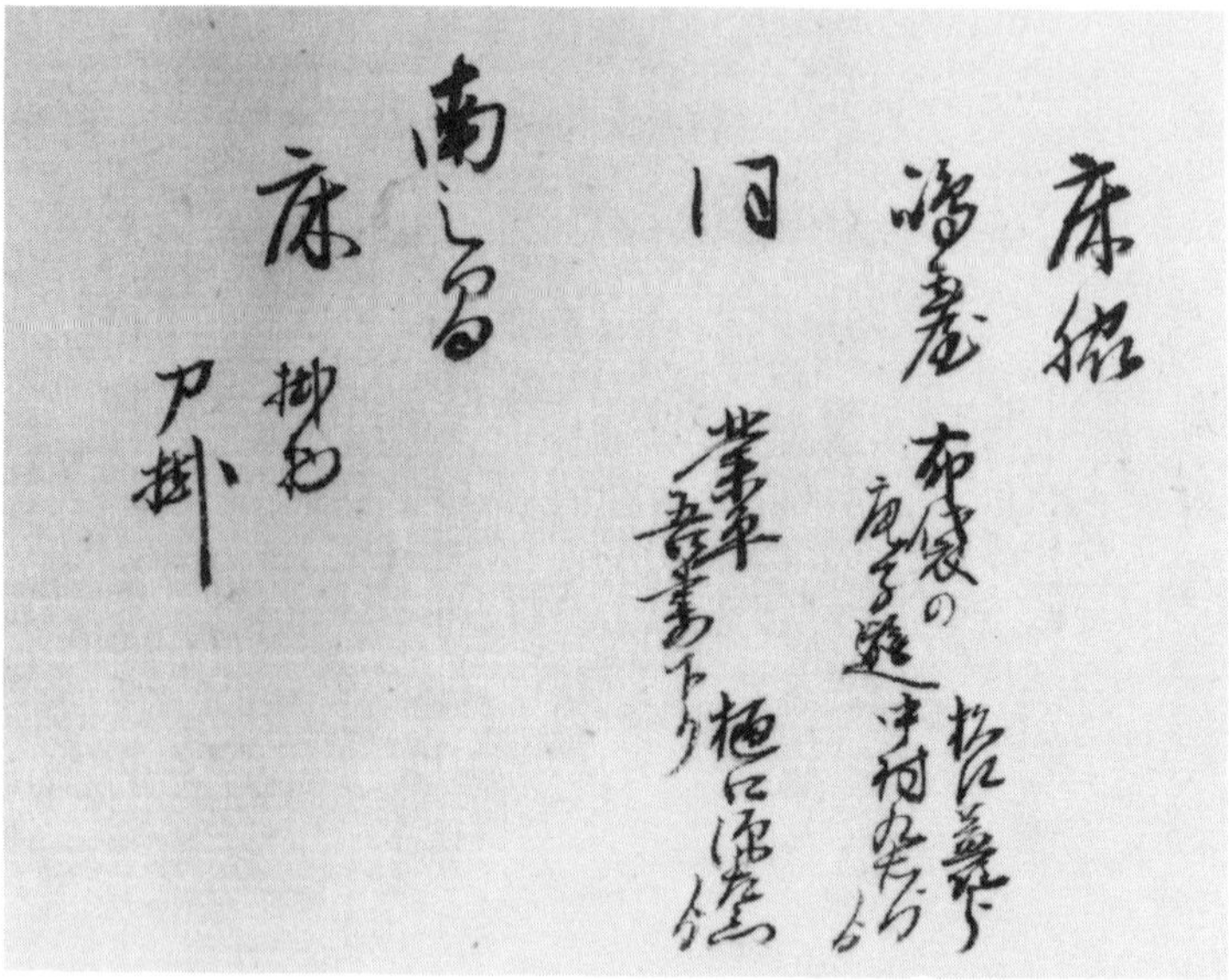

（史料 23—⑤）

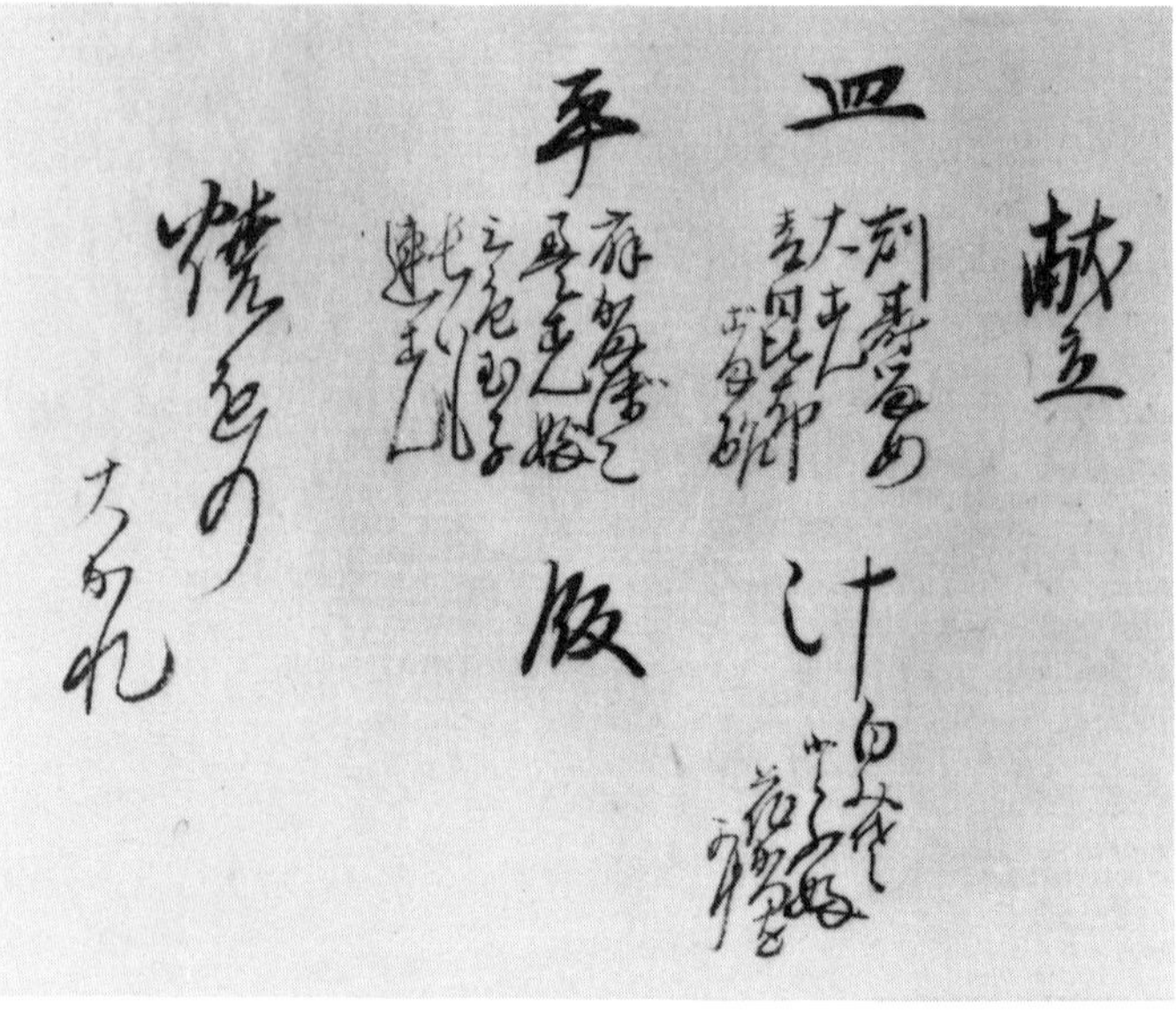

（史料 23—⑥）

押越　樋口源左衛門
肴挟　土屋半七郎
親類惣代盃
服部庄六郎
押越　渋谷安左衛門
樋口源左衛門
右之外袴羽織

餝附
本座敷
床　三幅対　松竹梅
熨斗　三宝
嶋台　高砂
柏渕友次
悴　幾三郎
娘　おため
おさだ
〆三人より
床脇
嶋台　布袋の唐子遊　杉江益次郎
中村九右衛門ゟ
同　業平吾妻下り　樋口源左衛門ゟ

南之間

床掛物

刀掛

献立

皿
刻するめ
大こん
青昆布
ごま酢

汁
白みそ
とふふ
花かつを
かけ

平
扇かまぼこ
畳こんぶ
三色玉子
長いも
連こん

飯

焼もの

大かれ

硯ふた
かまぼこ
車海老
椎茸
新生姜
桜ばへ
九年甫
くわい

丼
いか
連こん酢

吸物
蛤うしを

鉢
ぼらひらき

丼
赤貝
うど
きくらけ
三はいす

丼　香ノ物

已上

ところで、この祝宴は二十八日夜で終ったわけではなく三月二日まで続いている。まずこの夜の列席者（「呼衆」と記されている）は、服部家の家族、親族が中心であった。翌二十九日の昼間はこの婚礼にかかわった服部家出入の者たち、同日夜は服部家の親類の人々が主であった。三月一日になると、町内（嶋田村高田）の人々三十数人が招待され、また婚礼から三日目にあたるためであろう、聟方から下男一人が呼ばれている。この日の夜には、「女中衆祝」として服部家の親類筋の女性たちが集まっている。二日には近村の者数名が訪れ、ここで一応二十八日夜から六回に分けて行なわれた披露に区切りがつけられている。この間、聟方の家族・親族への招待は下世話の古山兵四郎を除きまったくない。彼らが招待されたのは、翌閏《うるう》三月の二十一日であった。「新客」として相川家当主治太郎の母（もちろん源三郎の母でもある）やを、治太郎の妻きう、きうの父と叔父ら六人が訪れたが、当主治太郎はその中に含まれていない。当時はたしてそのような習慣であったのかどうか、定かではない。

いうまでもなく、ここで婚礼に招待された人々はそれぞれ何らかの祝儀を持参している。服部家ではそれを「慶事《けいじ》祝儀留帳《しゅうぎとめちょう》」にきちんと記しており、それによるとこの時の婚礼に際して祝儀を持参した人数は百余人であった。このうち町内からの招待者は、酒五升とするめ一掛を持参する者が過半を占めている。町内で招待される場合の祝儀はおそらくこの程度が「相場」であったのだろう。そのほかは服部家との関係に応じてさまざまであるが、金で持参するのは少なくほとんど品物であった。反物・帯・足袋・扇子・風呂敷・美濃紙・饅頭・煎餅・するめ・数の子・山芋等々であるが、ほかに比較的多いのが「酒札」「肴札」というものであった。これは札とひきかえに酒・肴を受け取ることのできる現代の商品券（ビール券、図書券など）のようなものであったと思われる。

以上、聟取の際の婚礼の一コマを述べてきたが、前述のように江戸時代の婚姻儀礼は地域によって大きく異なっており、服部家の場合をすぐに一般化することができないのはもちろんである。

ところで、江戸時代の結婚が「家と家との結婚」という性格の強かったことはすでに述べてきた通りであるが、同時に結婚は地域社会（といってもせいぜい村社会程度の規模であるが）において認められることも必要不可欠であった。服部家でも町内の人々を大勢呼んで披露しているが、地域社会の果す役割は現在とは比較にならないほど大きなものであった。

さらに、結婚は人の移動をともなうものであったから、領主にとってもその支配の都合上実態を正確に把握しておく必要があった。そのために作られたのが、「人別《にんべつ》送り状」である。次に示したのはその一例である。

**【史料24】**

武刕荏原郡太子堂村
百姓市郎左衛門娘
巳廿歳
なべ

右之もの此度其御村百姓新八殿女房ニ差遣候趣申ニ付、元村人別相除此段申送り候、以上

弘化二巳年四月廿七日

右村
名主
忠左衛門㊞

下北沢村
名主
半三郎殿

（世田谷区立郷土資料館寄託「森忠左衛門氏所蔵文書」）

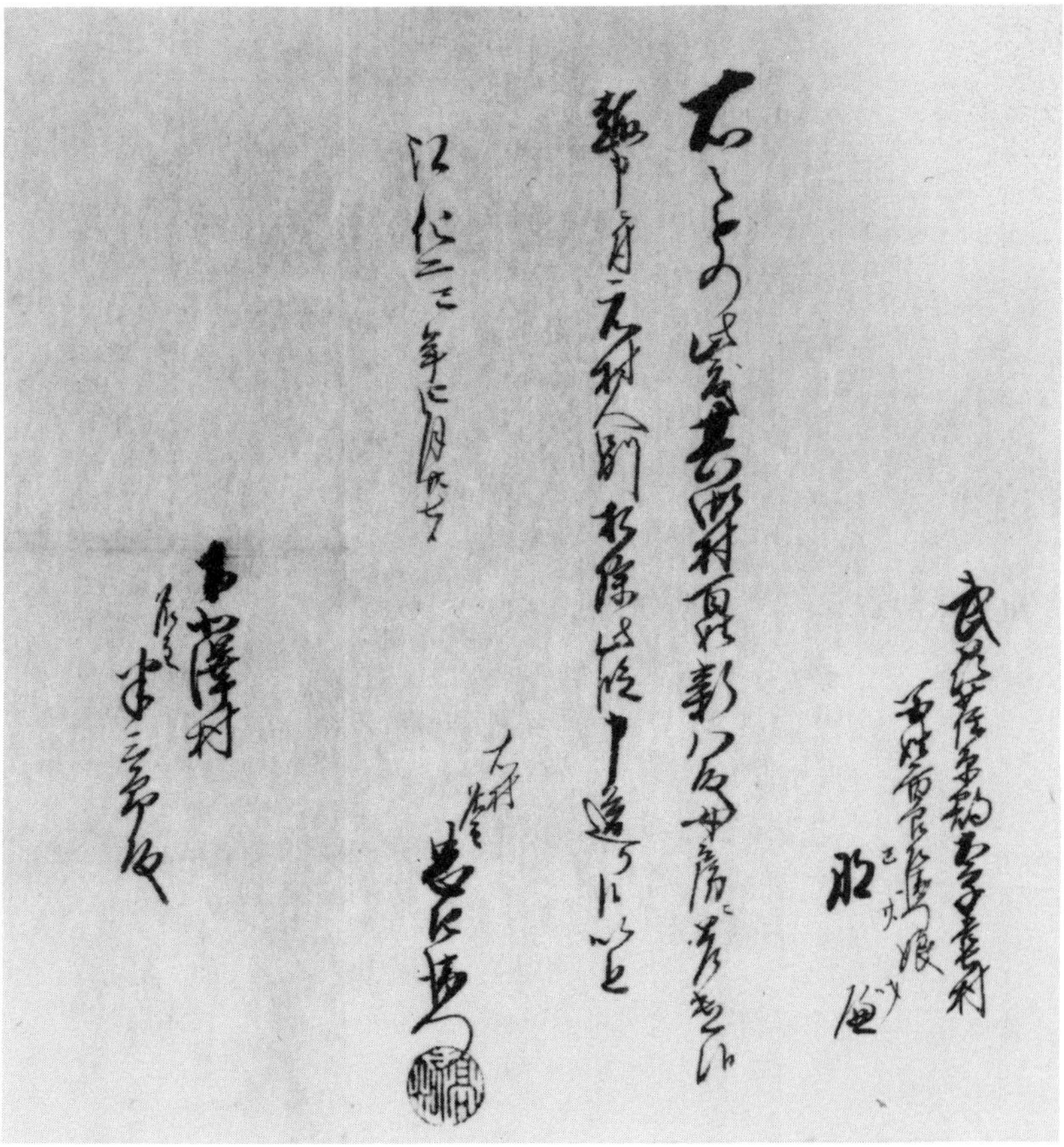

史料 24　人別送り状（「森忠左衛門氏所蔵文書」，世田谷区立郷土資料館寄託）

太子堂村（現、東京都世田谷区）の百姓市郎左衛門の娘なべが下北沢村百姓新八のところへ嫁ぐにあたり、太子堂村名主忠左衛門から下北沢村名主半三郎へ「人別送り」がなされたのである。これによってなべは太子堂村の宗旨人別帳から除かれ、新たに下北沢村の宗旨人別帳に書き加えられることとなった。村方において領主支配の末端的役割も果していた名主にとって、宗旨人別の正確な把握と記載は重要な職務の一つであった。そのほか領主は、江戸時代も半ばをすぎると次第に盛んになる傾向にあった婚姻儀礼を、奢侈《しゃし》禁止令などの触れをたびたび発して制限していたことも付け加えておこう。

## 4 離縁

江戸時代には離縁の権は夫に属していたため、妻からの離縁状を出すということは許されていなかった。その上どのような理由があっても、離縁状なくしては再婚はおろか処罰もされる世の中であった。一般に三くだり半といわれる離縁状は、場所によって「離縁状・去状《さりじょう》・暇状《いとまじょう》・隙状」などと呼称され、いずれも三行半で書かれるのが通常である。これは別離の盃を三杯半に注《つ》ぐ民間の風習からきたなど諸説あるが、離縁に必要な離婚理由と再婚許可文言を述べると三行半に一応書きつくされる。またこの文言は一般農民誰でもが書けるように雛形があったとも考えられる。

さて離婚の権は夫に属していたこの時代に、妻がどうしても離縁したい場合は、その方法は絶対になかったのであろうか。男尊女卑といわれた江戸時代でも、やはり例外はあった。妻の側より離婚を請求することのできる例として、①夫が妻に無断で、妻の身の廻り品である衣類や嫁入道具を質入れした場合である。妻の持参金（東国では敷金、西国では敷銀＝ともに〃しきがね〃）は夫の所有物となるが、夫が妻を離縁するときには、これらは全部返却しなければならない。このことは換言すれば、夫は持参金附の妻は離縁できないということにもなる。このようなときは、妻

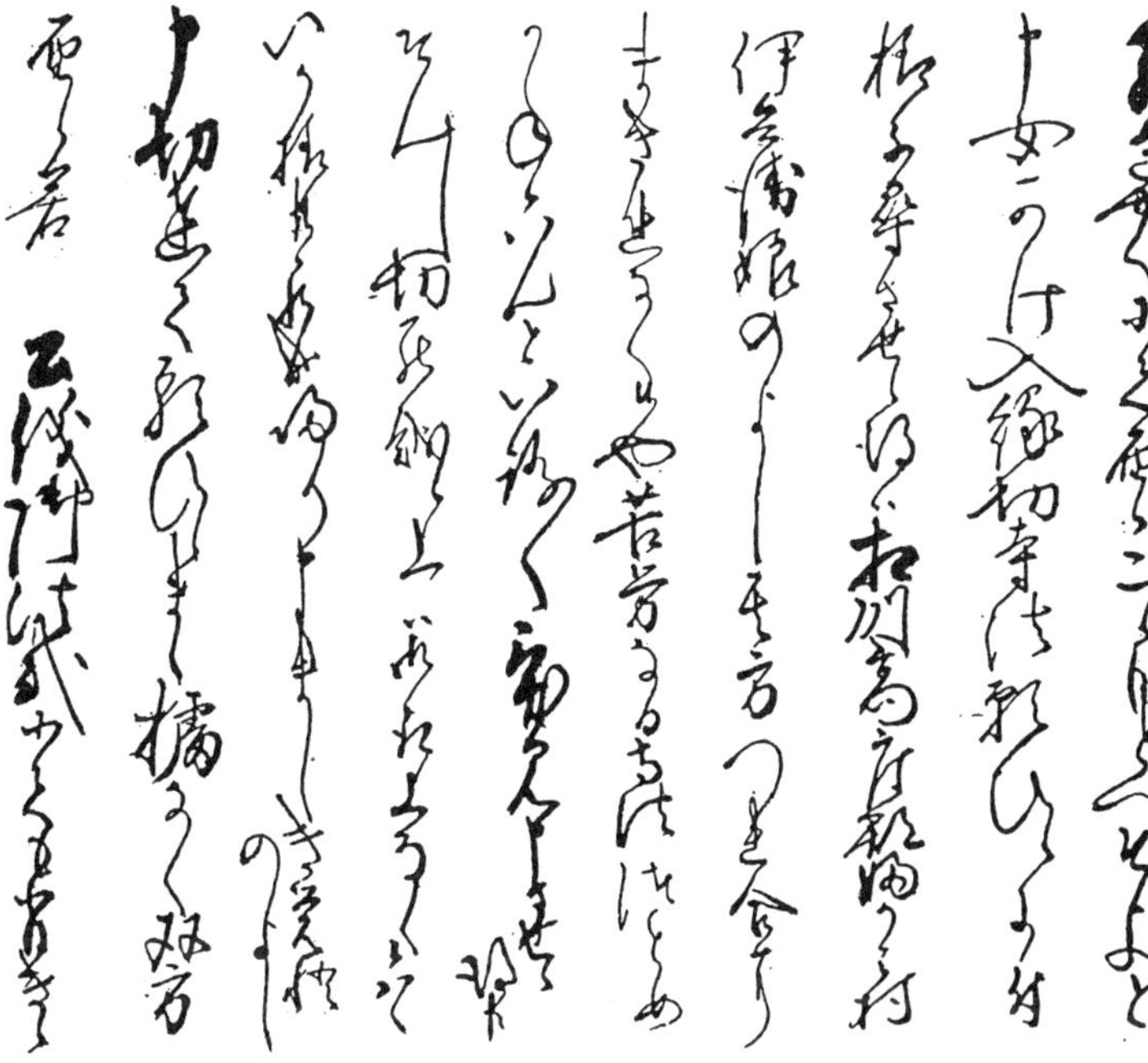

史料25　松岡住持離縁勧奨状①

から願い出て離縁は成立する（**史料27**を参照）。

第二例としては、巷間でいう駈込み離縁である。この駈込みできる寺を縁切寺《えんきりでら》といって、関東では鎌倉の東慶寺と上州の満徳寺が公認されていた。東慶寺は寺の所在地名である松ヶ岡をとって一般には「松ヶ岡御所」と呼称された。

この縁切寺に駈込んで離縁する形式を「寺法縁切」といったが、持参金なしの妻から離縁を請求できる唯一の方法であった。

妻がどうしても離縁したいときの最後の手段としてとられるこの方法は、女が松ヶ岡に駈入ってその事由を説明し、同寺が理由を認めた場合は、縁切寺としての特権にもとづく離縁が成立するが、そこには厳しい規則があった。女は駈入りの時より数えて二十四ヵ月在寺奉公（尼僧のように髪を切る必要はない）をしなければならない。その在寺奉公を女が承認した時点で、縁切寺は夫の許に召喚状を出し、離縁状の提出方を勧奨する。この手続は名主を経て本人に発

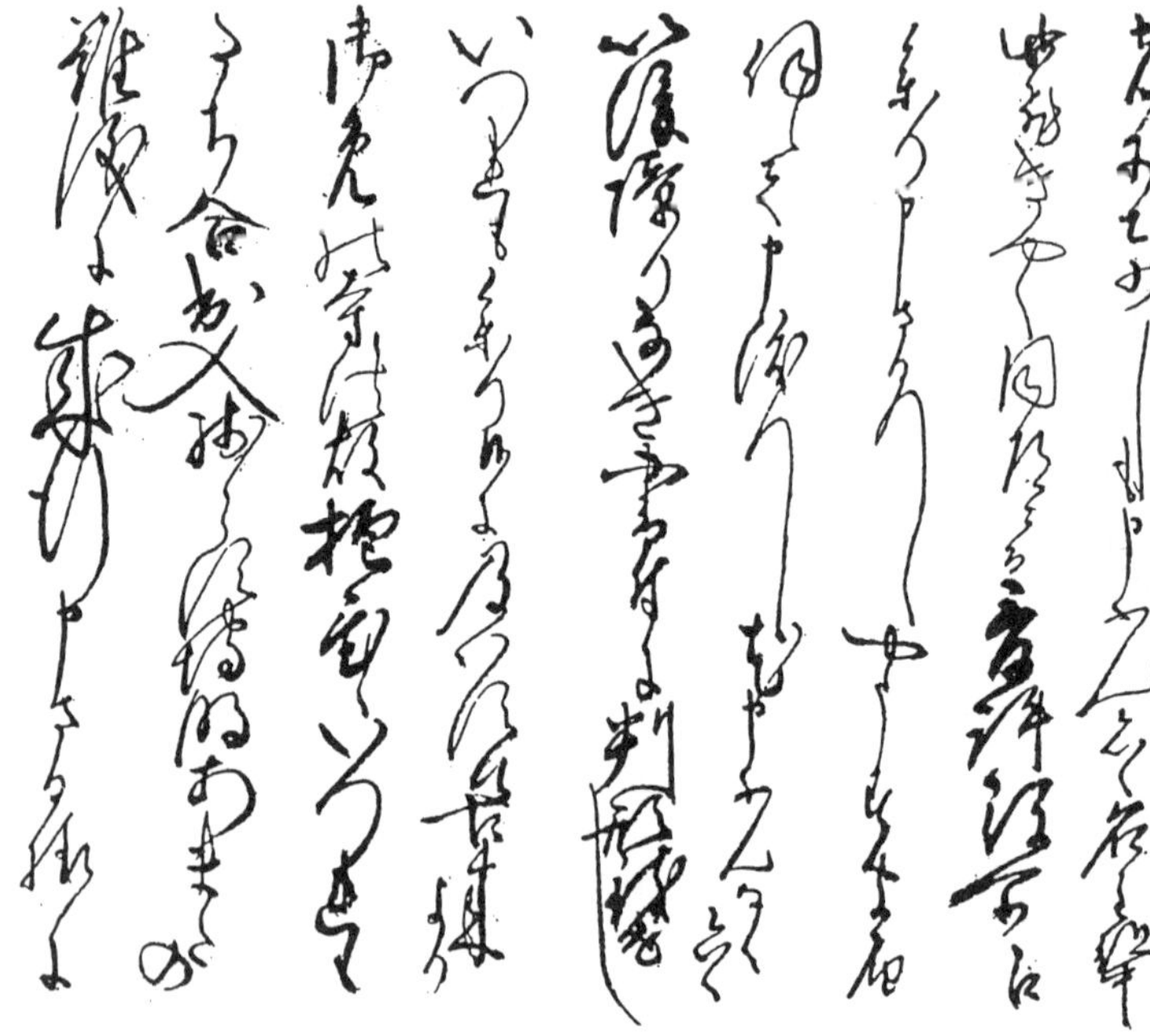

（史料25—②）

給される形をとるため、世間に表沙汰になるのを嫌って、実際には大方の夫は内済離縁（現在の協議離婚）の方法をとる。したがって「寺法離縁」は江戸時代の初期に行なわれた行為であって、のちにはこの内済離縁が大半を占めるようになる。

実際にどのような形で行なわれたか、その経過を知りうる一通の書状を掲げてみよう。

**【史料25】**

飛きやくにて届候、こゝもとへそよと中女かけ入、縁切寺法願ひ候に付、様子尋させ候得ハ、相州高座郡ふかミ村伊兵衛娘のよし、其方つれ合にまきれなく候や、苦労なる寺法つとめかね候ハんと、い路《（ろ）》〳〵呉《（異）》見申させ候得共、そんし切罷越候上ハ御取上なく候ハヽ、いか様共罷成、帰り申ましき覚悟のよし申切、達て願ひ候まゝ、拠なく双方届候、若　公儀御法式にても背き候者にて少しも申ふん候ハヽ、名主・組中此飛

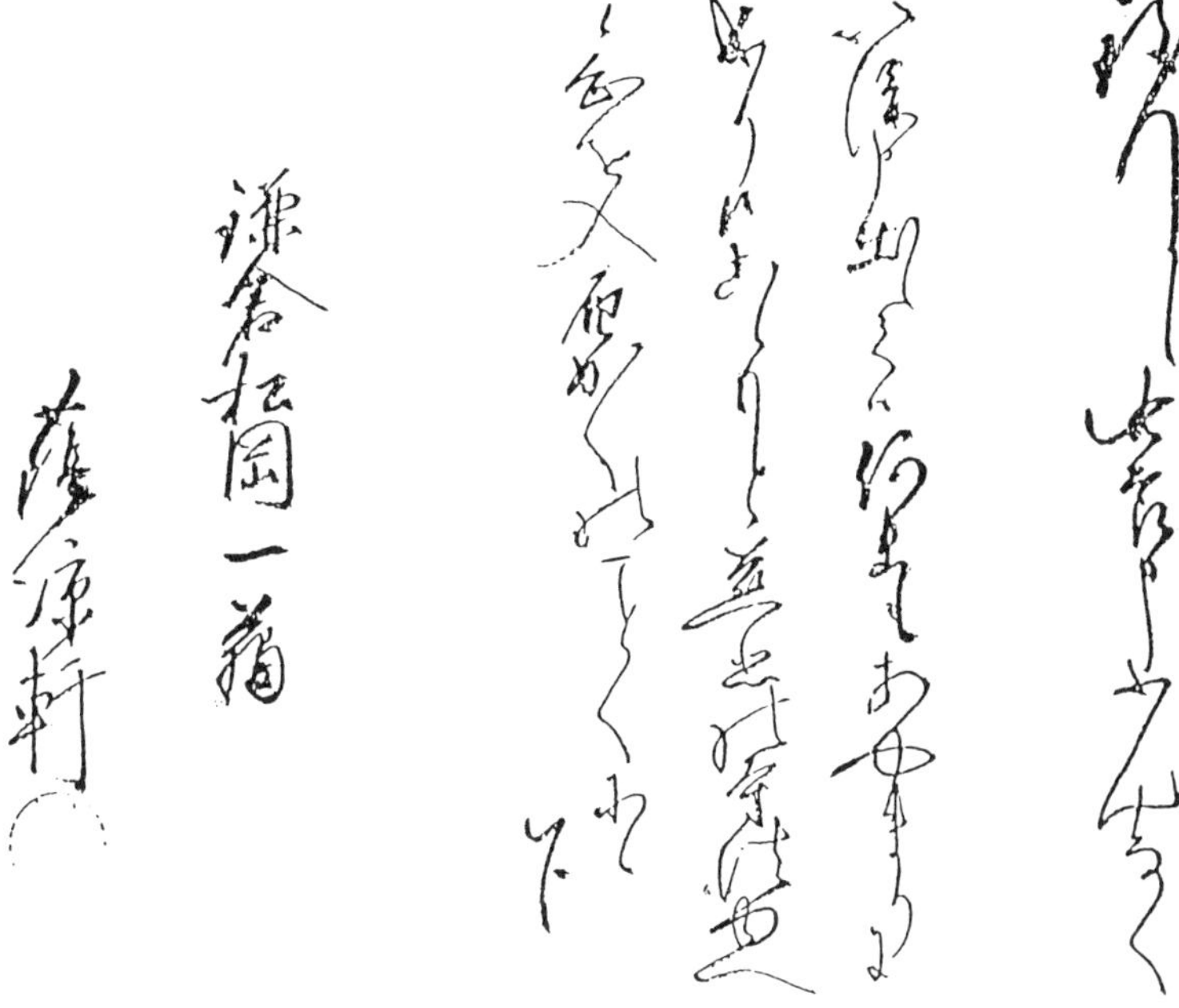

（史料25—③）

きやく同道ニ而、爰許役所江参り申さるへく候、やうす聞届伺候て申渡へく候、尤申ふんなく候ハヽ以後障りなき書付に判形致遣し、いつれも参り候に及ハす候、古来より御免の寺法故抱置候、いつれもたち合出入残らす埒明、あまたの難儀に成行申さる様に致へく候、此節申ふんなく、以後申出候てハ、何れもあやまりに成り候、こゝもと慈悲の寺法ゆへ念を入届かくのことくに候、以上

鎌倉松岡一翁
蔭　凉　軒

五月二日

相州高座郡ふかみ村
勘十郎
名主組中

この書状は、相模国深見村（現、神奈川県大和市内）のそよという女が松が岡に駈入り、寺側が女の事由を聴取した上で、夫たる勘十郎宛に離縁状を提出するようにとの鎌倉松岡蔭凉軒（東

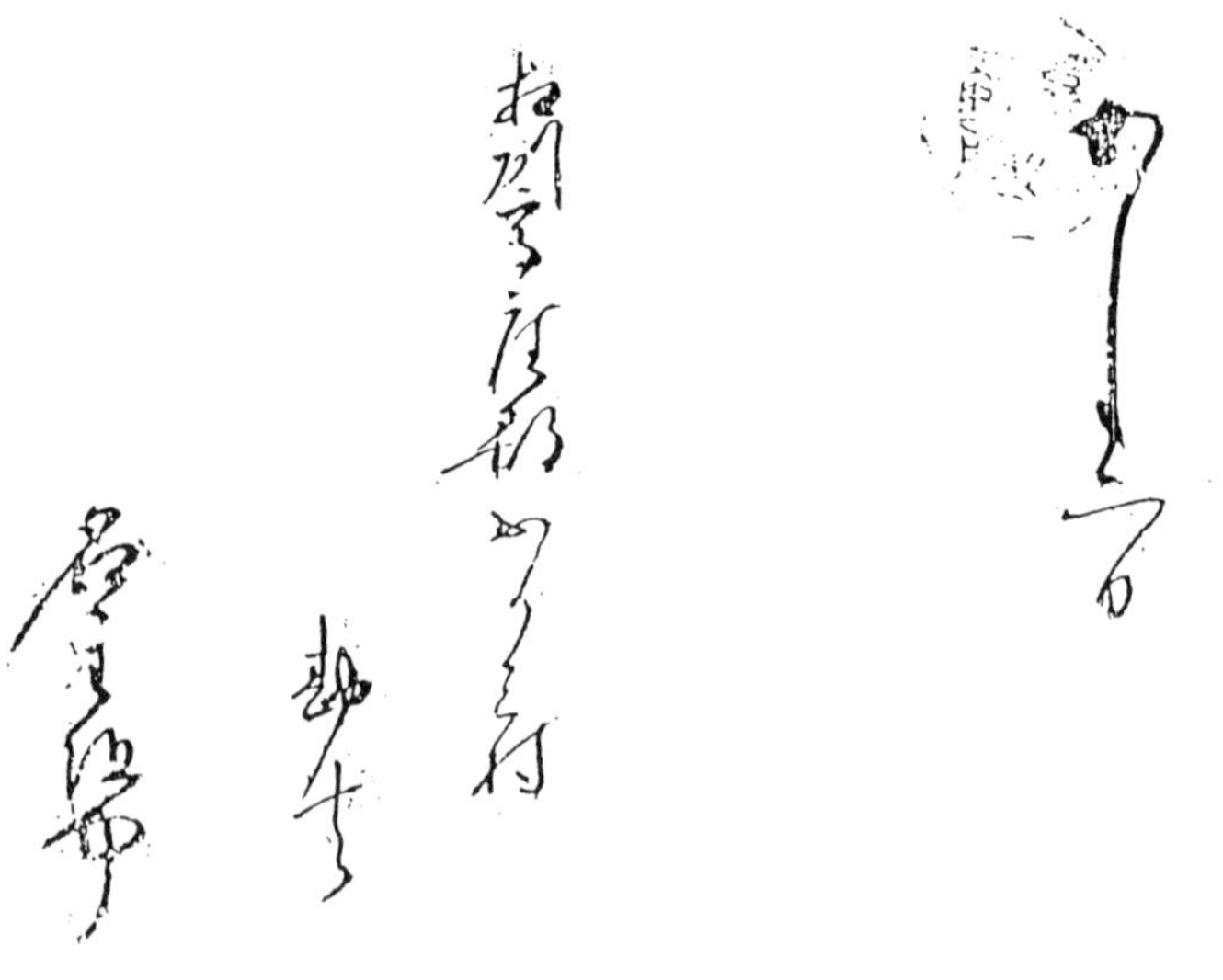

（史料25—④）

慶寺院代）より差出したものである。宛所は本人及び名主組中としている。内容は妻側の言い分を十分聴取した上でこの手紙を出しているのであるから、この事について夫側に申分があれば、すぐに名主組中と一緒にこの飛脚同道にて、こちらの役所に来るように。また言い分がなければ書付（離縁状＝この場合は通例の三行半のもの）に捺印すれば、こちらにわざわざ来るには及ばないという趣旨のものである。

なお江戸時代に、このような場合女が駈込めた寺は、必ずしも公認の縁切寺だけではなかったようである。例えば前橋藩では、夫を嫌って離縁したい妻が、家臣の家へ駈込んで三年間奉公すれば、他の男性と再婚できるという慣行があった。もっともこれは同藩でも宝永元年（一七〇四）に禁止され、それ以後は駈込の者があったなら、代官または町奉行所に引渡し吟味させ、夫に不届きがあれば、妻が実家に帰ることのみ許可した。これは完全な離婚とはいえない行為である。

さて江戸時代の通常の三行半《みくだりはん》と称される離縁状は次のような形式が一般的であった。

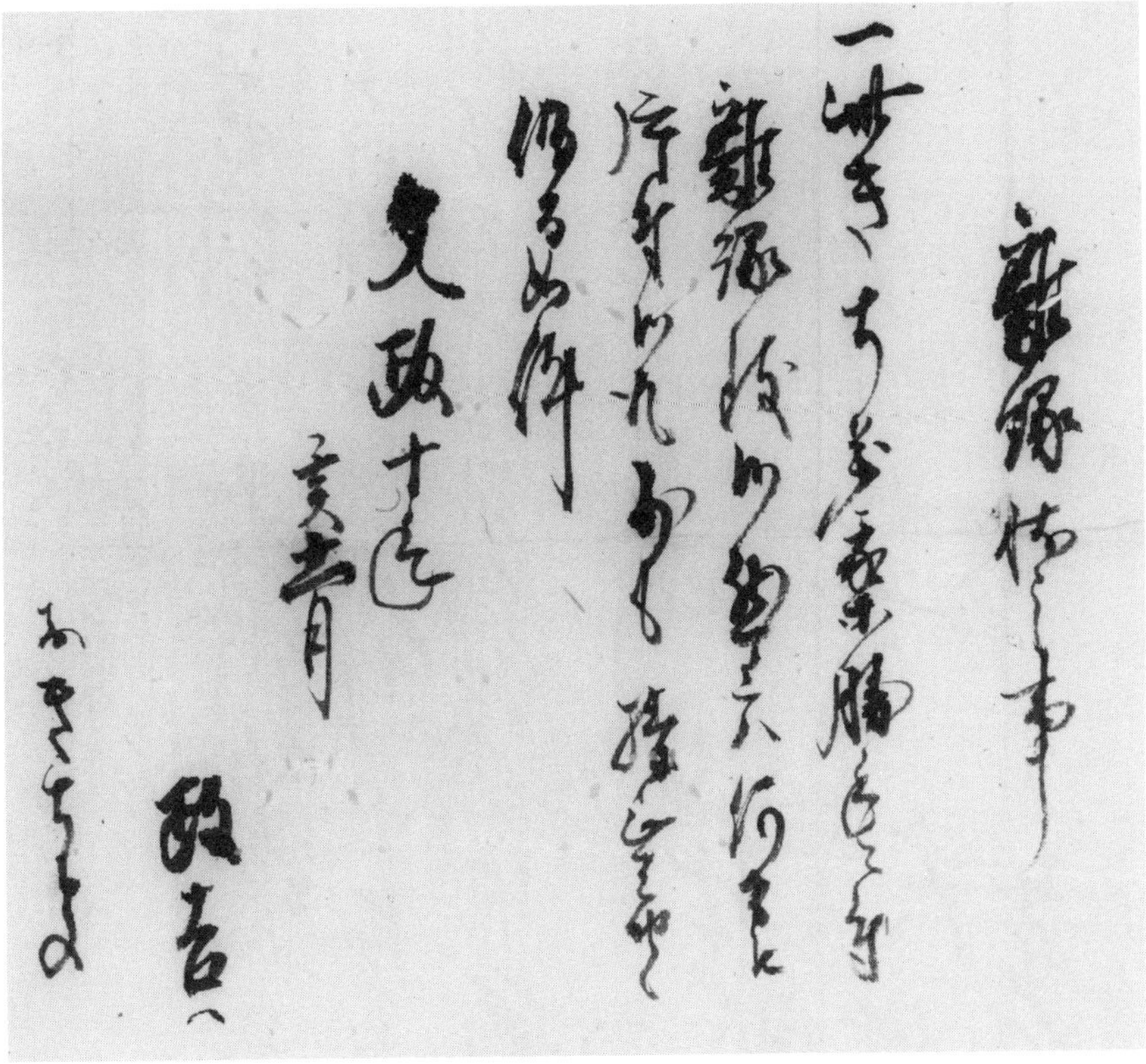

**史料26　離　縁　状**

掲出の離縁状は、夫たる政吉が、妻きちに対して発給したものである。初行に離縁の理由を述べ、次行に再婚許可文言《もんごん》を書くのが通例である。**史料26**の証文でも夫政吉が離婚理由を「我等勝手ニ付」と自分の否を認めながら、一方的に離縁状を差し出すという当時の社会通念が窺える。この離縁状の文言こそ三くだり半といわれる江戸時代の典型的な慣用句といえよう。

**【史料26】**

離縁状之事

一　此きち義、我等勝手ニ付離縁致候、然上ハ何方江片付候共、少も構無御座候、仍而如件

文政十年

亥十一月

政　吉（爪印）

おきちとの

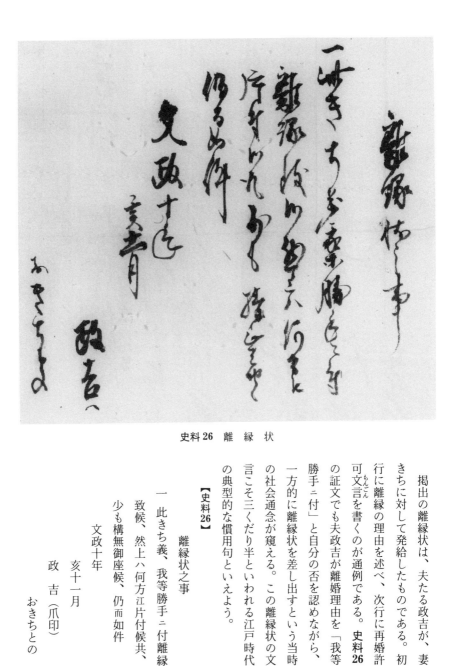

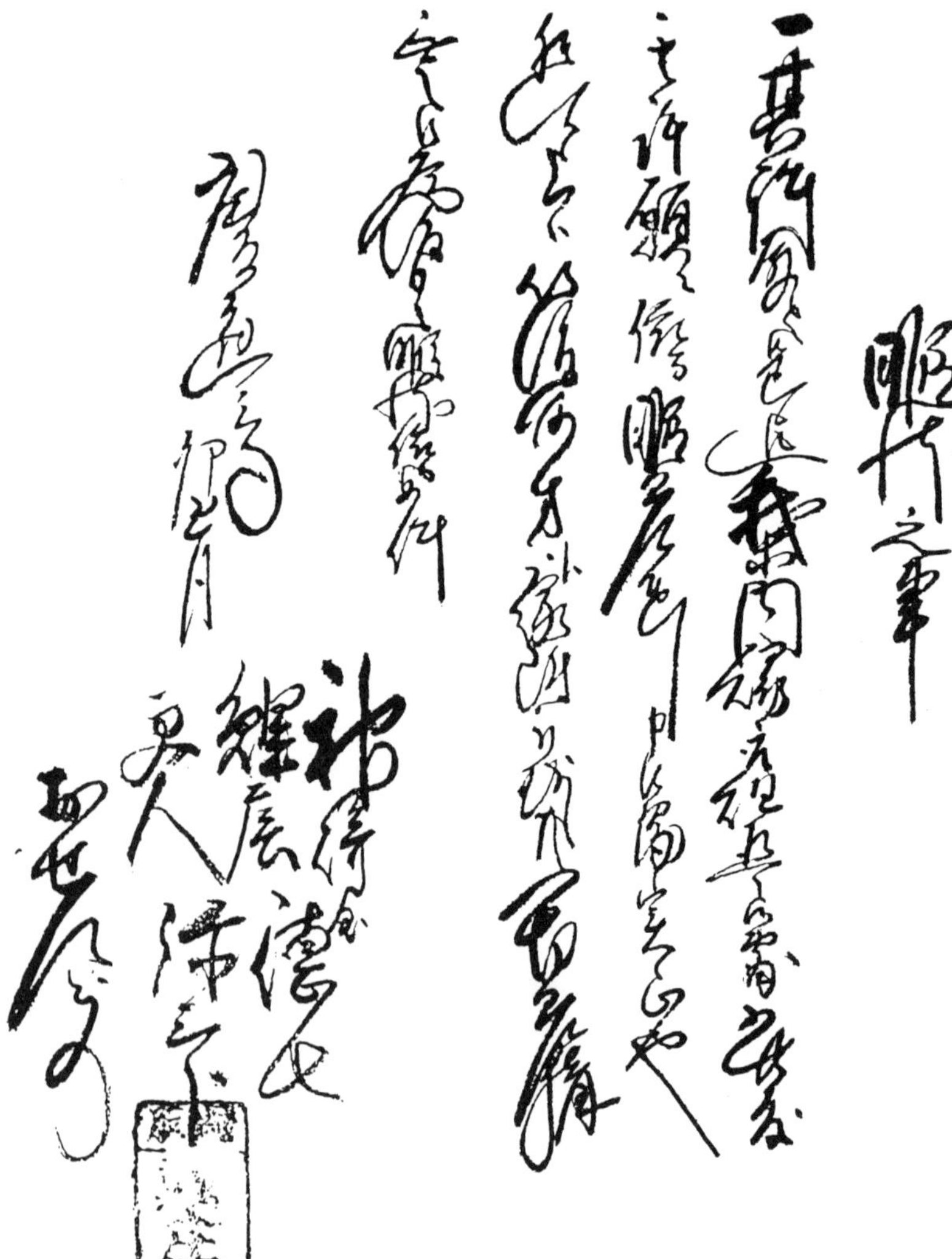

史料27　暇　　状

**史料26**は東国の離縁状であるが、西国の三行半の場合、書出しが「暇状之事」または「去状」と書かれる場合が多い。**史料27**は西国の証文であるが、内容は女性側の要望によって夫が妻に出した離縁状である。これは前述の妻から請求できる第一例に相当するものとして発給された「暇状」と考えられる。

**【史料27】**

暇状之事

一 其許殿与是迄我等内縁取組有レ之候処、此度其許願ニ依而暇差遣し申候処実正也、然ル上ハ以後何方江縁附被レ致候共一切差構無レ之候、為二後日之一暇状依而如レ件

慶応三年　　神崎屋　徳七
　　　　　　鯉屋 受人　弥三郎印

夘ノ三月

おせんどの

〈読み下し文〉

いとま状の事

一 そのもと殿とこれ迄我等内縁取り組みこれあり候処、此度そのもと願いによって、いとま差し遣し申し候処実正なり、然ル上は以後いづかたに縁附けいたされ候共、一切差しかまいこれなく候、後日の為、いとま状よってくだんのごとし

慶応三年　　神崎屋　徳七
　　　　　　鯉屋 受人　弥三郎印

卯ノ三月

おせんどの

刺激の少ない村の生活の中で、時はあっというまに過ぎ去っていった。とりわけ結婚後にそれは加速し、〝老い〟はつるべ落としにやってきた。

あの日、久しぶりで鏡の中の自分をまじまじと観察した俺は、しばし呆然としてしまった。日頃から「もう還暦なのだ」と自分に言い聞かせても、なかなか実感が湧いてこなかったが、この時、鏡の中の俺は、明らかに一人の老人にほかならなかったからである。

そう言えばここ数年、目は霞んでしょぼつくことが多いし、歯のほうもだいぶいけなくなった。

〝歯〟といえば、あの日、鏡で現実の姿を見せ付けられ消沈していた俺を見て、励まそうと思ったのだろう。倅の奴、大坂で催された尚歯会《しょうしかい》の刷物を持ってきてみせてくれた。尚歯会というのは、つまり長寿者を尊ぶ会ということらしく、刷物には驚くべき高齢者の名前と年齢が列挙されていた。「百二歳　中ノ島住医業谷川某」、「百五十余歳　豊前国阿彦山中根小野某」……という具合だ。もっと仰天したのは〝長寿三夫婦〟というやつで、紀州の在《ざい》に住むある百姓一家は、当主が百二十七歳で女房が百十六歳、息子夫婦が九十七歳と八十九歳。さらに孫夫婦（六十九歳と五十二歳）も同居しているというのである。俺が嘘に決まっていると言うと、倅は、七代将軍の時代に江戸で開かれた尚歯会には志賀瑞翁という百六十七歳の長寿者が参会したこともあるというから、これもまんざら出鱈目とは思えないと言う。百六十七歳とは！　俺があと百年生き続けても追っつかないじゃないか。

さて、こんな平穏な心境で老いを過ごしているのだから、何か老境ならではの趣味や生きがいを持たなくては。茶の湯もいいが道具を揃えるのに金がかかりそうだし、立花生花はなんとなく肌に合わない。日ごろ畑仕事で野の花をむしり取っている俺が、あらたまって「花」の自然を楽しむというのも気が引ける。

では村の生活や世の中の移り変わる様子、そして日々の心境などを随筆風あるいは日誌風に書き留めていくなんて、どうだろう。これなら毎日頭を働かせるからボケる心配もないし、俺の死後も、後世の人々が往時の生活をうかがう格好の史料としての価値を発揮するかもしれない。それにもまして、倅や孫に俺の心境を語り伝える遺品《かたみ》になってくれれば、と思う。

そうと決まったら、表題《タイトル》を考えなくちゃいけない。さて、どうしよう。「老《おい》のこゝろ」では芸がなさすぎるし、「老の言葉」も「老の述懐」でもいけない。「老の楽しみ」というのは確か役者の団十郎が使用済みだし、「老の幸い」「老のたわごと」「老の慰み」は、ちょっといじましい。

「老の波」「老のすさび」「老のくりごと」……挙げられるかぎりの表題を検討した結果、ついに俺は「老ぼれ日記」というのに辿り着いた。もちろん「老恍れ……」でも「老呆れ……」でも「老耄れ……」でもない。この作品は、是非とも「老惚れ日記」と書かなくてはいけない。

(→一五三ページ)

## 5　老の楽しみ

余暇の楽しみは人それぞれであろうが、江戸時代後期となると遊芸が都市はもちろん、農村まで広く普及していった。それにともなって遊芸師匠は地方に出張稽古にでかけ、各地に遊芸グループの社・連・会などの組織が生まれた。このような地方社中に支えられて遊芸の家元が簇生してくるのも、この時代の特徴であった。

遊芸のなかで茶の湯を例にあげて、庶民の余暇の楽しみの世界を訪ねてみよう。茶の湯の遊芸化――遊び化が一段とすすんだのが十八世紀であった。弟子の増加にあわせて、稽古のゲーム化ともいうべき七事式（三種の異った茶を飲みあてる「茶カブキ」など七種の稽古法）が、表千家の如心斎宗左、川上不白、裏千家の一燈宗室らによって考案されたのが十八世紀後半の宝暦・天明期である。

当然、このような遊び化に対して批判があった。茶の湯の修行性や精神性を強調し、家業や忠孝との整合性を主張する論も、しばしばあらわれる。ここに掲げたのは表千家の茶人住山楊甫《すみやまようほ》の茶道壁書《かべがき》ともいうべき一紙で（**史料28**）、思想としての新しさはないが、当時の典型的な茶道論の一つである。

住山楊甫（一七八二―一八五三）は叶々斎、汲清庵などの号をもつ茶人で、祖父の姉が表千家の家元に嫁していたこともあって、表千家の支柱となる茶匠として活躍。表千家九代目家元了々斎宗左を助け、その没後は跡取りの吸江斎がまだ幼少であったために、表千家が出仕していた紀州徳川家に家元後見として出仕した。そうした家元に準じる立場から、世の遊芸化批判に応えるべく、禁欲的な茶道論を著わしたものであろう。

しかし世上一般の傾向は、こうしたたてまえ論には耳をかすことはなく、茶道・花道・香道などと、わざわざ〝道〟の文字を付して修行性を強調したところで、たちまち〝道楽〟と転合してしまうような遊びの精神が横溢する時代であったから、はたして、こうした反省の論が、実際にどれほどの効果があったものか疑問があろう。しかし、こうした反省が深まり、そのなかから全面的に茶の湯批判が展開され、河田直道の『茶道論』(天明七年刊)が出版されたり、新しい茶道具の研究が松平不昧《ふまい》(治郷《はるさと》)によって始められ、さらに茶の湯そのものを否定して新しい喫茶法を案出した煎茶道が誕生するなど、近代への胎動が始まったのである。

**【史料28】**

夫茶の湯の道ハ大道に到らしむるの種にして、人〳〵具足したる事なれハ、外に求るものにあらす、平常の心を工夫あるへし、茶祖の風流ハ奢らすかさらすして賓主共他念なく、高きも賤きも、それ〳〵の程を弁《わきま》へ、礼敬を失ハす、清らかに和して楽しむを要とす、茶手前、炭手前、芸にあらす、自然と目に立ぬやうに有へし、亦時の法度を守り、忠孝を厚くして面々の家業を出精し、朋友に信あるを、茶の湯の道といふ、家造り、庭の樹石も奇成る事を好ミ、道具も分限不相応の珍器を翫ふ事、是皆茶の意にそむけり、飲食又おなし、只尋常を慎しミ大道に至る時ハ安楽なるへし

古人の道哥(歌)に

茶の湯こそせむ人もなき手すさミの

心のするは世にもまれなり

右

人の求に応して茶事修行のたよりにもなれかしと、思ひ出のまゝを書ておくる、心ある人の笑ひを待もの歟

汲清庵楊甫(花押)

地方における茶の湯の普及もめざましいものがあった。ことに美濃・尾張地方の農村では、大地主経営と農村工業の展開があいまって豪農のなかに茶室を構え、茶の湯を楽しむ人々が次々とあらわれてきた。ここに掲げた嘉永二年

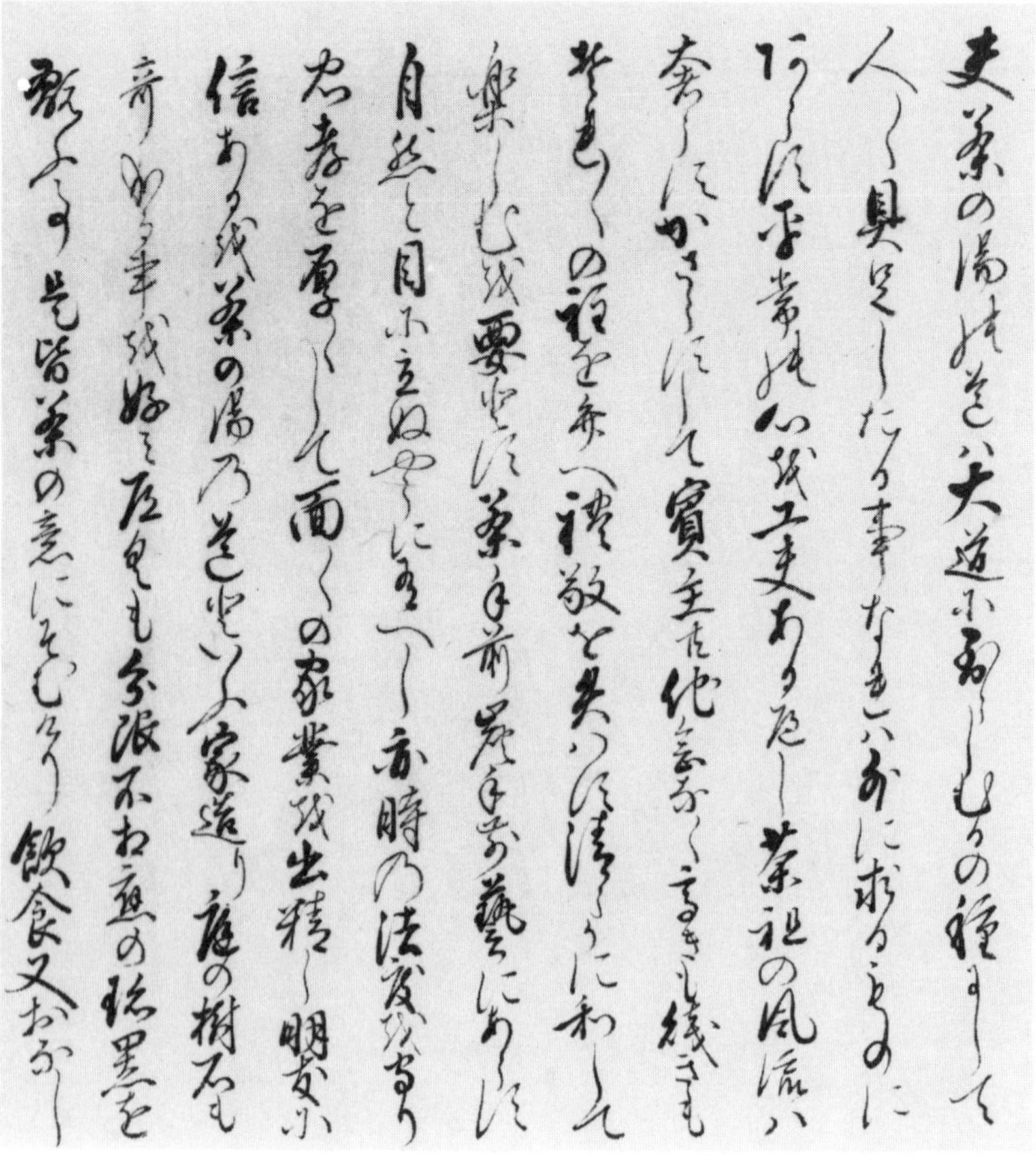

史料28　住山楊甫『茶道壁書』①

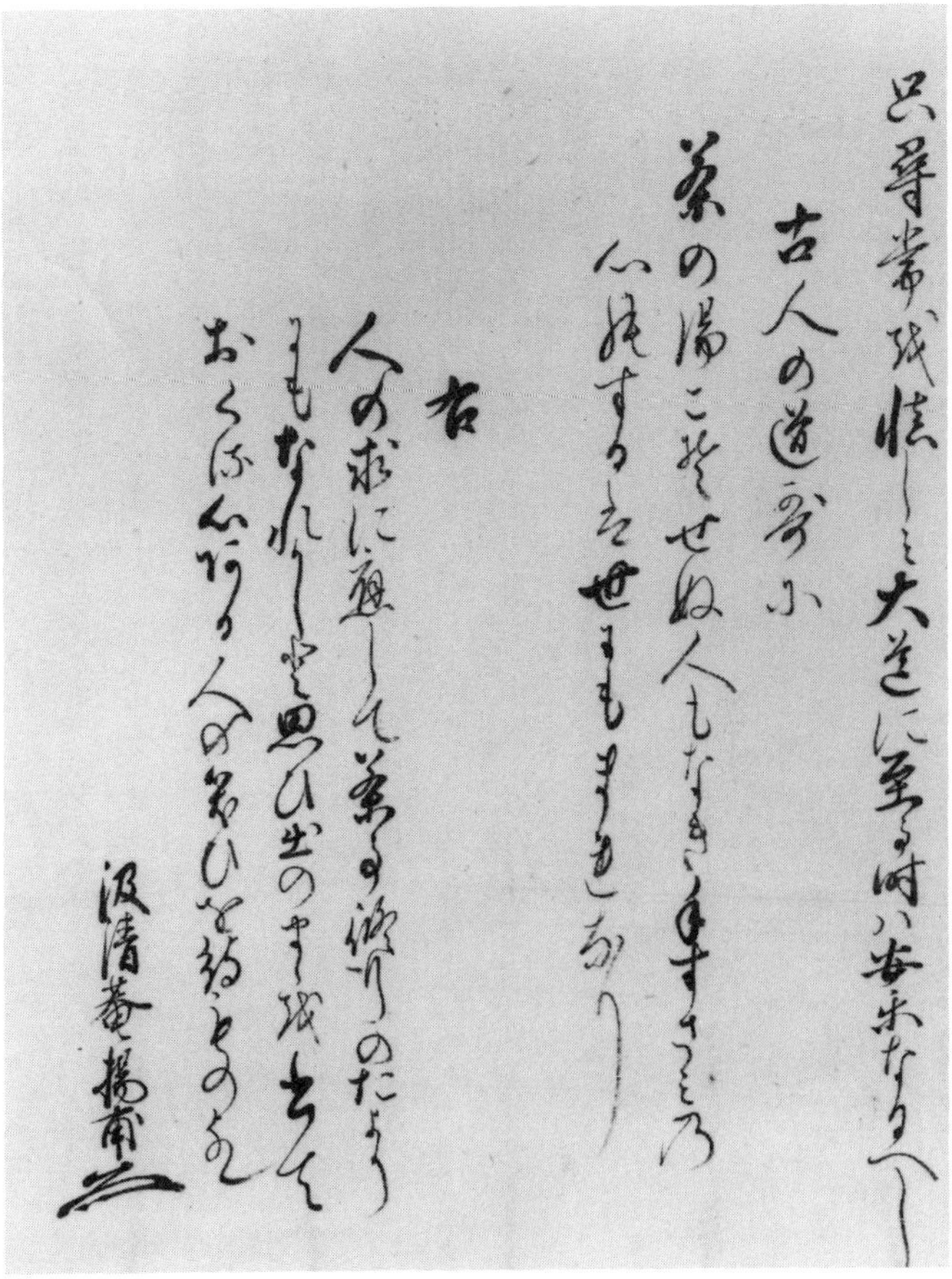

(史料28—②)

(一八四九)三月十六日の茶会記(史料29)も、そうした農村の茶人の一記録である。記録を残した千《ち》秋《あき》家は美濃で二百石以上を所持する地主で、そのほか質業、油店、貸家など手広く営んでいた。幕末の当主千秋笙峰は遊芸、詩文俳諧等、幅広い文化の楽しみをもった文人で、この茶会の客となった町田正波から茶の教授をうけていたものと思われる。

町田正波は、正徳・享保年間に活躍した町田秋波の末裔。秋波は晩年京都から名古屋に移り、名古屋に表千家の茶を広めた茶人であったので、時代は隔たるとはいえ、引きつづき、名古屋周辺、美濃のあたりまで弟子筋の家があったのかもしれない。会記に「京　町田正波」とあるように、町田家は秋波以後は京都に戻り、名古屋の千家の茶は松尾宗二の系統によって伝授されていた。

さて茶会記の内容を見よう。茶会記の書式が定まるのは十七世紀で、まず茶会出席者から書きはじめ、茶会の前半と後半の二部に分けて道具組みを記し、そのあと茶の湯の料理（江戸時代では会席と記されることが多かったが近代では懐石という字をあてる）の献立を記す。ところでこの茶会記を見ると、標準的な茶会の形とはちがって、この日の茶は〝前茶〟とよばれる特別な形式であったようだ。すなわち、一般の茶会では前半の初座で炭手前ののち会席が出され、食事のあと菓子をいただいて席を立ち休憩に入る（中立《なかだち》という）。そして後半の「後入」に続くのだが、この会では、初座での会席をあとに回し、さきに濃茶を出す〝前茶〟にしたと見たい。したがって、本来なら後座の濃茶のあとに出す薄茶を、会席のあとに出している。つまり標準型（初入→炭手前→会席→菓子→中立→後入→濃茶→薄茶）に対し、前茶（初入→炭手前→菓子→中立→後入→濃茶→会席→薄茶）という形式である。次に具体的に茶会の展開を見よう。

客組みを記したあと、床とあるのは、初座といわれる茶会前半の席で床の間に飾られた掛物のこと。船橋宗賢の詩の短冊というのは珍しい。一般には禅僧の墨跡とか古筆、あるいは絵画を掛けることが多く、儒者のものを茶で使うことは少ない。おそらく亭主の笙峰の好みであったのだろう。炭斗《すみとり》・香合・方六《ほうろく》（炮烙）とあるのはいずれも炭道具で、客が茶室に入座するとまず亭主によってこれらの炭道具が持ち出され炭を炉につぎ、練香を炉中に埋める。炮烙は灰を入れておくための灰器。

ここで菓子（京都の亀屋製）を食べて中立し、銅鑼《どら》などの鳴物の知らせでふたたび茶室に入ると、初座で床の間に飾られた短冊ははずされて、かわって青磁の花入に、武者りんどうと丁字桜《ちょうじざくら》の二種が入れられ、時代棗《なつめ》（これには正客の町田正波の箱書付があった）、静斎手造りの茶碗、薮内五世家元比老斎作の茶杓で濃茶が練られた。

濃茶を飲んだあと、道具は片付けられて、会席の準備がととのえられた。濃茶を飲んだ小間の茶室から広間に移ったかもしれないが、そこはよくわからない。会席はまず折敷《おしき》に向付《むこうづけ》と飯と汁の三点を組みつけて持ち出される。「向」とあるのが向付の意で若鮎を山椒と酢で〆めたものらしい。旧暦三月十六日といえば今の四月下旬。五‐六センチメートルほどの若鮎がおいしい時候である。汁は「すまし」とあるから味噌汁ではない。そもそも汁といっても味噌汁とは限らない。飯と一緒に飲むものが汁で、酒とともにとるのが吸物である。味つけや実によって両者が区別されるわけではない。「平」とあるのは器の種類による呼称で、いわゆる煮物にあたる料理。はやくも竹の子がでている。つづいて焼物で味噌漬の鱣とある。鱣とは鯉のこと。ここであらためて酒が出され、あわせて肴にあたる吸物と八寸が出る。八寸の大きさの白木の折敷に海のものと山のものと二種盛りあわせて出し、亭主が客に酒を勧める作法で、海のものは車海老の身を茹《ゆ》でて細くほぐしたもの、山のものもいかにも農村らしく柚《ゆ》べしが用いられた。「柚びし」というのが美濃での表音なのだろう。このあと湯桶に入れた湯と香の物（吸物の前に記されている茄子漬がそれだろう）が出され会席は終了する。

食事のあとで、惣菓子（銘々の器に分けずに、盆などに一つ盛りにした薄茶の菓子）が出て、道具も唐物の茶入、象牙の茶杓、萩の茶碗（茶入と茶杓が薄茶の道具としては少々重すぎて、バランスが欠けるようにも思える）をもって薄茶がたてられ、無事、茶会は終了した。

遠来の客を迎え、美味を楽しみ、道具談義にふける。当時としても最高の贅沢だったであろう。

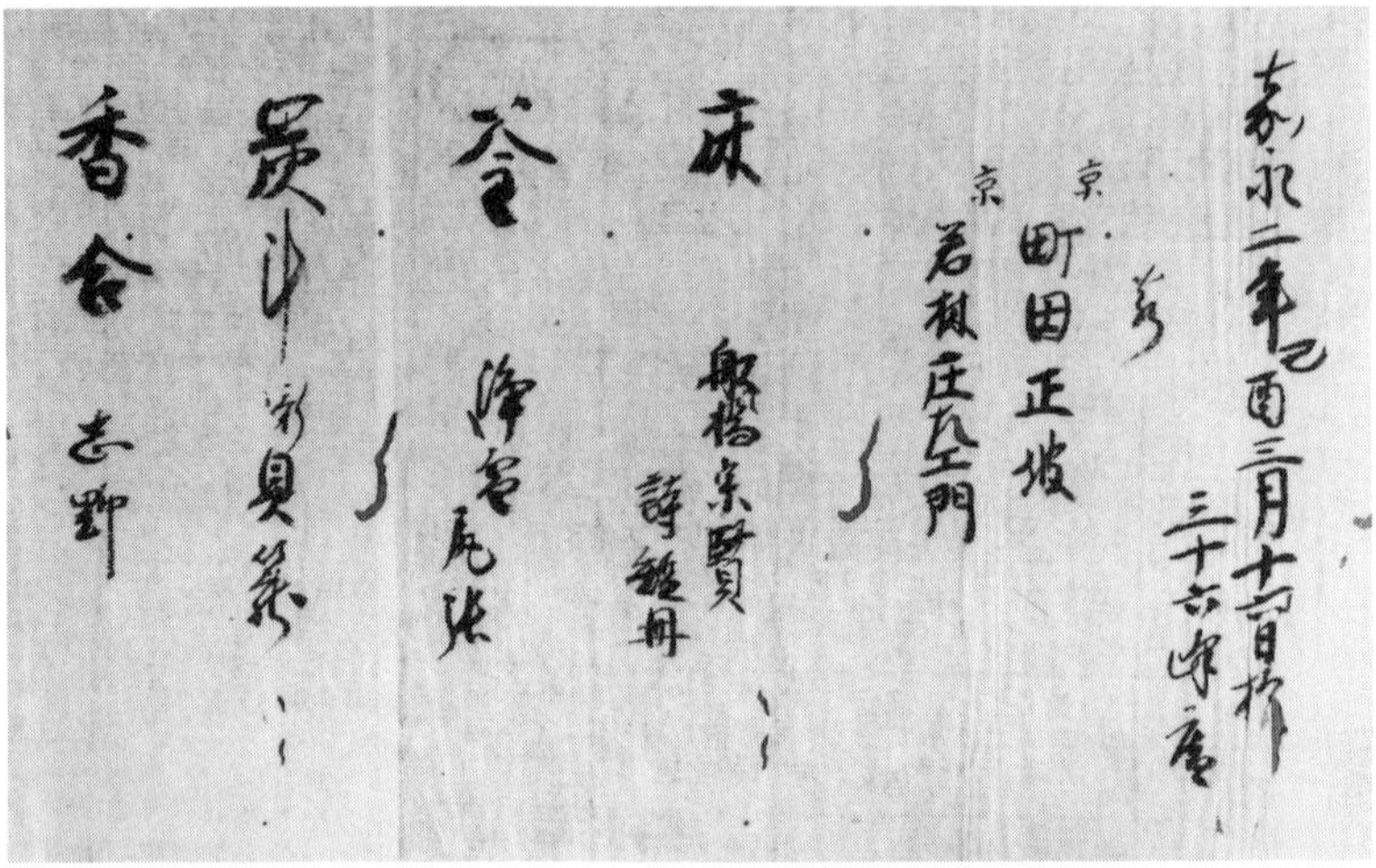

史料29　茶　会　記①

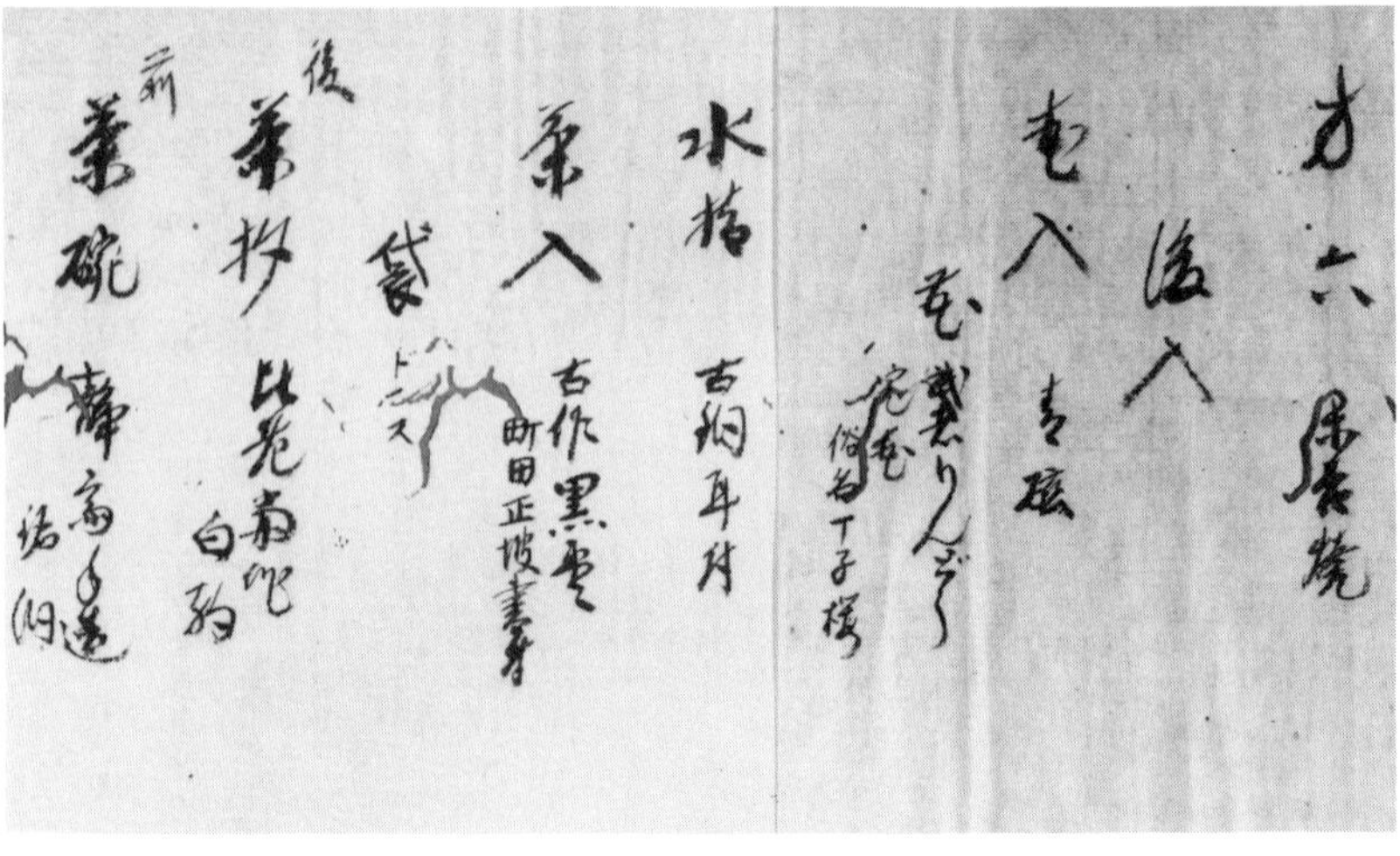

(史料29—②)

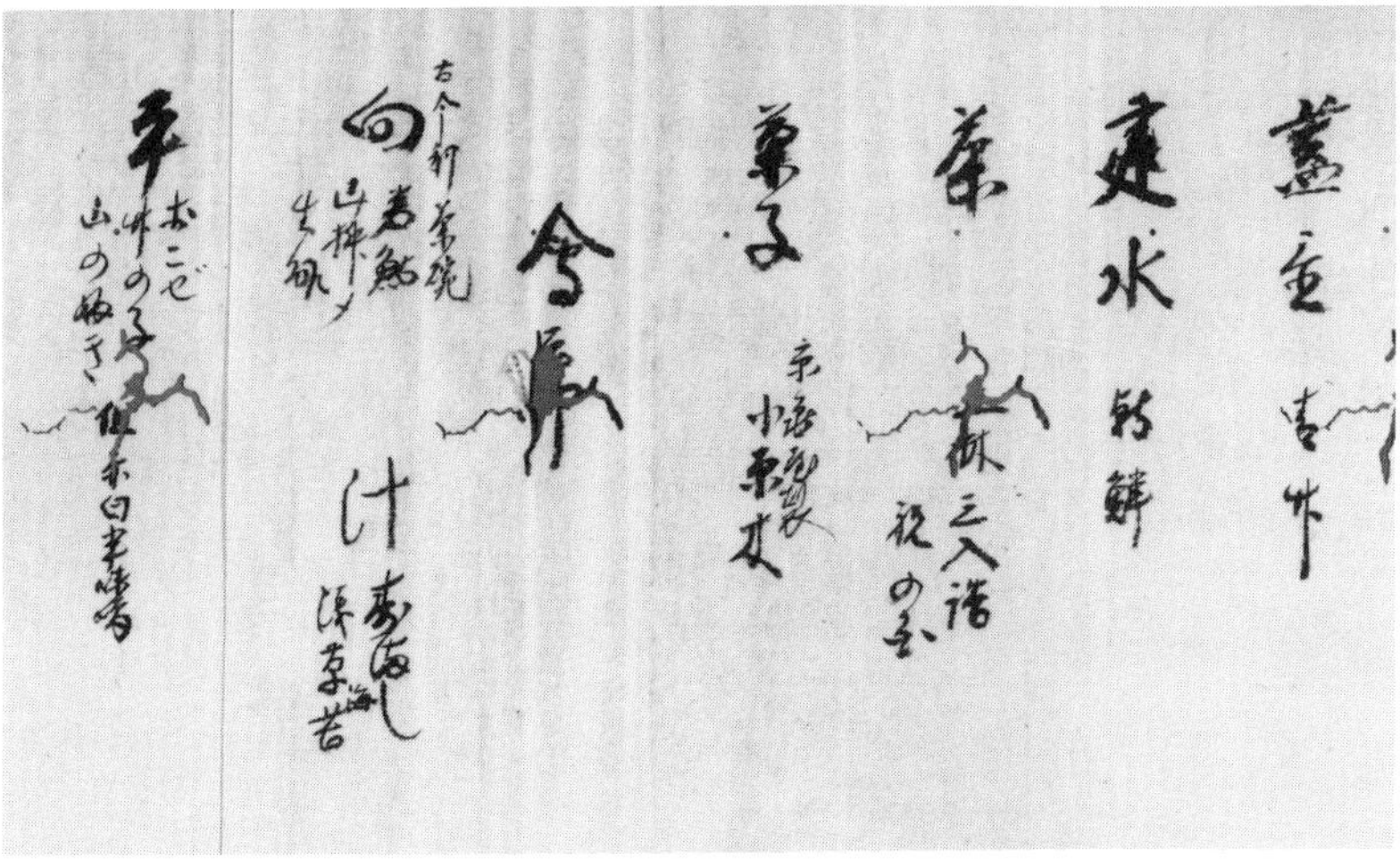

(史料 29—③)

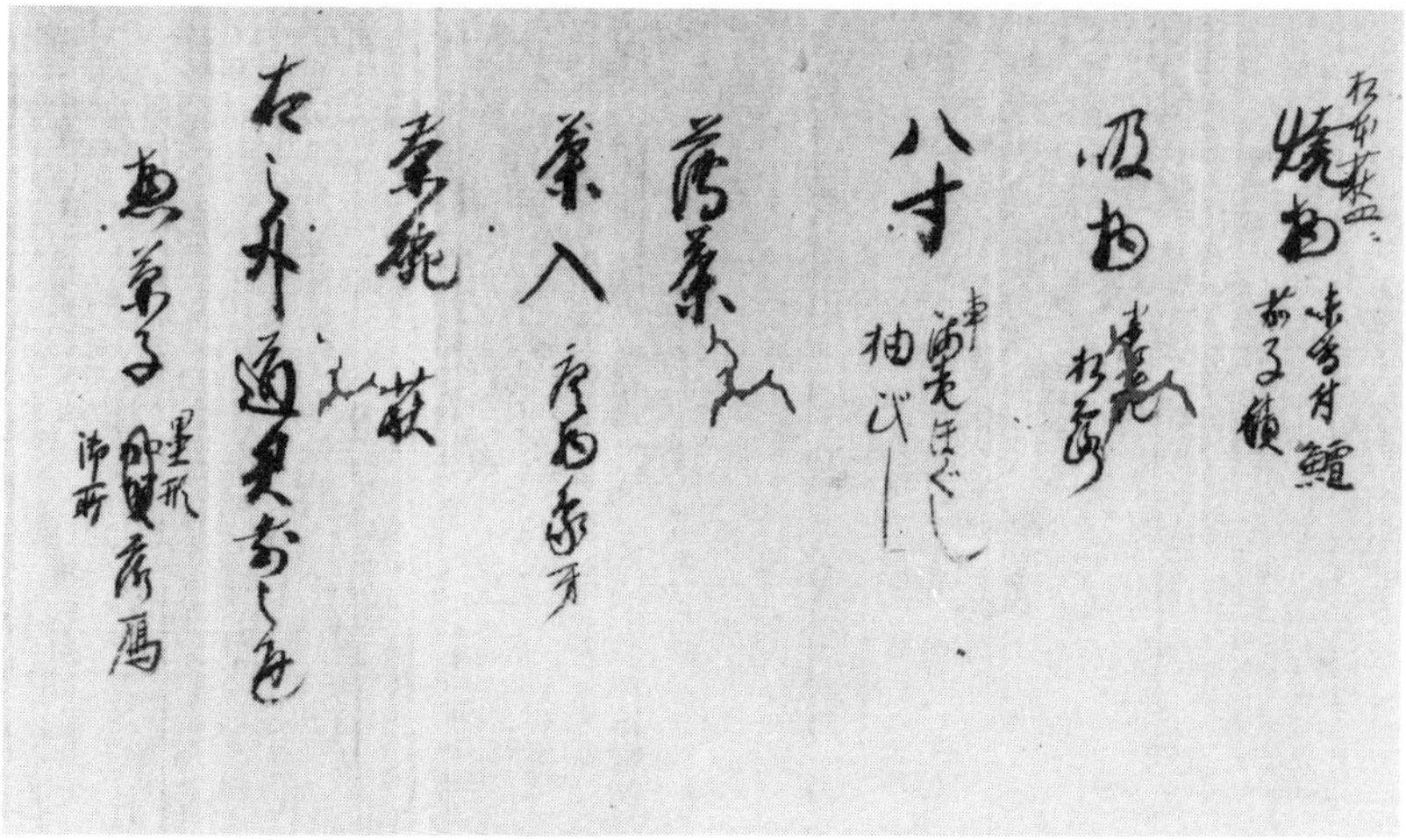

(史料 29—④)

**【史料29】**

嘉永二年乙酉三月十六日於

三十六峰庵

客

京 町田 正 波

京 若林庄左衛門

床《とこ》 船橋宗賢 詩 短冊

釜 浄雪 尻張

炭斗《すみとり》 新貝籠

香合 志 野

方六《ほうろく》 楽吉焼

後《ご》 入《いり》

花入 青 磁

花 武者りんどう

寒花 俗名丁子桜《ちょうじざくら》

水指《みずさし》 古銅耳付《こどうみみつき》

茶入 古作黒棗《くろなつめ》

---

町田正波書付

袋 ドンス

後茶杓 比老斎《ひろうさい》作 白駒

前茶碗 静斎手造 銘洞

蓋置 青 竹

建水 朝 鮮

茶 上林三入《かんばやしさんにゅう》詰 祝《いわい》の白《しろ》

菓子 京亀屋製 小原木

会《かい》 席《せき》

古今利《いまり》茶碗

若 鮎

向《むこう》 山桝〆 汁 すまし

生 酢 浅草海苔

---

おこぜ

平 竹の子 但赤白半味噌

山のふき

松本萩皿ニ

焼 物 味噌付鱣

茄子漬

吸 物 養老松露

八 寸 車海老ほぐし 柚びし

薄 茶

茶 入 唐物 象牙

茶 碗 萩

右之外道具前之通

惣菓子 墨形加賀〔御所〕（ママ）落雁《らくがん》

あれは「老惚れ日記」を二年分書き終えた年の暮れだった。その日の午後、俺は突然眼の前が暗くなって、土間に積んであった薪の上に崩れるようにうつ伏してしまった。意識はもうろう、遠くの方から「お父ゥ……」と呼ぶ倅の声が聞こえてきたが、返事をしたくても舌が思うように動かない。「死ぬのは怖くない。祭りや芝居に出かけるようなものじゃないか。」一瞬、俺はそう思った。

それからどのくらい日数が経過したか、定かではない。霞みがかかったように恍惚とした頭の中で、俺はなぜか、土葬と火葬のどっちがいいかなんて事を考え続けていた。

生まれてすぐ貰われていった鍛冶屋の家は、宗旨から言って火葬だったに違いない。もっとも親類の誰の葬式にも出会わないうちに鍛冶屋の父母とは別れることになってしまったが……。秋野の父は儒者ということもあって土葬の信奉者で、日記にも「土葬は人情の厚きより出て、死を視ること生を視るごとく、亡（死者）につかふる事、存（存名者）につかふるごとく……」と書き留めていた。確かに火で焼かれて灰と骨になってしまうのは寂しすぎる気がしないでもない。でも死んでしまえばどっちでも同じなんだろうなあ。

埋葬の方法はともかくとして、葬式はどんなものになるんだろう。俺の死を心から悲しんでくれるのは、いったい何人いるかなあ……。

江戸歌舞伎のさる有名な狂言作者は、自分の臨終場面を狂言に仕組んで上演させたということだ。俺だってもう少し前に今の状態が予期できたら、いろいろ趣向を凝らした遺言を遺せたかもしれないと思う。しかしひるがえって考えれば、死期の訪れを一日一日確かめながら痛苦に悩んで余命を送るよりも、こんな風に突然倒れ、もうろうとした意識のまま死を迎えるほうが、どれほど幸せなことか。胸のあたりが少し重苦しいほかは、とにかく体中がしびれたようで、たえがたい苦しみなど、少しも感じないのだから。

世間では、臨終の瞬間、それまでの人生が走馬灯のように蘇ってくるというが、俺の場合は、全然違っていた。たしかに俺の一生は、変哲のないものだった。生涯と呼べるほど波瀾万丈ではなかったし、かと言って人生と言うほどしみじみとしたものでもなかった。しかしそれにしたって、最期の〝あの時〟は素っ気なさすぎたと思う。俺を産んだお初さんの顔も、極楽参りを体験させてくれたお妙さんの身体も、江戸の由蔵親方や江戸の風景も、何一つ浮かび上がってこなかったのだ。

あの時、俺はただ、耳元でかすかに誰かが囁《ささや》くのを聞いたような気がする。その声は確かこう言っていた。「さあ、そろそろお開きだよ」――。声の主は、それから「フッ」と息を吹きかけ、と同時に俺の命の灯もまた「フッ」と消えてしまったのである。

臨終の日、倅は「老惚れ日記」の末尾に次のように書き加えた。

「旧臘《きゅうろう》十八日朝、卒中風のごとく気絶、暫くして蘇し、翌日より正気なく、今昼落命、正月三日息忠兵衛記」

（完）

## 6　人生の終焉

「生ある者、いつかはかならず滅びる」とは、古今東西にわたる厳粛な絶対の法則である。人はこの事実を観念的には知っているが、自分の身に引きつけて考えようとはしない。たまたま大病をしたり、年をとって初めてこの事実に気付いて愕然とする。

このときから人は回避できない自らの死に備えて心の準備を始める。但馬国二方《ふたかた》郡鐘尾村（現、兵庫県美方郡温泉町）の奈良家には、全文平仮名で書かれた「ふつせつあミたきやう」という冊子《さつし》が残されている。そのなかにある極楽世界の説明は、人びとの死後の世界への関心を示している。この冊子には、やたらと句点が打たれているので、人びとがこれをお経として口で誦えながら死後の世界を自らに受け入れようとしていたことがわかる。同家にはまた数人の老人によって読みかわされた死についての歌、たとえば、「そのままに涅槃《ねはん》の身にて面白や、虚空に満ちて寝たり起きたり」などがある。近い死を前にして悟りをえたいと願っている老人の関心があらわである。

死を身近かに感じたとき、人は死後に対する自分の想いを文字に残す。遺言がその代表的なものである。石見和木村の小川宗兵衛にとって、悪事を働いて行衛をくらました息子の伊三郎のことが、今はの際まで気がかりだった。そこで彼は、享和二年（一八〇二）六月二十日、妻のおしづと親類中、それに村中の主だった人にあて、伊三郎を永久に勘当したと遺言状の中で明記し、伊三郎が自分の死後、家族に対し災いを及ぼさないように配慮したのであった。

**【史料30】**

覚

伊三郎儀寛政四子年去酉年迄纔十ヶ年、壱ヶ年丸ニ在宿仕候儀無二御坐一、不所存ニて毎年出ほん（奔）、或者半年、五三月相立候得者立戻り、色々人頼仕候ニ付、心外なから勘弁致し、去酉ノ十一月浜田（石見国那賀郡）浅井ニ要用之儀ニ付遣候処、其ゟ直ニ不レ帰、浜田ニ法外之悪行相働、大森御用挑灯拵持廻り、其外種々之悪事とも数々有レ之、其上浜田ゟ直ニ欠落仕、依レ之難ニ捨置一、勘当御願申、帳外いたし候。拙者死後永ク勘当いたし候、依て為ニ後證一遺書如レ件

享和二戌年

六月廿日　　小川宗兵衛㊞（花押）

おしつとの

惣親類中

頭立面々

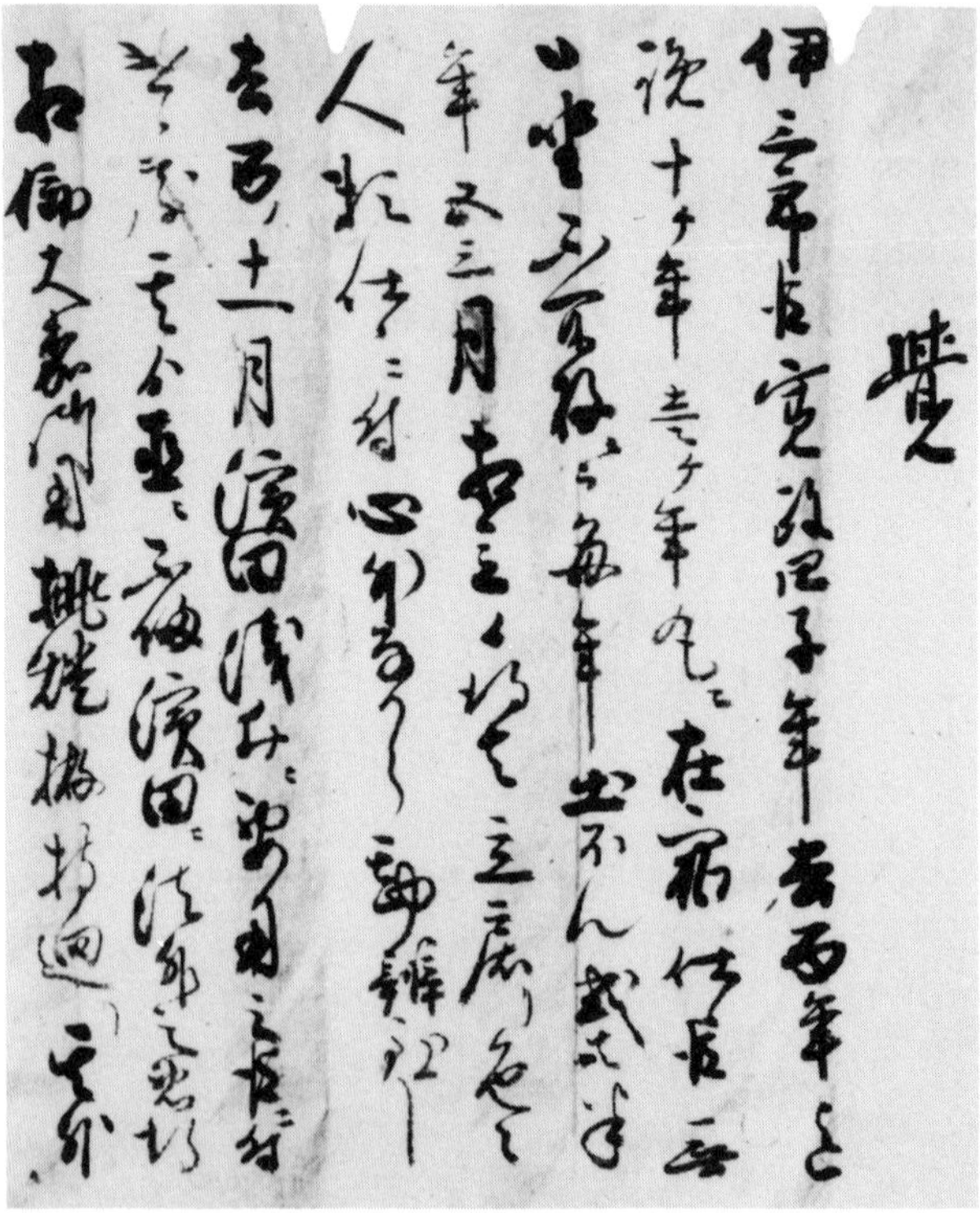

史料30　小川宗兵衛遺言状①

当時、全国的に見られた家訓の類には、遺言的性格をもつものが多い。摂津国矢田部郡東尻池村（現、兵庫県神戸市長田区）の宗国《むねくに》家の家訓は、親孝行、家内の和睦、慈悲、勤勉などを勧めたあとに、ふつう遺言の内容と考えられる子孫への遺産分けが記されている。当時の人びとが家訓を遺言と同じように考えていたことが明らかである。

死を目前にして書かれた遺言には、目前の死という一大事にくらべて不釣り合

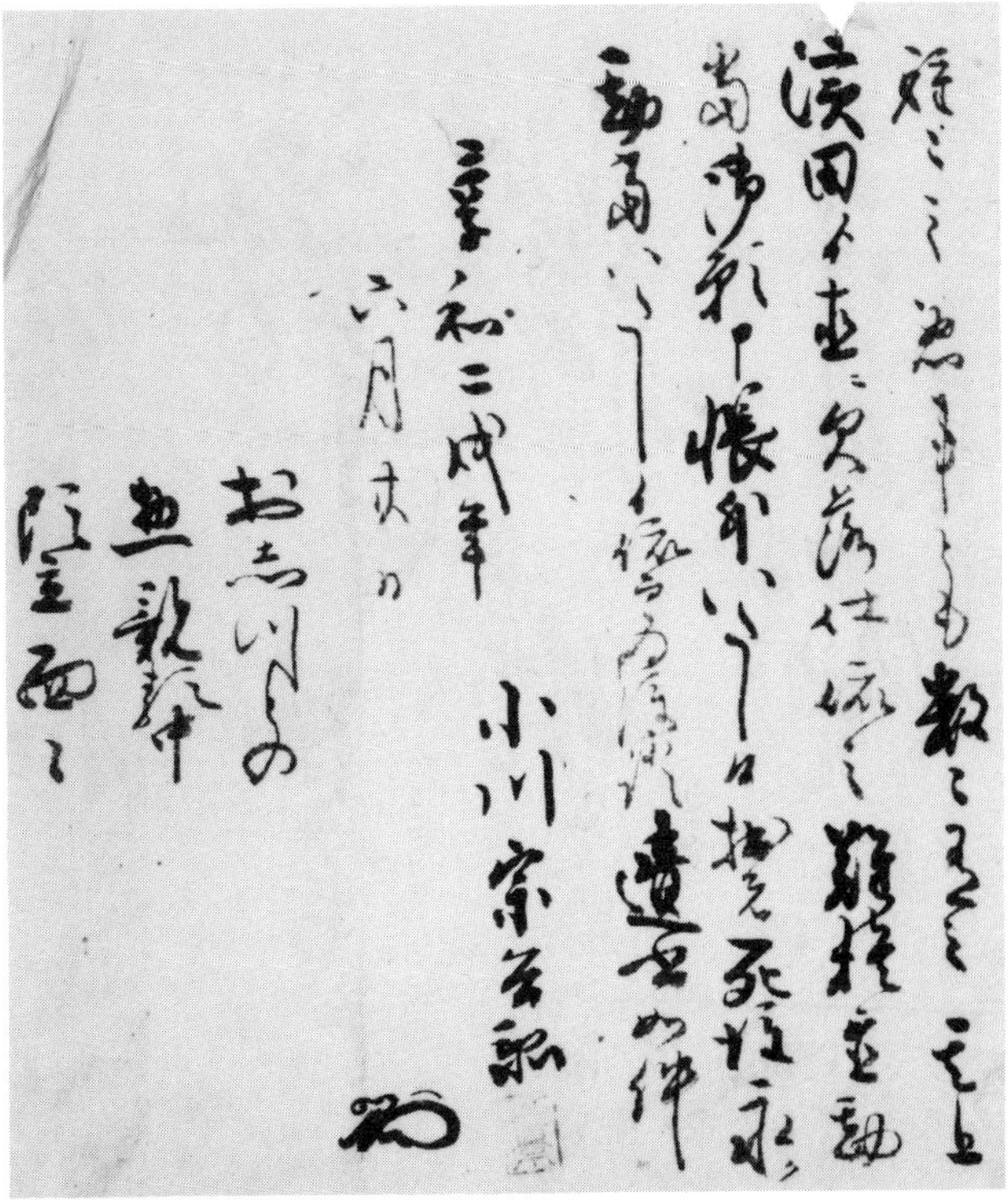

（史料30—②）

いな、いわばどうでもよいようなことが書かれている場合がある。飛騨、大原騒動の頭取、本郷村善九郎が打首の五日前に妻のかよあてに出した手紙の末尾に、見舞をくれた人への御礼の依頼が、「此方も鉈見村与十郎殿より柿壱わ、石神長重郎殿ゟは壱わ被ㇾ下、御礼可ㇾ被ㇾ申候」のように書かれている。当時の人びとにとって受けた好意に対する返礼は今はのきわまで気になることであった。

さて、自らの死に対し人びとはどのように意識していたであろうか。百姓一揆の指導者の場合、一般に自らの死に対して潔ぎよかったと考えられている。嘉永六年（一八五三）の三閉伊地方の大逃散《ちょうさん》の指導者たちは、「衆民のために死ぬる事は元より覚悟の事なれは今更命惜み申すべき哉」と胸を張った。しかし本当に彼らが自らの死に未練をもたなかったかどうかは、彼らが処刑されてしまうのでよくわからない。ところがここにそれを知りうる稀有の例がある。陸奥国伊達郡金原田村（現、福島県伊達郡保原町）の菅野八郎はつねに自分の命を地域の人びとのためにささげて悔いないといってきたが、安政五年（一八五八）、水戸事件に連座して自宅で捕えられたとき、

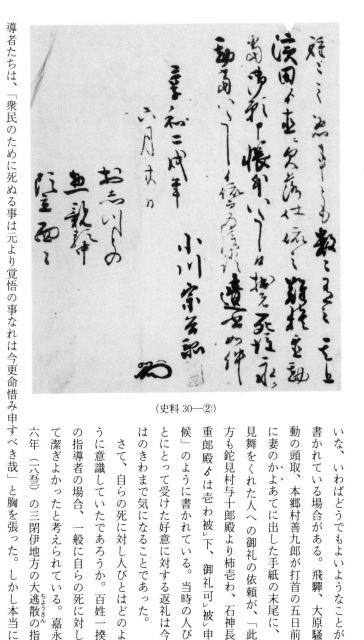

苦しい胸の内をつぎのように打ち明けている。

家内一同ハッ卜啼《なく》声我耳にひしとこたへし、其苦しさ言べくよふもなくばかり、去迚叶《さりとてかなわ》ぬ事なれば、行道すがらも友達を頼む言葉に、家内の者嘆きハ理《コトワリ》、去ながら我百姓の身として、御大老様御老中様其外重き方々より御疑念筋与有レ之ハ、冥加至極に相叶、譬《たとい》一命召さるる共、少も嘆く事ハなし、此事とくと言含メ、家内のなげぎ（ママ）を晴してたべと、口にはりっぱに言ながら、妻子に心引さるる、愛情不離ハ是非もなし、是を見る人みれん至極の八郎□□としかり給ふな

史料31　香奠控①

未練がましくあってはならないという胸奥からの声にひけ目を感じながら、妻子への愛惜を脱却できなかったと正直にその本音を告白しているのである。

人の死んでいく様子を記した記録は珍しい。その珍しい記事を但馬国豊岡の由利家日記にみることができる。文化九年（一八一二）、これまでもよく発熱して、家族を心配させていた生後一年と少しの長男、源吉が十一月二十八日から病気となる。親の九十郎は医師を三人も頼んで治療にあたらせたが、翌日の夜には強い発作が十五回もおき、灸をすえたり、針を打ったりしたが、やがて言葉もいわなくなる。晦日《みそか》には歯をくいし

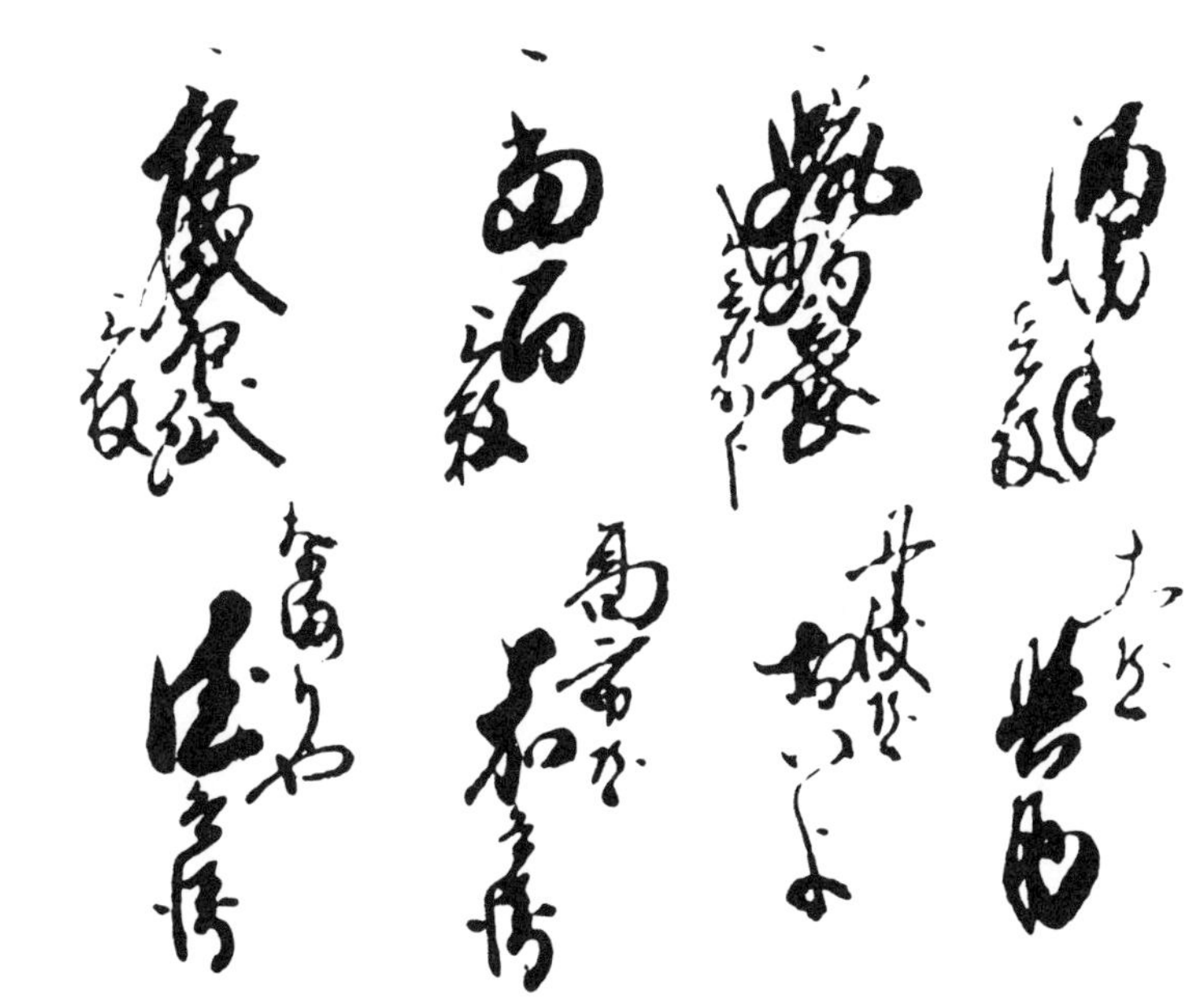

（史料31—②）

ばって薬をうけつけなくなり、「夜中持兼候わん」と心配される事態となるが夜明けを迎える。十二月一日の七ッ時（午後四時）にはますます危険な状態となり、医師から「最早致方も無之」と告げられる。夜の四ッ頃（午後十時）から発作が強くなり、ついに七ッ時（午前四時）「往生」した。最後は身体の衰弱のせいか発作も軽く、苦しそうでなかったのがせめてもの慰めであった。

　葬式そのものの式次第を記した古文書を残念ながら私は知らない。しかしさきの菅野八郎の遺書から、死骸を洗い、衣類を着せかえ、入棺させる。僧侶をよんで式を行ない、葬列を作って墓場へ向い、穴を掘って埋めることがわかる。当時の御触書《おふれがき》によると、葬式や法事が年を追って華美となったこと、十人ほども僧侶をよんだり、葬送のものが全員麻上下《かみしも》を着たり、町内や組合から大勢のものが附添ったり、高さ四尺以上もの壮大な石碑を作るのが流行したり、院号居士の戒名をつけたりしたことが知られる。

　葬式の折には、人びとの持参した香奠《こうでん》が記帳される。

この記録はどの家でも代々残されていく。香奠の種類と量が次回相手の家で葬式があったとき参考にされるからである。したがって香奠帳に記された記録にはまちがいがない。量であらわしにくい人間の意識を正確に把握できる歴史資料として、香奠帳のような農家資料はもっと活用されてよい。

嘉永七年（一八五四）五月二日、河内国丹北郡六反村谷川家の釈諦円の葬式の場合、香奠は蠟燭、椎茸、伊織印紙、酒切手、当百（天保銭の俗称）であった（**史料31**を参照）。葬式の諸費用が買物帳として残されている場合もある。このほか葬式には、焼香の順や葬列の順と役割を記した古文書もよく見かける。

**【史料31】**

香奠扣（控）

一 蠟燭 壱斤 天王寺屋 佐兵衛
一 椎茸 壱斤 茨木屋 林兵衛
一 伊織印紙 五枚 片上屋 浅七
一 酒切手 壱枚 十一屋 与助
一 蠟燭一袋 一匁五分 丹波屋 おいよ
一 当百 三枚 高市屋 嘉兵衛
一 伊織印紙 三枚 なまりや 徳兵衛

葬式のあとは、四十九日、一周忌、三周忌……といった法事があり、三十三回忌（禅宗はさらに五十周忌、百周忌と無限に続く）まで人は先祖神に昇華して終わると考えられている。

## こぼればなし　江戸時代の粗忽者

先日祖母が天寿を全うして他界した。その葬礼も菩提寺の和尚によって無事終了したので、家族一同ほっと安堵の胸をなでおろした。ところが数日を経て、突然和尚より一通の書状が届けられた。内容をみてびっくり。御礼金の中味が異なっていると書かれている。事実であろうから致し方がない。当方の不始末として処理することにしたが、余りにも粗忽さを世間に曝け出したようで、とても恥しい想いをした。つぎの一書が和尚からの手紙である。

**【史料32】**

口　演

先刻者御麁末千万ニ奉レ存候、陳者御礼金袋入弐両壱分与有レ之候処、袋中相改候処弐両有レ之壱分不足ニ御座候間、定而御勘定違ニ可レ有レ之候間、御内分之処、篤等御改可レ被レ下候、多分間違ニ御座可レ有与奉レ察候間、余者若和尚ゟ可二申上一候、早々以上

〈読み下し文〉

口　演

先刻は御麁(粗)末千万に存じ奉り候、陳《のぶ》れば御礼金袋入弐両壱分とこれあり候処、袋中相改め候処、弐両これあり、壱分不足に御座候間、定めて御勘定違いにこれあるべく候間、御内分の処、篤《とく》と御改め下さるべく候、多分間違いに御座あるべくと察し奉り候間、余は若和尚より申し上ぐべく候、早々以上

元来「口演」とは文書でなく口で述べることであるが、近世では、しばしばこのような手紙形式で、事の次第を伝

えることがある。

この書状は文面でもわかるように、仏事の御礼金としてもらってきた御布施の中味が、表書の金額と符合しない。包紙には「弐両壱分」と書いてあるのに、中味は一分不足して二両しか入っていない。和尚は勘定違いの事と考える

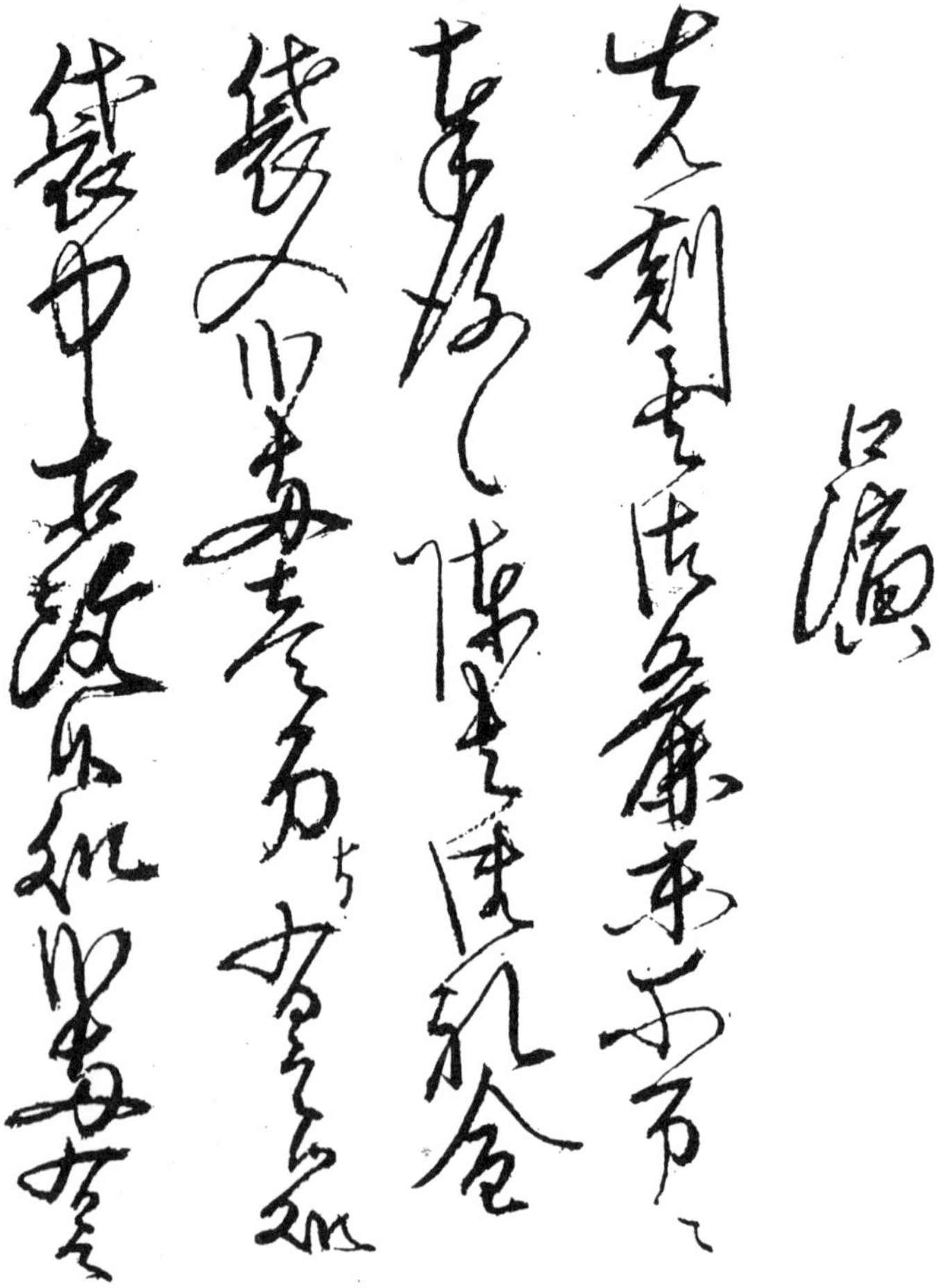

史料32　和尚書状①

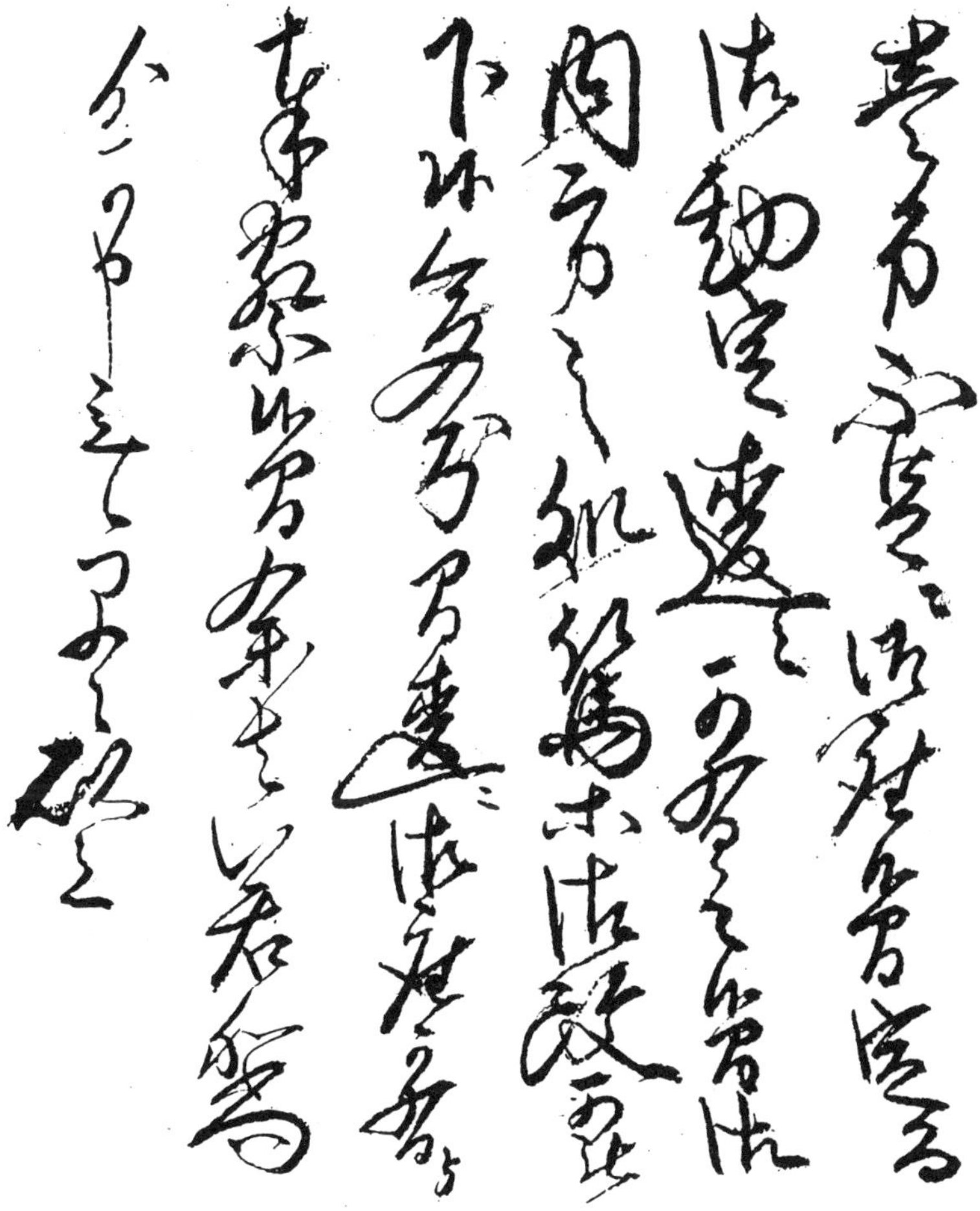

(史料32—②)

がと断りながら、「御内々でよく御改め下さい。多分間違いと推察しますが、今一度お調べ下さい」と恐縮しながら一分不足の実情を陳述している。

そこで当時の葬式の費用は、御布施を含めて旦那寺への支払いが、一体どの位かかったかを他の史料によってみることにしよう。

御布施幷諸入用覚（元治元年）

一 金弐百疋　御導師御布施
一 青銅三百銅　覆布料
一 青銅三百文　灰葬志
一 青銅三百文　三日逮夜志
一 青銅五百文　二七日ヨリ六七日迄七日〳〵志上ケ
一 青銅弐貫五百文加五百文　御役僧六人　壱人ニ付五百銅つゝ
一 青銅三百文　御侍壱人
一 青銅壱貫八百文　御供九人　壱人ニ付弐百文つゝ

小以弐分ト六貫文

と右の史料によって一ヵ寺への礼金は大体一両二分位と考えてよいと推量される（幕末のため六貫文を一両と推算）。この中で導師御布施が弐百疋（二分）と書かれているので、該史料の二両一分の礼金は割合に高額であると同時に一分不足とは大変な不足額となることが判明する。

現在でも香典の中味が入っていなかったり、金額が違っていたりする話はよく聞くことであり、受付係りが大変困惑する問題である。

このように一分の不足は、やはり率直に申し出た方が賢明であるかも知れない。江戸時代にも粗忽者が存在したかと思わず微笑ましくなる史料である。

# 付録1 近世常用漢字一覧

凡＝几 勺＝夕 升＝舛 弔＝吊 去＝厺 句＝勾 卯＝夘 州＝刕 丞＝亟 体＝躰・軆 坐＝坐

役＝伇 悴＝躮 扱＝唆 沈＝沉 迄＝迠 事＝叓 参＝叅 宜＝冝 承＝羕 怪＝恠 臥＝卧

虎＝虍 於＝扵 剋＝尅 珍＝珎 柿＝柹 負＝偩 時＝旺・旹 砲＝炮 帰＝皈 恥＝耻 紙＝帋

逃＝迯 寅＝刁 規＝䂓 野＝埜・壄 執＝犱 異＝𢀳 畢＝𠦁 部＝卩 處＝處 最＝㝡 場＝塲

等＝才 喜＝㐂 裁捌＝哷 閏＝壬 嫁＝娶・娵 煎＝𤎅 葺＝萺 絹＝絹 違＝逺 鉤＝鈎 罰＝罸

漆＝㳒 構＝搆 模＝摸 歌＝哥 嘉＝㐂 慥＝慥 慢＝㥶 總＝揔 爾＝尓 熱＝㨂 輩＝軰

遷＝迁 霊＝灵 據＝擄 檀＝檀 雖＝錐 職＝軄 鶴＝靏

出＝屮 炎＝灸 棗＝枣 纔＝纔 品＝㕣 森＝枩 麤＝麁

和＝咊 群＝羣 政＝夊 松＝枩 概＝槩 秋＝烁・穐 養＝羪 島＝嶋 崎＝嵜 蘇＝蘓 略＝畧

魂＝䰟 遊＝迸

一＝壹・弌 二＝貳・弍 三＝弎・參 四＝肆・三・ハ 五＝伍 六＝陸 七＝漆 八＝捌

九＝玖 十＝拾

より＝ゟ こと＝𪜈 トキ＝𪜈 トモ＝𪜈 菩提＝𦬇 菩薩＝𦬇

# 付録2　年　代　表〔○閏月　□改元の月〕

| 干支 | 年　号 | 西暦 | 年　号 | 西暦 | 年　号 | 西暦 | 年　号 | 西暦 | 年　号 | 西暦 |
|---|---|---|---|---|---|---|---|---|---|---|
| 丙子 | 天正 4 | 1576 | 寛永13 | 1636 | 元禄 9 | 1696 | 宝暦 6⑪ | 1756 | 文化13⑧ | 1816 |
| 丁丑 | 5⑦ | 1577 | 14③ | 1637 | 10② | 1697 | 7 | 1757 | 14 | 1817 |
| 戊寅 | 6 | 1578 | 15 | 1638 | 11 | 1698 | 8 | 1758 | 文政 1 [4] | 1818 |
| 己卯 | 7 | 1579 | 16⑪ | 1639 | 12⑨ | 1699 | 9⑦ | 1759 | 2④ | 1819 |
| 庚辰 | 8③ | 1580 | 17 | 1640 | 13 | 1700 | 10 | 1760 | 3 | 1820 |
| 辛巳 | 9 | 1581 | 18 | 1641 | 14 | 1701 | 11 | 1761 | 4 | 1821 |
| 壬午 | 10 | 1582 | 19⑨ | 1642 | 15⑧ | 1702 | 12④ | 1762 | 5① | 1822 |
| 癸未 | 11① | 1583 | 20 | 1643 | 16 | 1703 | 13 | 1763 | 6 | 1823 |
| 甲申 | 12 | 1584 | 正保 1 [12] | 1644 | 宝永 1 [3] | 1704 | 明和 1⑫[6] | 1764 | 7⑧ | 1824 |
| 乙酉 | 13⑧ | 1585 | 2⑤ | 1645 | 2④ | 1705 | 2 | 1765 | 8 | 1825 |
| 丙戌 | 14 | 1586 | 3 | 1646 | 3 | 1706 | 3 | 1766 | 9 | 1826 |
| 丁亥 | 15 | 1587 | 4 | 1647 | 4 | 1707 | 4⑨ | 1767 | 10⑥ | 1827 |
| 戊子 | 16⑤ | 1588 | 慶安 1①[2] | 1648 | 5① | 1708 | 5 | 1768 | 11 | 1828 |
| 己丑 | 17 | 1589 | 2 | 1649 | 6 | 1709 | 6 | 1769 | 12 | 1829 |
| 庚寅 | 18 | 1590 | 3⑩ | 1650 | 7⑧ | 1710 | 7⑥ | 1770 | 天保 1③[12] | 1830 |
| 辛卯 | 19① | 1591 | 4 | 1651 | 正徳 1 [4] | 1711 | 8 | 1771 | 2 | 1831 |
| 壬辰 | 文禄 1 [12] | 1592 | 承応 1 [9] | 1652 | 2 | 1712 | 安永 1 [11] | 1772 | 3⑪ | 1832 |
| 癸巳 | 2⑨ | 1593 | 2⑥ | 1653 | 3⑤ | 1713 | 2③ | 1773 | 4 | 1833 |
| 甲午 | 3 | 1594 | 3 | 1654 | 4 | 1714 | 3 | 1774 | 5 | 1834 |
| 乙未 | 4 | 1595 | 明暦 1 [4] | 1655 | 5 | 1715 | 4⑫ | 1775 | 6⑦ | 1835 |
| 丙申 | 慶長 1⑦[10] | 1596 | 2④ | 1656 | 享保 1②[6] | 1716 | 5 | 1776 | 7 | 1836 |
| 丁酉 | 2 | 1597 | 3 | 1657 | 2 | 1717 | 6 | 1777 | 8 | 1837 |
| 戊戌 | 3 | 1598 | 万治 1⑫[7] | 1658 | 3⑩ | 1718 | 7⑦ | 1778 | 9④ | 1838 |
| 己亥 | 4③ | 1599 | 2 | 1659 | 4 | 1719 | 8 | 1779 | 10 | 1839 |
| 庚子 | 5 | 1600 | 3 | 1660 | 5 | 1720 | 9 | 1780 | 11 | 1840 |
| 辛丑 | 6⑪ | 1601 | 寛文 1⑧[4] | 1661 | 6⑦ | 1721 | 天明 1⑤[4] | 1781 | 12① | 1841 |
| 壬寅 | 7 | 1602 | 2 | 1662 | 7 | 1722 | 2 | 1782 | 13 | 1842 |
| 癸卯 | 8 | 1603 | 3 | 1663 | 8 | 1723 | 3 | 1783 | 14⑨ | 1843 |
| 甲辰 | 9⑧ | 1604 | 4⑤ | 1664 | 9④ | 1724 | 4① | 1784 | 弘化 1 [12] | 1844 |
| 乙巳 | 10 | 1605 | 5 | 1665 | 10 | 1725 | 5 | 1785 | 2 | 1845 |
| 丙午 | 11 | 1606 | 6 | 1666 | 11 | 1726 | 6⑩ | 1786 | 3⑤ | 1846 |
| 丁未 | 12④ | 1607 | 7② | 1667 | 12① | 1727 | 7 | 1787 | 4 | 1847 |
| 戊申 | 13 | 1608 | 8 | 1668 | 13 | 1728 | 8 | 1788 | 嘉永 1 [2] | 1848 |
| 己酉 | 14 | 1609 | 9⑩ | 1669 | 14⑨ | 1729 | 寛政 1⑥[1] | 1789 | 2④ | 1849 |
| 庚戌 | 15② | 1610 | 10 | 1670 | 15 | 1730 | 2 | 1790 | 3 | 1850 |
| 辛亥 | 16 | 1611 | 11 | 1671 | 16 | 1731 | 3 | 1791 | 4 | 1851 |
| 壬子 | 17⑩ | 1612 | 12⑥ | 1672 | 17⑤ | 1732 | 4② | 1792 | 5② | 1852 |
| 癸丑 | 18 | 1613 | 延宝 1 [9] | 1673 | 18 | 1733 | 5 | 1793 | 6 | 1853 |
| 甲寅 | 19 | 1614 | 2 | 1674 | 19 | 1734 | 6⑪ | 1794 | 安政 1⑦[11] | 1854 |
| 乙卯 | 元和 1⑥[7] | 1615 | 3④ | 1675 | 20③ | 1735 | 7 | 1795 | 2 | 1855 |
| 丙辰 | 2 | 1616 | 4 | 1676 | 元文 1 [4] | 1736 | 8 | 1796 | 3 | 1856 |
| 丁巳 | 3 | 1617 | 5⑫ | 1677 | 2⑪ | 1737 | 9⑦ | 1797 | 4⑤ | 1857 |
| 戊午 | 4③ | 1618 | 6 | 1678 | 3 | 1738 | 10 | 1798 | 5 | 1858 |
| 己未 | 5 | 1619 | 7 | 1679 | 4 | 1739 | 11 | 1799 | 6 | 1859 |
| 庚申 | 6⑫ | 1620 | 8⑧ | 1680 | 5⑦ | 1740 | 12④ | 1800 | 万延 1③[3] | 1860 |
| 辛酉 | 7 | 1621 | 天和 1 [9] | 1681 | 寛保 1 [2] | 1741 | 享和 1 [2] | 1801 | 文久 1 [2] | 1861 |
| 壬戌 | 8 | 1622 | 2 | 1682 | 2 | 1742 | 2 | 1802 | 2⑧ | 1862 |
| 癸亥 | 9⑧ | 1623 | 3⑤ | 1683 | 3④ | 1743 | 3① | 1803 | 3 | 1863 |
| 甲子 | 寛永 1 [2] | 1624 | 貞享 1 [2] | 1684 | 延享 1 [2] | 1744 | 文化 1 [2] | 1804 | 元治 1 [2] | 1864 |
| 乙丑 | 2 | 1625 | 2 | 1685 | 2⑫ | 1745 | 2⑧ | 1805 | 慶応 1⑤[4] | 1865 |
| 丙寅 | 3④ | 1626 | 3③ | 1686 | 3 | 1746 | 3 | 1806 | 2 | 1866 |
| 丁卯 | 4 | 1627 | 4 | 1687 | 4 | 1747 | 4 | 1807 | 3 | 1867 |
| 戊辰 | 5 | 1628 | 元禄 1 [9] | 1688 | 寛延 1⑩[7] | 1748 | 5⑥ | 1808 | 明治 1④[9] | 1868 |
| 己巳 | 6② | 1629 | 2① | 1689 | 2 | 1749 | 6 | 1809 | 2 | 1869 |
| 庚午 | 7 | 1630 | 3 | 1690 | 3 | 1750 | 7 | 1810 | 3⑩ | 1870 |
| 辛未 | 8⑩ | 1631 | 4⑧ | 1691 | 宝暦 1⑥[10] | 1751 | 8② | 1811 | 4 | 1871 |
| 壬申 | 9 | 1632 | 5 | 1692 | 2 | 1752 | 9 | 1812 | 5 | 1872 |
| 癸酉 | 10 | 1633 | 6 | 1693 | 3 | 1753 | 10⑪ | 1813 | 6 | 1873 |
| 甲戌 | 11⑦ | 1634 | 7⑤ | 1694 | 4② | 1754 | 11 | 1814 | 7 | 1874 |
| 乙亥 | 12 | 1635 | 8 | 1695 | 5 | 1755 | 12 | 1815 | 8 | 1875 |

付録3　時刻・方角

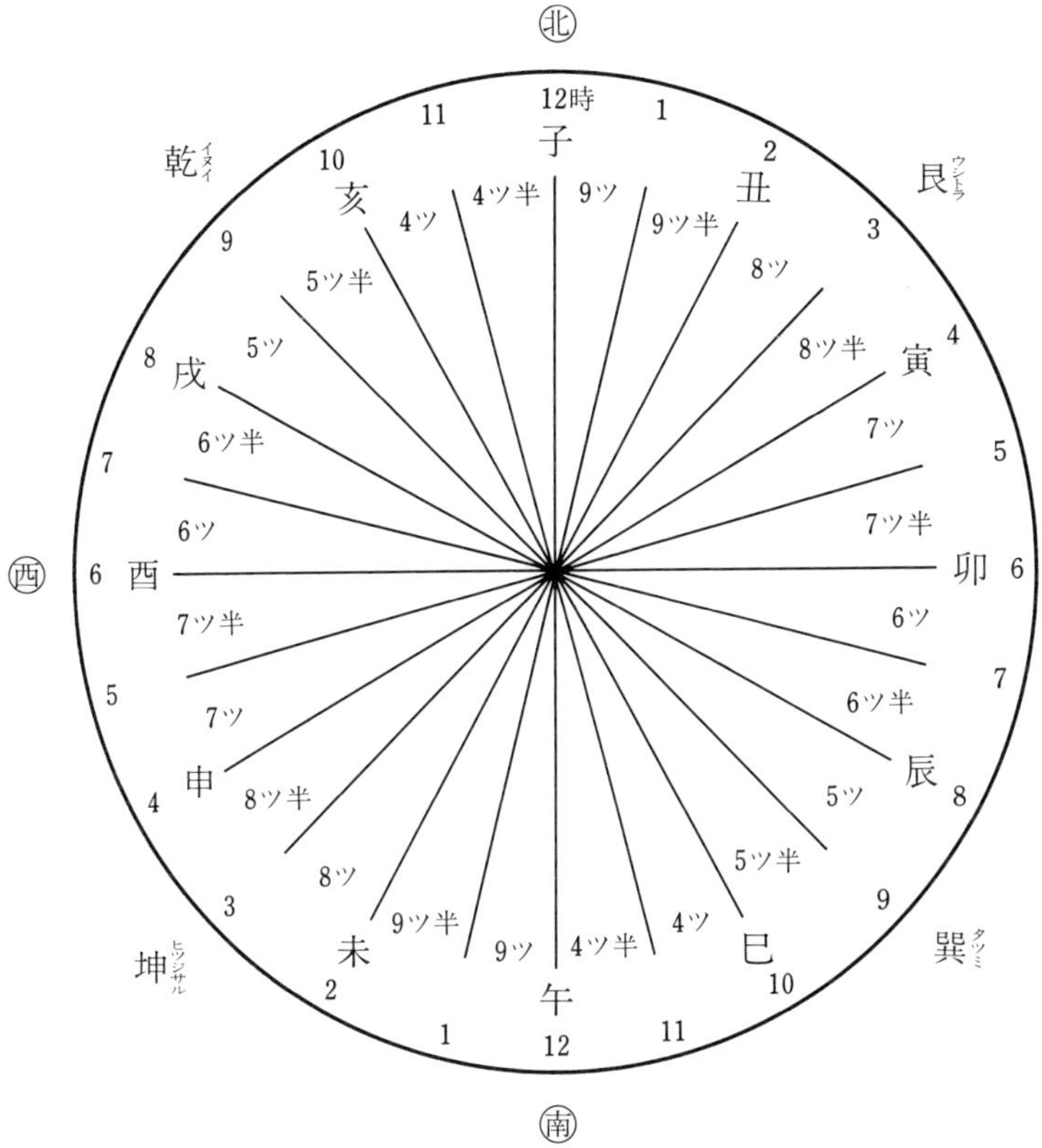

北
12時
子
1
2
丑
艮《ウシトラ》
3
4
寅
5
卯
6
東
7
辰
8
9
巽《タツミ》
巳
10
11
12
午
1
2
未
坤《ヒツジサル》
3
4
申
5
6
酉
西
7
8
戌
9
乾《イヌイ》
10
亥
11
9ツ
9ツ半
8ツ
8ツ半
7ツ
7ツ半
6ツ
6ツ半
5ツ
5ツ半
4ツ
4ツ半
9ツ
9ツ半
8ツ
8ツ半
7ツ
7ツ半
6ツ
6ツ半
5ツ
5ツ半
4ツ
4ツ半
南

# 編集後記

近世文書を読解するための入門書は多い。しかしこの種の入門書類には、ともすれば理屈ばかりが先行して、親しみにくいものが多い。古文書の実例を写真版で示し、内容も、もっと江戸時代の身近かな生活に則したものであってほしいと思うことがしばしばある。古文書の形式や分類などを学ぶ前に、とにかく古文書に親しんでもらうことの方が大切である。

成人学級や大学で近世文書を指導する際、そうした内容の適切なテキスト探しに苦労していたわれわれは、期せずして、それでは自分たちの手でそういう入門書をつくろうということになった。早速、近世文書学の第一人者であり、還暦を迎えられますますお元気に活躍されている国立史料館の浅井潤子さんに編者となっていただき、所理喜夫・吉原健一郎・福田アジオ・氏家幹人・竹内誠の五名が編集委員となり、具体的な編集作業がはじまった。今から四年ほど前のことである。

編集方針の討議には、十分な時間を費した。そこで決定した本書の特徴を示す基本方針は、㈠江戸時代の庶民生活に焦点を絞り、庶民の暮らしがヴィヴィッドに浮かび上がってくるような古文書を精選すること、㈡精選された古文書の構成は、人が生まれてから死ぬまでの重要な画期や場面を示すものを時系列的に配列し、人の一生という筋書を通すことによって、古文書相互の有機的な関連をはかること、の二点であった。

もちろん、ある特定の一人物の一生を追うことは、古文書の残存状況からいっても不可能である。本書に登場する主人公は、古文書によってすべて異なるし、時期も地域もそれぞれ違っている。そこで、古文書の配列の流れを理解しやすくするために、万太郎なる一人の架空の人物の一生を描き、本書の要所要所に分割して挿入した。あえていえば、これが本書の第三の特徴といってよい。とくに、この「万太郎の一生」の創作（といっても歴史的考証をきちんとしたもの）という、たいへん厄介な執筆を引受けてくださった氏家幹人さんに、この場をかりて深謝申し上げたい。

お蔭で非常にユニークな本書が出来上がった。本書に収められた身近かな暮らしの中の古文書に親しんでいただければ、知らず知らずのうちに古文書を解読する力がつき、さらには江戸時代の庶民の暮らしの実態を、肌で感じとっていただけるであろうと自負している。大学の古文書演習用のほか、成人学級や歴史同好サークルのテキストとして、あるいは独学用の入門書として、ご活用いただければ幸いである。

本書の執筆者は、みな編者の浅井さんに因縁が深い。それも古文書で結ばれた縁である。私はかれこれ四十年近くも前、卒業論文を書くために浅井さんから古文書解読の手ほどきをうけた。以後、ずっと古文書に関するご指導をいただいている。他の執筆者も私同様、卒論や修論で浅井さんにお世話になり、今日まで長いお付き合いをしている者たちばかりである。浅井潤子さんの名前に因んで、潤友会という会がわれわれの間に自然発生的に生まれ、浅井さんを囲んで古文書に関する放談会をしたこともしばしばあった。

その浅井さんが昨年の春、国立史料館教授を定年退官され、再び新しい人生を歩みはじめられた。そうした折、本書が出版されるのも何かの縁といえよう。浅井さんからうけた長年の学恩に対し、執筆者一同に代わり、心から感謝の意を表したい。

末筆ながら、お忙しいなか序文を執筆していただいた児玉幸多先生に厚く御礼申し上げると共に、編集に格段のご苦労をいただいた吉川弘文館の方々に、記して謝意を表する次第である。

（竹内　誠）

# 執筆者紹介〔執筆項目〕——執筆順

児玉幸多（こだま　こうた）　一九〇九年生れ　元学習院大学教授　二〇〇七年没
序

浅井潤子（あさい　じゅんこ）——別掲
古文書の魅力　Ⅳ—4離縁　Ⅳ—こぼればなし＝江戸時代の粗忽者

氏家幹人（うじいえ　みきと）　一九五四年生れ　歴史学者
万太郎の一生　Ⅲ—4江戸の「会」

大賀妙子（おおが　たえこ）　一九五四年生れ　国立公文書館専門調査員
Ⅰ—1出　生

福田アジオ（ふくた　あじお）　一九四一年生れ　国立歴史民俗博物館名誉教授
Ⅰ—2子　供

高橋　敏（たかはし　さとし）　一九四〇年生れ　国立歴史民俗博物館・総合研究大学院大学名誉教授
Ⅰ—3手習塾

川崎文昭（かわさき　ふみあき）　一九四一年生れ　常葉学園大学名誉教授
Ⅱ—1若者入り

大石　学（おおいし　まなぶ）　一九五三年生れ　東京学芸大学名誉教授
Ⅱ—2博　奕

長谷川伸三（はせがわ　しんぞう）　一九三七年生れ　元茨城大学教授　二〇一四年没
Ⅱ—3奉　公

所　理喜夫（ところ　りきお）　一九二九年生れ　元駒沢大学教授　二〇一六年没
Ⅲ—1武家奉公

竹内　　誠（たけうち　まこと）　一九三三年生れ　東京都江戸東京博物館名誉館長
Ⅲ—2打ちこわし

吉原健一郎（よしはら　けんいちろう）　一九三八年生れ　元成城大学教授　二〇一二年没
Ⅲ—3江戸の災害

飯島　千秋（いいじま　ちあき）　一九五〇年生れ　横浜商科大学名誉教授
Ⅳ—無　尽

松田　之利（まつだ　ゆきとし）　一九四一年生れ　元岐阜大学教授　二〇一六年没
Ⅳ—2入札・村役人

長野ひろ子（ながの　ひろこ）　一九四九年生れ　中央大学名誉教授
Ⅳ—3結　婚

熊倉　功夫（くまくら　いさお）　一九四三年生れ　国立民族学博物館名誉教授
Ⅳ—5老の楽しみ

布川　清司（ふかわ　きよし）　一九三七年生れ　神戸大学名誉教授
Ⅳ—6人生の終焉

編者略歴
一九二七年、東京都に生まれる
一九四八年、実践女子専門学校文科歴史科卒業、
文部省史料館に勤務
一九七二年、同館改組により国立史料館助手と
なる。のち同助教授を経て、教授となる
一九九一年、定年退職
この間、神奈川大学・名古屋大学・中央大学・
法政大学非常勤講師（古文書購読）を歴任
〔主要編著書〕
『演習古文書選・続近世編』（共編　一九八〇年
吉川弘文館）
『古文書調査ハンドブック』（共著　一九八三年
吉川弘文館）
『近世古文書大字典』（一九八五年　柏書房）

暮らしの中の古文書〈新装版〉

一九九二年（平成四）四月十日　第一版第一刷発行
二〇二〇年（令和二）三月一日　新装版第一刷発行

編　者　浅《あさ》井《い》潤《じゅん》子《こ》
発行者　吉川道郎
発行所　株式会社　吉川弘文館
郵便番号一一三―〇〇三三
東京都文京区本郷七丁目二番八号
電話〇三―三八一三―九一五一〈代〉
振替口座〇〇一〇〇―五―二四四
http://www.yoshikawa-k.co.jp/

印刷＝株式会社 理想社
製本＝株式会社 ブックアート
装幀＝渡邉雄哉


ISBN978-4-642-08381-2

# はじめての古文書教室

林　英夫監修／天野清文・実松幸男著　A5判・二二六頁／二四〇〇円

軽妙な語り口で懇切平易に「くずし字」一字一字を解説した最強の古文書入門。興味深い古文書を取り上げ、初めての人でも理解しやすいよう、読み下し文に現代語訳を加える。「くずし字」を覚えるヒントや解読技法も満載。

# ステップアップ古文書の読み解き方

天野清文・実松幸男・宮原一郎著　A5判・二二四頁／二四〇〇円

古文書を読むために必須となる言葉や用法三〇例を厳選し、くずし字解読の基礎をわかりやすく、かつ効率的にマスターできる待望の入門書。古文書読解の極意をステップを踏みながら習得できる画期的な編集。独学に最適。

# よくわかる古文書教室 江戸の暮らしとなりわい

佐藤孝之監修／佐藤孝之・実松幸男・宮原一郎著　A5判・二四〇頁／二四〇〇円

村では堤防の決壊に打ちひしがれる農民、町では祇園祭で大暴れの神輿担ぎなど、江戸時代に生きた人々の生活を、くずし字解読のヒントを手がかりに古文書三四点から読み解く。歴史がますます面白くなる古文書入門。

（価格は税別）

吉川弘文館

## 概説 古文書学 古代・中世編

日本歴史学会編集　A5判・二五二頁／二九〇〇円

古文書学の知識を修得しようとする一般社会人のために、また大学の古文書学のテキストとして編集。古代から中世にかけての様々な文書群を、各専門家が最近の研究成果を盛り込み、具体例に基づいて簡潔・平易に解説。

## 武士と大名の古文書入門

新井敦史著　四六判・二〇〇頁／二四〇〇円

騒乱を伝える届書、将軍の病気見舞い、藩校の校則、家督相続の文書、献納金の受取書…。武士と大名の世界を今に伝える貴重な武家文書をテキストに、くずし字を一字づつ分解し平易に解説。解読力が身に付く待望の入門書。

## 天下人の書状をよむ 岡山藩池田家文書

岡山大学附属図書館・林原美術館編　B5判・一六〇頁・原色口絵二頁／二四〇〇円

戦国乱世を乗り切り、近世大名として成長した岡山藩主池田家。信長・秀吉・家康ら天下人より送られた書状類九六点を一挙公開。史料には現代語訳と解説を付し、天下人の言動や人柄、藩主や家族の生きざまや心性に迫る。